Im Regenbogenland
und andere Reiseabenteuer

Buchautor

Peter Arndt

Im Regenbogenland
und andere Reiseabenteuer

-Reiseabenteuer-

Erstausgabe
Copyright: 2017
Alle Rechte vorbehalten
Herstellung und Verlag: BoD-Books on Demand,
Norderstedt
ISBN: 9783744838788

Aldous Huxley
**Reisen ist das Entdecken,
dass alle Unrecht haben mit dem,
was sie über andere Länder denken.**

Inhaltsverzeichnis

Buchgestaltung:
Peter Arndt
Fotos: Peter Arndt

Insel der Götter *(1999)*

Ankunft

Nach 11 langen Flugstunden landete UL – 558 planmäßig auf dem Hauptstadtairport Colombo, mitten im tropischen Urlaubsparadies Sri Lankas. Draußen tobte ein nächtliches Unwetter, zog ein Schleier über alles hinweg, soweit ich dies von hier drinnen aus einschätzen konnte. Von Sturmböen getrieben schien unser Airbus mitten hinein zu rollen in diese höllische Inszenierung. Ein fantastischer und zugleich ein etwas beängstigender Anblick von nichtkontrollierbaren Naturgewalten. Ein gewaltiges Feuerwerk von kreuz und quer durcheinander zuckenden und aufflackernden Blitzen, tauchte den Horizont ein, in ein gespenstisches Flackern und Leuchten. Gewaltige Donnerschläge polterten draußen über alles hinweg und lieferten uns einen wahrhaft stürmischen Empfang. Regen fiel, wie aus Eimern gegossen, senkrecht nach unten und schränkte die Sichtweite stark ein. Mein trockener und warmer Logenplatz befand sich mitten im Airbus. Ich saß vor einem kleinen runden Fenster mit freier Sicht auf diese gewaltige Inszenierung, eine Show voller Dynamik.

Solch ein Tropengewitter sah ich zum ersten Mal live. Ich war tief beeindruckt von dieser nächtlichen Vorführung, registrierte und verfolgte neugierig jede Bewegung tief unter mir auf der nassen Rollbahn. Scheinwerfer und Begrenzungslichter durchdrangen Dunkelheit und Unwetter, flackerten gespenstisch auf, zerflossen in den Pfützen und verschwanden wieder. Langsam ausrollend näherte sich unser Airbus dem seitwärts vor uns liegenden Hauptgebäude, mit den flachgehaltenen und matt erleuchteten, langgezogenen Abfertigungshallen.

Vom Regen umspült und fast nicht wahrnehmbar, lotste ein voranfahrendes Fahrzeug den ihm folgenden Airbus zum

Stellplatz. Der wurde zentimetergenau angesteuert. Kaum eingewiesen, sah ich unten auf dem nassen Beton mehrere Leute im Laufschritt hin und her rennen. Auch bei diesem Scheißwetter gab es keine Schonung, die anstehenden Arbeiten mussten ausgeführt werden, wie bei jeder Landung. Ihre aufleuchtenden Regenschutzanzüge sah man im flackernden Lichtschein kurzzeitig auftauchen, und genauso schnell verschwanden sie irgendwo wieder in der Dunkelheit.

Ich war am Ziel. Irgendwo da draußen, vom Unwetter überrollt, lag Colombo – geheimnisvolle, unbekannte Stadt. Ein langgehegter Wunsch ging in Erfüllung. Sri Lanka lag unter meinen Füßen. Ich schloss für wenige Augenblicke meine Augen und verinnerlichte mir diesen Augenblick, geprägt von Stolz, Neugier und unbändiger Abenteuerlust.

Genussvoll schob ich meine Füße weit von mir weg, bis sie völlig unterm Vordersitz verschwanden. Endlich – es war soweit. Die vielen zum Sitzen verurteilten Flugstunden, endeten hier. Mein auf Ruhephase eingestellter Kreislauf kam langsam in Bewegung und gleichzeitig der Airbus zum Stehen.

Gute 11 Stunden, vollgepackt mit reichlich Essen und Trinken und den ersten Eindrücken von asiatischer Höflichkeit, während des Fluges, lagen hinter mir. So weit, so gut. Doch jetzt stand ich vor einer neuen Herausforderung, ganz anderer Art. Waren meine Englischkenntnisse ausreichend? Konnte ich mich verständlich machen? Dies war meine erste Fernreise, wo ich mein gespeichertes Wissen anwenden musste, denn es blieb mir nichts weiter übrig. Allerdings war es verdammt lange her, mein Schulabschluss im Fach Englisch.

Ich unterließ es nachzurechnen, wie viele Jahre seitdem vergangen waren. Lieber konzentrierte ich mich auf die Zusammenstellung von Fragen und Antworten, die für mich wichtig waren.

Und was kam dabei heraus? Na ja, sagen wir mal so, das Ergebnis war für mich nicht gerade berauschend. Ich musste damit leben, beschloss aber in den hier anwesenden Wochen, so wenig wie nur möglich meine deutsche Sprache anzuwenden, also ein Englischkurs im Schnelldurchlauf zu absolvieren. Zur

Unterstützung hatte ich ja noch den Sprachführer mitgenommen. Und wenn alle Stränge reißen sollten, mit Händen und Füßen und der entsprechenden Mimik, kam man auch ans Ziel.

Aber soweit war es noch nicht. Meine Überlegungen wurden beendet, als das grelle Bordlicht aufflammte und der Flugkapitän begann seine Gäste zu verabschieden. Er wünschte uns allen einen angenehmen Aufenthalt in Sri Lanka, in englischer und deutscher Sprache.

Als hätte man nur darauf gewartet, wurde es überall lebendig, vor und hinter mir in den Sitzreihen. Köpfe und Arme tauchten auf. Gemeinsam versuchte man durch strecken und räkeln ihre Funktionsfähig wieder herzustellen.

Die Zwischengänge füllten sich, denn alle suchten und packten ihr Handgepäck zusammen. Alle wollten nur raus, so schnell wie möglich.

Ich ignorierte bewusst diese Aufbruchshektik, blieb einfach sitzen. Zehn Minuten ließ ich verstreichen, sah dabei zum Fenster hinaus, auf das vor mir liegende Flughafengelände. Dort verzerrte das an der Außenseite herabrinnende Wasser die aufblitzenden Scheinwerfer vorbeifahrender Fahrzeuge, welche nur kurz auftauchten und genauso schnell wieder verschwanden. Ich änderte die Uhrzeit auf meiner Armbanduhr, stellte auf die hiesige Ortszeit um. Fünf Stunden musste ich vorstellen, von 22 Uhr mitteleuropäischer Zeit auf 3 Uhr hier in Sri Lanka.

Nun beschloss ich doch aufzustehen. Alles noch mal überblickend, um nichts liegen zu lassen, schob ich mich langsam zur Gangmitte durch, stand auf, zog meine Jacke über, verstaute die restlichen Sachen im Rucksack und folgte den letzten Mitreisenden nach draußen.

Beim Verlassen der Maschine landete ich in einem zeltartigen Vorbau. Von dort aus ging es auf einer Aluminiumtreppe weiter steil nach unten, eingearbeitet in einer schlauchartigen Umhüllung. Der noch immer anhaltende Regenguss prasselte auf die flatternde Zeltverkleidung und der Monsunwind zerrte an den Schlauchwänden. Ein unangenehm heißer Wind kam mir entgegen, zog von unten nach oben, plusterte die Hosenbeine auf, zog wie eine Dampfheizung durch Hose und Hemd hindurch, um am Nacken wieder zu entweichen.

Nach den angenehm kühlen Temperaturen im Innern des Airbusses war dieses heiße Monsungebläse ein Angriff auf meine gefühlten Wärmeempfindungen. Noch lagen keine 20 Stufen hinter mir, da brachen alle Dämme und der Schweiß floss in Strömen. Alle Sachen blieben am Körper kleben. Unten angekommen, war mir der Regen schon fast egal. Denn innerlich fühlte ich mich wie ein vollgesaugter Schwamm.

„Na Hilfe, wo bin ich denn hier hingeraten?" Ein vor mir laufender, reichlich korpulenter Herr, brabbelte dies vor sich hin und wischte seine errötete Stirnglatze trocken. Ein zum Scheitern verurteilter Versuch, da ein nichtversiegender Nachschub dicker Schweißtropfen unaufhörlich weiter hervorquoll und den Weg nach unten suchte.

Als einer der letzten herabkommenden Passagiere, verschwand ich in einem der wartenden Zubringerbusse. Mich in den Mittelgang hineinschiebend, fand ich Halt am Griff einer Begrenzungsstange. Hinter mir schlossen polternd die Türen. Der Bus nahm Fahrt auf, folgte als Letzter den anderen Fahrzeugen Richtung Abfertigungshalle.

So langsam kam ich wieder zu mir. Meine hochgeschossene Betriebstemperatur rutschte auf Normalwert runter, und der gewaltige Temperaturschock schien überstanden. Ein erfrischender Fahrtwind zog vom offenen Fenster kommend über die erhitzten Köpfe hinweg. Alle, die vor, hinter oder neben mir standen, versuchten etwas Kühlung einzufangen, was bei dieser Busfüllung allerdings nicht immer gelang.

Da unser Fahrer ein rasantes Tempo vorlegte, in den Kurven nicht abbremste, schoben sich unsere Körper mal nach rechts, mal nach links, mal nach vorn und mal nach hinten schwingend, über- und durcheinander. Dieser gemeinsame Balanceakt endete erst in der Abfertigungshalle.

Etwas durcheinander geschüttelt verließen wir den Bus und begaben uns zur Zoll- und Passkontrolle, die problemlos passiert wurde. Mit dem obligatorischen Einreisestempel versehen traf man sich anschließend letztmalig am Transportband der Gepäckrückgabe.

Ab hier trennten sich die Wege aller ankommenden Fluggäste, denn jeder hatte ein anderes Ziel vor Augen. Für drei Wochen sollte mein Zuhause ein kleines Fischerdorf werden, in der Nähe von Negombo. Einige Hotels hatten sich dort angesiedelt, etwa 40 Kilometer entfernt von Colombo.

Um dort hinzukommen, musste ich zuerst mein Gepäck abholen. Am Transportband angelangt, postierte ich mich am Rondell und hielt Ausschau nach meinen Sachen. Auf den vorüberziehenden, langsam hin zuckelnden zwei Bändern, drehten alle möglichen Koffer, Taschen und komplette Zeltausrüstungen ihre Runden. Nur mein Gepäck konnte ich nicht entdecken.

Alles was an mir vorüberzog, fand nach und nach seinen Besitzer. Band und Halle wurde immer leerer. Langsam wurde ich ungeduldig, verfolgte die letzten herumfahrenden Koffer und Taschen mit gemischten Gefühlen. Ich lief nervös auf und ab und konnte doch nichts daran ändern, dass meine Sachen einfach nicht auftauchten.

Was war passiert? Die beiden Koffer konnten doch nicht einfach so verschwinden. Waren diese beim Umsteigen in Frankfurt etwa woanders hingeflogen? Soll ja alles schon vorgekommen sein.

Zu meinem Leidwesen würde ich heute so eine ähnliche Situation kennenlernen.

Das Knirschen und Knarren der Gleitrollen, auf denen die Bänder fortbewegt wurden, verstummte schlagartig. Es wurde ruhig in der Halle. Ich traute meinen Augen nicht, das Band stand still. Der letzte Funken Hoffnung, meine Koffer zu bekommen, löste sich in Luft auf.

Aus! Vorbei! Nichts ging mehr. Das konnte ja wohl nicht wahr sein. Warum musste denn ausgerechnet mir so etwas passieren? Jetzt nur nicht die Ruhe verlieren. Kräftig durchatmen und nachdenken, wie ich reagieren sollte.

Schließlich suchte und fand ich die zusammengehefteten Gepäckscheine in der Seitentasche meines Rucksacks. Nachdenklich betrachtete ich die darauf aufgeklebten Abgabe

Bons der beiden Koffer. Na ja, wenigstens besaß ich ein Beweisstück, konnte damit meine Sachen einfordern. Jetzt musste ich handeln. Aber wie sollte das hier ablaufen?

Wäre das zu Hause passiert, würde ich einen verantwortlichen Flughafenmitarbeiter suchen, der mir hätte weiterhelfen können. Nun war ich aber in Sri Lanka, konnte nur hoffen, dass dies hier auch funktionieren würde. Grübeln war jetzt fehl am Platz, brachte nichts Greifbares. Ich musste aktiv werden, sonst konnte ich meine Koffer abschreiben.

Plötzlich schien mein Wunsch in Erfüllung zu gehen, denn ein älterer Herr, in blaugrauer Uniform, kreuzte mein Blickfeld. Wahrscheinlich ein Airport-Angestellter, der schräg durch den Hallenbereich hindurcheilte.

Den sandte mir der Himmel. Jetzt musste ich handeln, bevor er verschwand. Ich warf den Rucksack über und eilte mit langen Schritten ihm entgegen. Den Winkel verkürzend, trafen wir wenig später aufeinander. Ich trug ihm mein Anliegen vor, getragen von der Hoffnung, verstanden zu werden.

„Hello Mister! That's most annoying. Please help me!"

Ich zog mein Gepäckschein hervor, hielt ihm diesen entgegen, deutete dabei mit der anderen Hand auf das ruhende Transportband.

„Where's my luggage?", wollte ich wissen. Er nahm den Zettel entgegen und betrachtete den Abschnitt ausführlich von allen Seiten. Schließlich notierte er sorgfältig die beiden Gepäcknummern im aufklappbaren Notizbuch und gab mir den Schein zurück.

„A moment please", war seine Antwort. Sich leicht verbeugend, verschwand er unmittelbar danach hinter einer Pendeltür aus Gummi.

Donnerwetter, das hatte ja auf Anhieb funktioniert. Ein Volltreffer! Mein Schulenglisch schien er zu akzeptieren. Stolz wie Oskar ging ich zurück zum Band und wartete auf alles Weitere.

Doch nichts passierte, reinweg gar nichts. Das Band stand still, nur ich begann nervös auf und ab zu rennen. Es vergingen zehn Minuten, es vergingen zwanzig Minuten. Mein ansonsten

14

unerschütterlicher Optimismus flog langsam von dannen. Hoffentlich fanden sich meine Koffer wieder an, blieben nicht verschwunden oder landeten irgendwo im Nirwana. Ich war in Sri Lanka, meine Sachen aber strandeten in Mombasa, oder tauchten nie wieder auf.

Wenn das der Fall sein sollte, war meine Reisekasse im höchsten Grade gefährdet. Keine schönen Aussichten für die nächsten Wochen. Ich fing schon mal an durchzurechnen, was es wohl kosten würde, all die Sachen neu anzuschaffen, als sich die Klappen der Pendeltür etwas auseinander schoben und ein brauner Wuschelkopf zum Vorschein kam.

„Hallo Mister", rief er in meine Richtung. Mehr kam nicht über seine Lippen. Ein breites Grinsen wanderte ihm dabei von Ohr zu Ohr und versetzte mich in Erstaunen, wie weit ein Mensch den Mund auseinander ziehen konnte, ohne seine kurz aufleuchtenden weißen Zahnreihen freizulegen.

Sich an der einen Seite der Gummi Tür festklammernd, wies sein anderer Arm Richtung Gepäckband. Genau in diesem Moment setzte sich dieses mit lautstarkem Knirschen in Bewegung.

Genauso schnell, wie der Kopf in der Pendeltür auftauchte, verschwand er wieder zwischen den zusammenschlagenden Türteilen. Nicht mal bedanken konnte ich mich bei ihm, als beide Koffer hintereinander angezuckelt kamen.

„Na endlich! Gott sei Dank! Da sind ja die Vermissten", rief ich aus und erschrak über die Lautstärke meiner Bemerkung.

Doch ich war allein in der Halle, wen hätte es stören sollen. Alle Mitreisenden waren längst nach draußen geeilt. Der letzte etwa vor einer halben Stunde. Egal! Ich hatte meine beiden Koffer wieder, alles andere war nicht so wichtig. Jetzt aber raus hier. Ich nahm erleichtert mein Gepäck auf und begab mich eiligst Richtung Ausgang.

Mitten in der Vorhalle wurde ich schon voller Ungeduld erwartet. Ein Pappschild mit Namen meines Reiseveranstalters empor streckend, kam mir ein Singhalese entgegen, etwas hellhäutiger als der hier anwesende Durchschnitt.

15

Was mir bei ihm sofort auffiel, war seine riesige Knollennase, die etwas deplatziert zwischen Augen und Mund seinem Gesicht eine unverwechselbare Note verlieh.

„Herzlich willkommen in Sri Lanka, Herr Arndt!" Das waren seine Begrüßungsworte. Mit langen Schritten kam er auf mich zugestürzt, ergriff meine Hand und schüttelte diese ausgiebig hin und her.

„Sie sind doch Herr Arndt? Oder?" Fragte er nochmals nach und beendete sein überschwängliches Handschütteln.

Ich bejahte die Frage und berichtete vom Verschwinden meiner Koffer am Band der Gepäckausgabe.

„Tut mir leid Herr Arndt! So etwas sollte eigentlich nicht passieren. Zum Glück sind alle Ihre Sachen wiedergefunden wurden, wie ich sehe."

Er begutachtete meine Koffer und fuhr fort: „Ich bin Ihr Betreuer hier in Sri Lanka. Folgen Sie mir bitte jetzt nach draußen zum Zubringerbus. Jetzt sind wir vollzählig."

Meine Koffer schnappend, folgte ich ihm quer durch die Halle, Richtung Ausgang, den wir kurz darauf passierten. Ich war erstaunt über sein fehlerfreies Deutsch. Abgesehen vom Münchner Dialekt, der ab und zu durchschimmerte, war nichts daran auszusetzen.

Als könnte er meine Gedanken lesen, kam er meiner Frage zuvor: „Ich habe in Deutschland studiert und in München Ihre Sprache gelernt", begann er zu erzählen.

„In dieser Zeit ----." Weiter kam er nicht. Er wurde unterbrochen, denn um uns herum wurde es lebendig und laut.

Mehrere Kofferträger standen hier draußen in einer Reihe hintereinander, erwarteten die ankommenden Fluggäste und hofften auf den Transport recht vieler Gepäckteile, rüber zu den Hundert Meter entfernt wartenden Zubringerfahrzeugen.

Da ich wahrscheinlich als letzter Fluggast nach draußen trat, der zwei Koffer hinter sich herzog, stand ich sofort im Fokus ihrer Begehrlichkeiten und wurde zum Streitobjekt.

Zwar verstand ich kein Wort des gestenreichen, lautstarken Geschreis um mich herum, wusste aber Bescheid, was man von

16

mir wollte. Eigentlich eine völlig untypische Verhaltensweise hier in Sri Lanka.

Wo blieb die asiatische Höflichkeit?

„Wer laut wird und schreit verliert sein Gesicht", lautet ein Sprichwort. Normalerweise hält man sich an diese Regel und vermeidet den Streit. Aber wie überall gab es eben auch Ausnahmen. Von den anderen Kofferträgern umringt zeigten sich zwei von ihnen besonders aggressiv und wurden immer lauter.

„Hoffentlich gehen die beiden nicht aufeinander los". Mein singhalesischer Begleiter, mit der riesigen Knollennase, konnte nicht glauben was er da sah. Er schüttelte nur den Kopf, wollte gerade weiterlaufen, als sich die Situation völlig veränderte. Ich musste lauthals Lachen, denn damit hatte keiner gerechnet.

Vertieft in ihre Auseinandersetzung übersahen die beiden Streithälse einen dritten Kofferträger, der den günstigsten Moment abwartete und ruck zuck meine beiden Koffer schnappte, uns eiligst zum Bus folgte und die beiden verdutzten Träger einfach stehen ließ.

Ja, so konnte es einem ergehen, wenn man das Sprichwort: „Wenn zwei sich streiten, freut sich der dritte", nicht beachtete. Am Zubringerbus angekommen übernahmen der Fahrer mein Gepäck und der Kofferträger mein Obolus.

„Thank you mister", bedankte er sich höflich, ließ dabei das Geld in einer seiner zahlreichen Seitentaschen des Regenumhanges verschwinden. Zufrieden marschierte er zum Hallenbereich zurück und wurde von seinen dort wartenden Kollegen lauthals empfangen.

Ob die beiden ausgetricksten Streithähne nun endlich Ruhe gaben, konnte ich nicht mehr feststellen, da ich so schnell wie möglich, dem Reiseleiter folgend im Bus verschwand, denn das Wetter war immer noch von der übelsten Sorte. Immer noch peitschte ein heftiger Sturm den herabströmenden Regen auseinander und trieb ihn über aufgewühlte Wasserlachen hinweg. Die Außentemperatur war immer noch heiß und unangenehm schweißtreibend. Drinnen im Bus lief die Klimaanlage auf Hochtouren. Bei angenehmer Kühle konnte man wieder frei Durchatmen – einfach herrlich.

Am Fensterplatz meiner Sitzecke drosselte ich den über mir ausströmenden, kühlen Luftstrom etwas runter, um einer Erkältung vorzubeugen. Mein durchweichter Körper lechzte zwar nach Kühlung, man sollte aber da aber sehr vorsichtig sein und nicht übertreiben. Hatte man sich erst etwas eingefangen, war es zu spät.

Vorn beim Fahrer überflog unser Reisebegleiter nochmals seine vor ihm liegende Anwesenheitsliste, mit den anzufahrenden Hotels seiner Gäste. Der Kleinbus war nur zur Hälfte besetz. Genau zehn mitreisende Urlauber verteilten sich im hinteren Busbereich und warteten auf das Kommende.

Nun konnte die Hotelzufuhr beginnen. Laut Anfahrroute lag mein Wahlhotel am Ende der Strecke. Die restlichen zehn Urlauber verteilten sich auf die verschiedensten Unterkünfte, die nacheinander angefahren werden sollten. Eine Stunde würde die Fahrt bis nach Negombo dauern und von dort aus weiter, bis zu den Hotelanlagen.

Gedämpftes Licht flammte über allen Sitzplätzen auf. Gleichzeitig erlosch die grelle Vollbeleuchtung und der Bus setzte sich in Bewegung. Neugierig sah ich nach draußen. Mein Blick wurde magisch angezogen von den vorüber fliegenden Landschaften, soweit man diese im Dämmerlicht erkennen konnte.

Links und rechts am Straßenrand standen ganze Wälder von Königspalmen, eingebettet in wild wuchernde Dschungellandschaften. Vom Sturm gebeutelt, trotzten sie dem immer noch anhaltenden Unwetter so gut es ging. Ab und zu leuchteten schemenhaft ihre Umrisse flackernd auf, im grellen Schein der herabzuckenden Blitze, oder wurden im unteren Bereich vom Busscheinwerfer erfasst. Vom Sturm abgetrennte Blätter und Zweige wirbelten umher und landeten auf der Straße.

Wir kamen nur langsam voran. Der Fahrer musste höllisch aufpassen auf den herannahenden Gegenverkehr, der ebenfalls den Ästen und anderen Gegenständen auf der Straße ausweichen musste.

Und dann gab es noch etwas, womit ich mich in der gesamten Urlaubzeit nicht anfreunden konnte, dem hier herrschenden Linksverkehr. Obwohl von England bekannt, blieb es für mich äußerst gewöhnungsbedürftig, dies zu akzeptieren, ob im Auto sitzend oder als Fußgänger beim Überqueren einer Kreuzung.

Kam uns ein Fahrzeug auf der rechten Straßenseite entgegen, wurde mein Abwehrzentrum aktiviert und ein kräftiger Adrenalinschub versetzte meinen Körper in Alarmzustand. Mit einem unguten Gefühl in der Magengegend sah ich nach draußen. Zwanghaft versuchte ich festzustellen, ob auch wirklich genügend Platz vorhanden war, um unbeschadet vorbei zu kommen. Na ja, irgendwann wurde dieses Abwägen langweilig und ich verlor das Interesse daran, den Abstand der entgegenkommenden Fahrzeuge einzuschätzen. Da nichts weiter passieren wollte, ließ ich Autos, Autos sein und konzentrierte mich auf die endlosen Palmenwälder.

Langsam wurde es im Bus ruhig. Die noch anfänglich geführten Gespräche verebbten. Man begann vor sich hinzudösen, wurde müde und schläfrig. Das gleichbleibende Summen des Motors und der lange Flug plus Zeitunterschied waren daran maßgeblich beteiligt.

Nur noch im Unterbewusstsein registrierte ich die vorbeifliegenden Lichter an den Straßenrändern, als kleine flimmernde Farbtupfer mitten in der Nacht. Ich wusste nicht, wie lange dieser Halbschlafzustand dauerte, denn plötzlich war es vorüber mit der Ruhe. Unser Bus bremste etwas ruppig ab, kam recht unsanft zum Stehen.

„Was ist denn da los? Sieh dir das mal an." Ein vor mir sitzendes Ehepaar hing am Fenster und versuchte draußen in der Dunkelheit etwas zu erkennen.

„Wir sind von Militär ja vollkommen umzingelt!" Ungläubig starrten beide auf die Szenerie vor ihrem Fenster.

Jetzt wurde es im Bus lebendig. Mit einem Schlag waren alle munter, sprachen durcheinander und versuchten zu ergründen, was eigentlich los war. Die grelle Vollbeleuchtung im Businnern wurde angestellt und unser Reiseleiter tauchte vorn vor seiner Sitzecke auf und hangelte sich nach oben.

„Liebe Gäste, keine Panik. An dieser Straßensperre wird nur eine Personenkontrolle durchgeführt. Haltet bitte eure Pässe bereit. Es geht sofort weiter."

Mit den Reiseunterlagen in der Hand verließ unser Begleiter das Fahrzeug und verschwand hinter einer Sichtbarriere am Straßenrand. Kurz darauf kam ein Offizier mit umgehängter Maschinenpistole zu uns ins hereingeklettert und begann die Pässe der Anwesenden zu kontrollieren. Ihm genügte nur ein kurzer Blick auf die aufgeblätterten Passseiten, um gleich danach mit einem „Sorry!" auf den Lippen den Bus wieder zu verlassen.

Während er in dunkler Nacht verschwand, kam unser Reiseleiter wieder zum Vorschein, bestieg den Bus und gab mit den Worten: „Alles okay, Freunde. Es geht weiter.", das Abfahrtsignal.

Das grelle Licht erlosch. Langsam umfuhren wir in Schlangenlinie drei hintereinander liegende Sperrzäune.

Nur schwach beleuchtet entdeckten wir hinter aufgestapelten Sandsackbarrikaden mehrere Soldaten. Mit der Maschinenpistole im Anschlag, verfolgte uns ihr Blick, bis die nächtliche Dunkelheit alles verschluckte.

Das Jahr 1999 war fast vorüber und die Jahrtausendwende stand bevor, auch hier in Sri Lanka. Das ich in ein Land kommen würde, wo immer noch ein blutiger Bürgerkrieg tobte, war mir bewusst. Ich hoffte, dass es wenigstens dort ruhig bleiben würde, wo ich unterwegs sein wollte.

Seit 1983, als das Land erstmals in die Schlagzeilen der Weltpresse geriet, als Auseinandersetzungen zwischen Tamilen und Singhalesen viele Opfer forderten, kam es immer wieder zu gewaltsamen Kampfhandlungen.

Erst 1991 beruhigte sich im weitaus größten Teil des Landes die Lage soweit, dass man Touren auf eigener Faust wieder völlig problemlos durchführen konnte. An den Stränden der West- und Südküste, wo mein Hotel lag, waren die Urlauber sowieso weit ab von den Problemen dieser Insel. Nur die Ostküste und die von Tamilen bewohnte Jaffna - Halbinsel, musste ich aus meinen Reiseplänen ausklammern.

Da ich selbst keinen Tamilen von einem Singhalesen unterscheiden konnte, war für mich diese Grausamkeit nicht nachvollziehbar, mit der sich die beiden Bevölkerungsgruppen seit jeher bekämpften.

Die Geschichte der Insel war eine höchst wechselvolle, bei denen die heutigen Konflikte Jahrhunderte zurückreichten. Sie war immer eine Geschichte des Kampfes zwischen Singhalesen und Tamilen, seit über 2000 Jahren.

Etwa 74 % der rund 16 Millionen Einwohner Sri Lankas gehörten der Bevölkerungsgruppe der Singhalesen an. Sie verstanden sich als das Staatsvolk auf der Insel. Bis auf einige christliche Gruppen, besonders unter den Fischern bei Negombo, waren die Singhalesen Buddhisten. Genau neben so einem kleinen Fischerdorf, wo wir jetzt hinfuhren, lag mein Hotel.

Die zweitgrößte Bevölkerungsgruppe, etwa 17 %, waren hinduistische Tamilen. Sie stammten ursprünglich aus Südindien, größtenteils Angehörige niedriger Kasten. Schon in der Antike hatten sie von ihrem ursprünglichen Herkunftsland Südindien aus häufige Versuche unternommen, sich die Insel Sri Lanka zu unterwerfen. Fuß fassen konnten sie allerdings nur im kargen Norden auf der Jaffna – Halbinsel. Seither beobachteten die alteingesessenen, etwas hellhäutigeren Singhalesen misstrauisch den nahen Subkontinent.

Etwa um 1500 herum tauchten die Portugiesen auf und übernahmen schon nach einigen Jahren die Kontrolle über Sri Lanka. Etwa 150 Jahre später war es mit der Herrlichkeit der Portugiesen vorbei. Neue Kolonialherren wurden die Holländer, die sich wohlweislich zuvor mit dem König von Kandy verbündet hatten. Dadurch blieb das Königreich von Kandy, also weite landeinwärts gelegene Gebiete, davon unberührt. Erst die Engländer besetzten mit Beginn des 19. Jh. die ganze Insel. Sie blieben bis zum 4. 2. 1948 im Land.

Sie verstanden es ausgezeichnet den Zwist der Bevölkerungsgruppen auszunutzen. Mit List und Tücke wurden in diesem Teil der Welt zwei Gruppen gegeneinander ausgespielt.

In der Verwaltung wurden die Tamilen bevorzugt, die sie für intelligenter und wendiger hielten, als die Singhalesen. Diese Maßnahme brannte sich tief im Bewusstsein ein. Folglich drehten jene nach der Unabhängigkeit den Spieß um, da sie sich schon immer für das bessere, nämlich das eigentliche Staatsvolk gehalten hatten. Die Singhalesen unterdrückten nun Kultur und Sprache der

Tamilen. Diese flüchteten erst in den politischen, und später dann in den bewaffneten Widerstand, der sich momentan in mehrere Terrorgruppen aufteilte. Neuerdings ohne Rückhalt in Indien und mit immer geringerer Unterstützung der eigenen Bevölkerung auf der Jaffna – Halbinsel.

Bislang fielen dem Krieg etwa 70 000 Menschen zum Opfer. Was für ein Irrsinn! All das mittendrinnen im Märchenland der Tropen. Nur sieben Grad lagen zwischen dem Paradies und dem Äquator.

Rums..... ! Ein mächtiger Stoß erschütterte den Bus, riss mich heraus aus allen Betrachtungen über Sri Lanka und den Tamilenkonflikt. Ein Schlenker nach rechts, ein Schlenker nach links und schon war die Ruhephase beendet.

„Was war das denn schon wieder?", hörte ich jemand hinter mir aufstöhnen. Ärgerlich schob er seinen Koffer zurück aufs Abstellregal. Der hatte den Stoß nicht verkraftet, war mitten im Gang gelandet.

„Das sind verdammt tiefe Schlaglöcher", kam eine Antwort von vorn.

Und schon folgten das nächste Loch und der nächste Stoß. Die Realität hatte uns wieder eingefangen. Die Straßenschäden zu beheben, dafür war kein Geld vorhanden. Der ewige Bürgerkrieg schien alles zu verschlingen.

Und es wurde noch schlimmer. Die Straße schien nur noch ein befestigter Schotterweg zu sein. Mühevoll versuchte unser Fahrer den heimtückischen Löchern auszuweichen, was allerdings nicht immer gelang. Sturm und Regen verschlechterten die Situation noch erheblich. Der Fahrer konnte einem leidtun, denn er hatte schlechte Karten bei diesem Mistwetter. Die Sichtweite betrug höchstens 30 Meter und die Schlaglöcher waren voller Wasser. Herumfliegende Äste und andere Gegenstände auf der Fahrbahn zwangen zur höchsten Konzentration.

Für mich war so ein Tropengewitter mit all seinen Auswirkungen etwas Neues, Unbekanntes - für alle Einheimischen etwas Alltägliches, womit man Leben musste.

Ich begann mich an diese Ausweichmanöver mit den darauf folgenden Schlenker Attacken zu gewöhnen. Ich ignorierte die

Schlaglöcher, soweit es ging, zumal der Fahrer fast alle Hindernisse souverän meisterte. Ändern konnte ich daran sowieso nichts. Ich konzentrierte mich wieder auf die draußen vorüberziehenden Landschaften, obwohl die Sichtweite nur wenige Meter über den Straßenrand hinaus reichte.

Nach und nach schien das Tropengewitter langsam seine Kräfte zu verlieren, denn die aufflackernden Blitze wurden seltener und verloren ihre Intensität. Die vordem im Bus wahrnehmbaren Donnerschläge wurden leiser und verschwanden endgültig mitsamt allen elektrischen Entladungen irgendwo weit vor uns hinterm Horizont.

Nur der Regen blieb uns erhalten. Er prasselte weiter auf Dach und Scheiben, rann wasserfallartig nach unten, wurde vom Sturm und Sog erfasst, nach hinten weggerissen und von der nächtlichen Dunstglocke verschluckt.

Nach einer halbstündigen Ruhephase im dunklen Businnern flammten plötzlich vorn beim Fahrer beide Deckenleuchten auf, und ein Kopf mit riesiger Knollennase kam langsam zum Vorschein. Im Zeitlupentempo nach oben räkelnd schob sich unser Reiseleiter in den Mittelgang, sicherte dabei seine Standfestigkeit im hin und her schwankenden Bus.

Uns zuwendend begann er seine Ansprache mit: „Liebe Gäste!"

Mehrmals dabei ans Mikrofon pochend, regulierte er Lautstärke und Klang, überflog seine Reiseunterlagen und fuhr fort: „Ich bin Ihr Ansprechpartner für die gesamte Zeit Ihres Aufenthaltes hier in Sri Lanka. Mein Name ist Malcolm Senanayake, den Sie sich bestimmt nicht merken werden und auch nicht brauchen. Malcolm reicht aus, okay?"

Innerlich musste ich Grinsen, denn einen zutreffenden Namen hatte ich ihm schon verpasst. Bezug nehmend auf seine riesige Nase war er für mich einfach „Knolle". Na ja, rufen konnte ich ihn damit natürlich nicht, aber daran denken musste ich jedes Mal, wenn er bei uns auftauchte.

„Jeder von Ihnen erhält jetzt eine Mappe mit allen wichtigen Informationen, die Sie für Ihren Aufenthalt hier benötigen."

Während „Knolle" die Unterlagen im Bus verteilte, verstummten alle Gespräche. Nur das monotone Brummen des

23

Motors überlagerte alle anderen Geräusche, unterbrochen von gelegentlichem Stoß- und Rums Gepolter durchfahrener Schlaglöcher.

Ich ließ die Mappe in einer Seitentasche des Rucksacks verschwinden und konzentrierte mich auf seine weiteren Mitteilungen. Sich wieder in Positur schiebend, begann er mit einem mehrmaligen Räuspern seine Begrüßungsansprache fort zusetzen.

„Liebe Freunde, Sie sind hier hergekommen, um Ihre schönste Jahreszeit bei uns zu verbringen, Ihren Urlaub. Glauben Sie mir, ich kann Ihnen garantieren, Sie werden hier in Sri Lanka wunderschöne Wochen erleben, die Ihnen ewig in Erinnerung bleiben. Nur eines möchte ich Ihnen noch ans Herz legen und Sie bitten, dies mit einzubeziehen. Denken Sie immer daran, dass Sie aus einem sehr reichen Land kommen, zumindest wird es hier von den Leuten so wahrgenommen.

Sie können sich daheim fast alle Wünsche erfüllen. Ihr soziales Umfeld ist bei Ihnen in Deutschland völlig anders gelagert, als dass, was Sie hier erwartet. Sri Lanka ist ein wunderschönes, aber sehr armes Land. Die Leute leben hier sehr bescheiden und anspruchslos. Trotz aller Schwierigkeiten sind sie zufrieden und immer freundlich, allen Besuchern gegenüber.

Streifen Sie bitte alle Ihre in ihrer Heimat geltenden, eingefahrenen Lebensgewohnheiten ab, versuchen Sie es zumindest.

Nehmen Sie die ausgestreckten Hände wahr, lassen Sie sich vertrauensvoll führen und tauchen Sie ein in unsere Welt. Werden Sie nicht ungeduldig, wenn einer ihrer Wünsche nicht gleich realisiert wird. Lächeln Sie einfach, auch wenn es Ihnen eventuell schwer fallen sollte. Sie werden bald herausfinden, dass Sie damit Berge versetzen können. Die Leute werden alles in Bewegung bringen, um Ihre Wünsche zu erfüllen. Man wird Sie nicht verstehen, wenn Sie ärgerlich reagieren, oder gar voller Ungeduld mit Schreien anfangen sollten. Sie kennen ja das Sprichwort, wer laut wird, verliert sein Gesicht.

Beherzigen Sie diese einfache Regel, werden Sie schnell Freunde finden und erstaunt sein, was mit einem Lächeln alles erreicht werden kann. In diesem Sinne wünsche ich Ihnen einen angenehmen Aufenthalt in Sri Lanka. Lassen Sie sich einfach verzaubern von dieser wunderschönen Insel und ihren liebenswerten Menschen."

Diese rundum gelungene Ansprache verfehlte nicht ihr Ziel und zeigte Wirkung. Hinten im Bus fing einer an zu Klatschen und alle fielen ein. Mit einer tiefen Verbeugung bedankte sich „Knolle" bei den Insassen und verschwand hinter der Lehne seines Beifahrersitzes.

Wir kamen dem Ziel immer näher, denn die für diese Strecke benötigte eine Stunde Fahrzeit war längst überschritten. Und dann war es so weit. Wie aus dem Nichts tauchte vor uns, im immer noch herabströmenden Regen, die Lichterkette Negombos auf. Kurz vor dem Ort bogen wir allerdings links ab und folgten einer unbefestigten Straße, die sich in Schlangenlinien windend am Küstenstreifen entlang zog.

Nun ging es Schlag auf Schlag. Schon am ersten Hotel, das zwischen den Palmenhainen auftauchte, verließen einige Urlauber, von „Knolle" verabschiedet, den Zubringer. Und so leerte sich der Bus nach und nach, bis ich zum Schluss als Einziger übrig blieb.

„Scheiß Wetter!" Es regnete immer noch, zwar nicht mehr so gussartig, aber Regen blieb Regen. Endlich am Wunschhotel angekommen, schleppte ich so schnell wie es ging meine Sachen zur Rezeption rüber. Die lag auf der gegenüberliegenden Straßenseite.

Ich nahm Abschied von „Knolle". Der blieb am Bus stehen um nach Colombo zurückzufahren.

„Wir sehen uns übermorgen gegen 14 Uhr hier im Hotel", rief er mir zu, und kletterte zurück ins Businnere. Während die Rücklichter des Fahrzeuges langsam in der Nacht verschwanden, betrat ich mit all meinem Gepäck eine kleine säulenbestückte Vorhalle meines Hotels und marschierte zur ausgeschilderten Rezeption rüber.

Ungläubig wurde ich von einer dort sitzenden Empfangsdame gemustert, die mit einem Check-in zu solch früher Morgenstunde sicherlich nicht gerechnet hatte.

„Good morning", rief ich ihr entgegen und begann meine Reiseunterlagen hervorzukramen. Ihr diese überreichend, wurde es plötzlich um mich herum lebendig. Eine Verbindungstür, im hinteren Bereich des Tresens öffnete sich vorsichtig und zwei Hotelangestellte kamen zum Vorschein.

Noch etwas „Schlaftrunken" blieben sie neben der Rezeptionsdame stehen, ließen ein „Good morning, Mister" hören, und warteten auf weitere Anweisungen. Als man feststellte, dass ich der einzige ankommende Gast war, verschwand der ältere der beiden wieder hinter der Verbindungstür und überließ dem jüngeren Kollegen den Kofferservice.

Nach dem Ausfüllen des Anmeldeformulars wurde mir mein Zimmerschlüssel mit einem freundlich lächelndem: „Please Mister", überreicht.

Ich bedankte mich bei der etwas übermüdeten Dame und überreichte ihr einen Begrüßungsdollar, ein Obolus der besonders geschätzten Art.

Der wartende Hoteldiener nahm meine beiden Koffer auf und deutete mit einer Kopfbewegung an, ihm zu folgen. Den Innenhof überquerend, umrundeten wir die Poolanlage, überwanden zwei Etagentreppen und standen dann endlich vor meiner Unterkunft.

Die übliche Zimmereinweisung durchführend, schritt der Hoteldiener voran, überprüfte alles auf seine Funktionsfähigkeit, nahm dankend sein Trinkgeld entgegen und verschwand zufrieden hinter der zugezogenen Tür.

Ich war angekommen. Mitten im nett eingerichteten Zimmer stehend, hatte ich nur noch einen Wunsch, so schnell wie möglich im weichen Bett zu verschwinden und meinem Ruhebedürfnis nachzugeben.

Der lange Flug plus Zeitverschiebung war doch etwas anstrengender ausgefallen, als gedacht und forderte nun seinen Tribut. Nur die nötigsten Sachen auspackend, schob ich das restliche Gepäck zur Seite und begann mein Bett herzurichten. Dabei fiel mein Blick auf den im Wandschrank eingearbeiteten Kühlschrank, den ich natürlich erst mal auf seinen Inhalt untersuchen musste.

Und was fand ich dort? Jede Menge Bierfaschen, übereinandergestapelt. Dies war natürlich ganz nach meinem Geschmack.

Wurden hier alle Kühlschränke mit Bierflaschen so vollgestopft? Bestimmt war mein Vorgänger kein Kostverächter. Eigentlich sollte mir das egal sein, denn so ein Willkommenstrunk war eine nette Überraschung. Nun hatte ich schon so lange auf mein Bett warten müssen, da kam es auf zehn Minuten Verzögerung auch nicht mehr an.

„Tiger-Beer" stand auf dem Etikett Ich griff mir eine Flasche, suchte den Öffner, konnte aber keinen entdecken. Mir blieb nichts anderes übrig, als mit einer zweiten Flasche das Problem zu lösen.

Zischend flog der Verschluss zur Seite. Der erste Schluck fand den Weg nach unten und meine Geschmacksnerven reagierten positiv auf das flüssige Grundnahrungsmittel.

„Schmeckt ja hervorragend". Das Bier war wirklich gut, was nicht in allen Fällen so sein musste.

In einigen Ländern war ich auf Bier gestoßen, das man zumindest so bezeichnete. Schon beim ersten Probeschluck schoss mir der gesamte Mageninhalt rebellisch durcheinander. Die Speiseröhre schien sich zu verknoten, blockierte jeden weiteren Zutritt. Da half nur ein Mittel, so schnell wie möglich nach etwas anderem greifen. Na ja, diesmal war es nicht nötig.

Das Tiger Beer in meiner Hand war von bester Qualität, gebraut nach europäischem Reinheitsgebot. Gelernt hatte man die Kunst der Bierherstellung während der niederländischen- und der späteren englischen Kolonialzeit. Die damals errichteten Brauereien wurden nach der Unabhängigkeit Sri Lankas übernommen und weitergeführt. Gott sei Dank, konnte ich da nur sagen, denn das Resultat genoss ich in diesem Moment.

Regnete es noch? Ich ging zur breiten Balkontür rüber, schob die bis zum Boden reichenden Übergardinen beiseite. Den Durchgang öffnend, betrat ich einen breiten, terrassenartigen Balkon, bestückt mit einer Sitzecke.

Die Regenwand war verschwunden, im wahrsten Sinne des Wortes hinweggeblasen, denn ein heftiger Wind zottelte an allem herum. Vom Ozean kommend zog er über Strand und Hotelanlage hinweg und vertrieb die letzten noch sichtbaren Wolkenballen.

Dies war ein Rhythmus der sich täglich während der Monsunzeit wiederholen sollte, zumindest zu 90 Prozent. Tagsüber wurden wir mit Sonnenschein und blauem Himmel verwöhnt, doch nachts öffneten sich alle Schleusen und es goss in Strömen. Ganz selten passierte dies am Tage, und wenn, dann war es in einer Stunde ausgestanden und alle eingeweichten Wege begannen unter der Sonneneinwirkung zu dampfen und auszutrocknen. Dieser Rhythmus war eigentlich gar nicht so schlecht, da er mir tagsüber schönes Wetter garantierte und nachts war ich ja meistens im Hotel, wo mir der Regen egal sein konnte.

Einen kräftigen Schluck „Tiger Beer" nehmend trat ich an die Balkonumrandung heran und überflog das vor mir liegende Gelände mit neugierigem Blick.

Die Zeit war vorangeschritten und die nächtliche Dunkelheit wich langsam dem heraufziehenden Morgen. Hier, nur wenige Grad vom Äquator entfernt, ging das sehr flott vonstatten. Einen stundenlangen Dämmerzustand wie in Mitteleuropa zwischen der Tag- und Nachtzeit gab es hier nicht. Innerhalb einer halben Stunde wurde es hell oder dunkel. Daran musste man sich auch erst einmal gewöhnen.

Der schwülwarme Monsunwind zottelte an meinen Sachen herum. Heftig blies er über alles hinweg, schob mich halb vom Balkon herunter. Unbeeindruckt harrte ich aus, ließ mich nicht vertreiben.

Was ich hier draußen erblickte, verschlug mir fast den Atem. Eine Postkartenidylle lag vor mir, heftig attackiert vom Sturm, der darüber hinwegfegte.

Was für ein fantastischer Standort. Mein Hotel lag unmittelbar am kilometerlangen weißen Sandstrand des Indischen Ozeans, inmitten ausgelichteter Palmenhaine. Die kleinen zweistöckigen Gebäude lagen in einer weitläufigen Gartenanlage verteilt. Ihre roten Ziegeldächer blinkten durch das satte Grün der Parkanlage hindurch. Es entstand der Eindruck, man wohne inmitten eines Dorfes und nicht in einer Hotelanlage, weil kein Bauwerk die Höhe der Bäume überragen durfte.

Ich fand das in Ordnung, denn eine 10-stöckige Bettenburg wäre hier fehl am Platze und die Harmonie dieses zauberhaften Strandabschnittes ginge verloren.

Keine 100 Meter vom Balkonstandort entfernt begann der Strand, den ich im Grau des anbrechenden Tages nur schemenhaft erkennen konnte. Während ich mein Bier genoss, peitschten heftige Windstöße den brodelnden Ozean durcheinander. Die Schaumkronen aufgewühlter Wellen, flogen als alles durchdringende Gischt Wolken weit über den Uferstreifen hinaus.

Die sorgfältig gepflegte Parkanlage fiel sanft ab, zum Strand hinunter. Alle mit Naturhölzern ausgebauten Verbindungswege endeten am Ufer des weitläufigen Areals, irgendwo zwischen Strandkörben und den zurzeit zusammengerafften Sonnenschirmen. Vom Wind attackiert ächzten die hohen Königspalmen unter dem Druck des Sturmes, der deren Blätter zerzauste und einige der sicherlich ausgereiften Kokosnüsse abwarf, die krachend unten aufschlugen und wie Bowlingkugeln durcheinander rollten.

Sich dort unterzustellen war bestimmt lebensgefährlich. Ich beschloss bei diesem Anblick, mich niemals unter einer Königspalme niederzulassen. Wenn aber doch, dann nur mit vorheriger Sichtung, ob oben nicht noch irgendwo so eine schädelbrechende Nuss hing, die abfallen könnte.

Tief in Gedanken versunken stand ich mit meiner Flasche Bier am Balkonrand und genoss den Anblick der entfesselten Naturgewalten. Wie lange ich so ausharrte, alles auf mich einwirken ließ, war für mich ohne Bedeutung. Es war einfach nur schön, gewaltig, einprägend - nicht wirklich beschreibbar, dafür fand ich nicht die richtigen Worte.

Es könnten fünf oder zehn Minuten gewesen sein, oder auch mehr. Ich wusste es nicht. War eigentlich auch egal, denn ein lauter Knall hinterm Rücken, beendeten schlagartig meine Betrachtungen.

Die beim hinaustreten nur angelehnte Balkontür wurde von einer Sturmbö erfasst und nach innen aufgestoßen. Der Wind fegte ungebremst durchs Zimmer. Meine über den Stuhl gehängte Jacke wirkte wie ein aufgeblähtes Segel, riss polternd den Stuhl nach hinten weg und landete umgestürzt mitten im Raum. Die langen Übergardinen zottelten wie wild an den Aufhänge Vorrichtungen herum, flatterten Richtung Decke und alle abgelegten Sachen auf Schreib- und Zimmertisch wurden regelrecht weggefegt, lagen nun ringsum verstreut in irgendeiner Zimmerecke.

Fluchtartig verließ ich den Balkon, trat zurück ins Zimmer und verschloss die Durchgangstür von innen. Das also war das Ende meiner Ankunft.

Ich trank mein Bier aus und stellte die leere Flasche zurück in den Kühlschrank. Anschließend räumte ich etwas auf, verdunkelte mit den Übergardinen mein Zimmer und ging zu Bett.

Immer noch heulte draußen der Wind, rüttelte an den Scheiben. Inzwischen war ein neuer Tag angebrochen und die Helligkeit kroch unter den fast lichtundurchlässigen Vorhängen hindurch. Bewusst nahm ich dies allerdings nicht mehr wahr, denn Schlafentzug plus Zeitverschiebung verlangte unerbittlich nur noch nach Ruhe. Etwas aufgekratzt von den ersten Eindrücken, zogen die Bilder meiner Ankunft nochmals an mir vorüber.

Doch schon bald verblassten die Erinnerungen mehr und mehr. Alle Geräusche außerhalb des Zimmers wurden leiser und leiser. Gevatter Schlaf nahm mich mit auf eine lange Reise, mitten hinein in ein wunderschönes Land, das man Sri Lanka nannte.

Galle

Das monotone Summen des Motors überlagerte alle Geräusche im Innenraum. Draußen zogen palmengesäumte Landschaften vorüber. Wir, die 15 Insassen, beobachteten voller Spannung unseren Busfahrer, der verzweifelt versuchte den verschiedensten Schlaglöchern auszuweichen, was allerdings beim besten Willen nicht immer gelang.

Heute war Tag Eins meiner Sri Lanka Rundreise. Alle Teilnehmer wurden aus den verschiedensten Hotels abgeholt. Ich hatte das Vergnügen eine zusätzliche Rundfahrt mitzumachen, da der Bus mein Hotel zuerst ansteuerte. Es dauerte über zwei Stunden bis zur Vollzähligkeit. Mir war es egal. Ich war zufrieden, denn ich hatte freie Wahl, mir meinen Sitzplatz auszusuchen, den mir keiner mehr nehmen konnte. Gleich vorn, hinterm Fahrer hatte ich freie Panoramasicht nach allen Seiten. Ein Privileg das während der Fahrt schöne Fotoaufnahmen garantierte.

In Sri Lanka war ich nun schon eine volle Woche. Die Zeit verging wie im Fluge. Mein Körper hatte sich etwas an das schwülwarme Klima gewöhnt. Schweißausbrüche waren nicht mehr so heftig wie in den ersten Tagen, hielten sich in Grenzen und gestatteten immer öfter erweiterte Aktivitäten auch tagsüber bei vollem Sonnenschein.

Die monsunbedingten heftigen Regengüsse kamen allesamt nachts herunter, bescherten uns dadurch strahlenden Sonnenschein am Tage, was uns natürlich sehr entgegen kam.

Ein Bad im 28 Grad warmen Indischen Ozean, noch vor dem Frühstück am frühen Morgen, war das Geilste was man sich so vorstellen konnte. Einfach fantastisch.

Glasklares Wasser, rauschende Palmen und einen kilometerlangen feinen Sandstrand vor Augen, wurde das ausgedehnte Frühstück zur Seelenmassage im Open Air Restaurant, direkt am Strand. Essen und Trinken gab es hier rund um die Uhr.

Ein besonders gern besuchter Ort war die Beach - Bar mit einem weit in den Indischen Ozean hineinreichenden Flaniersteg, genutzt zum Relaxen, Angeln oder als Absprungbasis für Schwimmausflüge.

Höchst amüsant fand ich immer wieder die frechen, zutraulichen Streifenhörnchen, bei allen Restaurantbesuchen. Mit ihren wuscheligen langen Schwänzen ähnelten sie unseren Eichhörnchen. Immer anwesend, hofften sie etwas zu ergattern, wie Brotkrümel, Kuchenecken, Salat- oder Obststückchen.

Was den Urlaubern viel Freude bereitete, diese flinken Tierchen zu füttern, war dem Restaurantpersonal gar nicht recht. Wo man es schaffte, wurden sie verscheucht, allerdings mit sehr bescheidenem Erfolg. Kaum war die Bedienung verschwunden, saßen die possierlichen Gesellen sofort wieder mitten auf den Tischen und ließen sich bedienen. Zum Gaudi aller Anwesenden benutzten sie die sich anbietenden Köpfe oder Schultern, der im offenen Bereich sitzenden Gäste, als Flucht- oder Ausgangsbasis ihrer Futterbeschaffung.

Noch wesentlich intelligenter verhielten sich die schwarzen Krähenvögel bei ihren „Raubzügen". Ihre bevorzugten Landeplätze waren die neu eingedeckten Frühstückstische im Open Air Bereich.

Aufmerksam verfolgte man den Tischservice aus sicherer Entfernung. Alles stand unter ihrer Beobachtung. Kaum war das Personal verschwunden, stießen die Vögel von ihren Aussichtsplätzen herunter, landeten zielsicher auf den neu eingedeckten Tischen und griffen sich Zucker- und Milchpulvertütchen, soviel sie fassen konnten. Mit drei oder vier dieser Packungen im Schnabel verschwand man blitzschnell, bevor ein Kellner eingreifen konnte. Es war ein immer wiederkehrendes, amüsantes Katz- und Mausspiel mit großen Gewinnchancen der intelligenten Vögel.

So verging die erste Woche wie im Fluge, mit viel Spaß, langen Wanderungen, Schwimmen und Angeln im Ozean und abendfüllenden Ausflügen in ein nahe gelegenes Fischerdorf. Langeweile war hier ein Fremdwort, konnte gar nicht aufkommen, da es immer etwas Neues zu sehen oder zu entdecken gab. Jeder Tag war ein Geschenk, so empfand ich es zumindest.

Gleich am ersten Morgen meiner Ankunft hatte ich ein lustiges Erlebnis. Wie schon berichtet verschwand ich beim Sonnenaufgang übermüdet im Bett, gestresst vom langen Flug, dem Schlafentzug und der aufgelaufenen Zeitverschiebung.

Es war so gegen 12 Uhr mittags, als ich unsanft aus dem Schlaf gerissen wurde. Mit leichtem Schwung hatte jemand meine Zimmertür aufgestoßen und erwischte dabei den Mülleimer im Eingangsbereich. Laut scheppernd flog dessen Deckel herunter, rollte mitten durchs Zimmer, bis hin zur verschlossenen Balkontür, wo sein Ausflug schließlich endete.

Erschrocken fuhr ich hoch als es krachte. Wo war ich überhaupt? Was war hier los? Es dauerte zwei oder drei Sekunden, bis ich meine Gedanken wieder beisammen hatte.

Ich riss meine immer noch verschlossenen Augen ruckartig auf um zu erkunden, wer oder was hier solch ein Spektakel verursachte. Was ich dort allerdings zu sehen bekam, schien eine Fata Morgana oder so etwas Ähnliches zu sein. Mit allem hatte ich gerechnet aber hier verschlug es mir glattweg die Sprache.

Vor meinem Bett stand ein zur Salzsäule erstarrter schwarzer Zimmerboy mit weitaufgerissenen Augen und starrte erschrocken in meine Richtung.

„Sorry, sorry", stammelte er verdattert vor sich hin. Bevor ich irgendetwas antworten konnte, verschwand er fluchtartig nach draußen, die Tür hinter sich zuziehend.

„Was war denn das?" Stieß ich lachend hervor.

Ich stand auf und stellte den mit Deckel wiedervereinigten Mülleimer ins Bad zurück. Wie ich später vom Zimmerboy erfuhr, hatte man ihm meine Ankunft nicht mitgeteilt. Ahnungslos war er herein gekommen, die tägliche Reinigung vorzunehmen, aufzuräumen und die Bar mit Getränken aufzufüllen. Dabei war ihm ein furchtbarer Schreck in alle Glieder gefahren, als dieses von ihm verursachte Getöse ausbrach, und er dann noch unerwartet jemand im Bett vorfand, wo seiner Meinung nach keiner hätte sein dürfen. Das gab ihm den Rest.

Vom Schicksal inszeniert war solch kleiner Zusammenstoß oftmals der Beginn einer ungewöhnlichen Freundschaft, der unter anderen Umständen so nie zustande gekommen wäre. Marco, so hieß der dunkelhäutige Zimmerboy singhalesischer Herkunft, war angestellt im Hotel als Servicemitarbeiter. Er lebte zusammen mit seiner Familie in einer unweit der Küstenstraße angrenzenden Siedlung, etwa 2 km von hier entfernt. Das erfuhr ich allerdings erst nach Abschluss meiner Rundreise.

Der bei der Ankunft in Colombo anwesende Empfangsbegleiter, dem ich den Namen „Knolle" verpasste, war auch für die gebuchte 1-wöchige Tour unser Reiseleiter.

Wie verabredet erschien er am zweiten Tag im Hotel, kurz nach dem Mittagessen, so gegen 14 Uhr. Er erläuterte mir den weiteren Ablauf, der sich etwas geändert hatte.

Die anstehende Rundreise wurde um eine Woche verschoben, da man die erforderliche Anzahl von 15 Teilnehmern nicht erreichte, obwohl diese aus verschiedenen Hotels zusammengefügt wurden. Im Nachhinein fand ich es sogar viel besser, erst in der zweiten Woche zu starten. Jetzt hatte ich die nötige Zeit, konnte mich etwas akklimatisieren und an die tropischen Temperaturen gewöhnen.

Das lag nun alles hinter mir. Die Eingewöhnungswoche war vorüber und der Rundreisestart vollzogen.

Wir, die 15 Teilnehmer waren gespannt auf alles, was uns die nächsten Tage so bringen würden. Während wir damit beschäftigt waren, das draußen vorüberziehende tropische Paradies zu beobachten, kämpfte unser Busfahrer mit den Tücken einer schlaglochreichen Straßendecke. Wie ich feststellen konnte war dies ein fast aussichtsloser Kampf. Jedes noch so geschickte Ausweichmanöver, rechts oder links an den Löchern vorüber, endete garantiert in einem anderen dazwischen.

„Sind denn die Straßen hier alle so schlecht?" Wollte ein von dieser Achterbahnfahrt genervter älterer Herr wissen, sich an den Reiseleiter wendend.

„Nein, auf keinen Fall", antwortete dieser sofort. Sich das Mikrofon greifend tauchte Knolle im Mittelgang auf und beruhigte die Mitreisenden, auf die Schüttelfahrt eingehend.

„Gleich erreichen wir Negombo. Dort endet der Schotterweg und die nachfolgenden Straßen sind asphaltiert", begann er seine kurze Mitteilung über den weiteren Tagesablauf.

„Negombo lassen wir links liegen, fahren unmittelbar weiter nach Sri Lankas Hauptstadt Colombo. Nach einer kurzen Stadtrundfahrt endet diese am Bahnhof. Dort verlassen wir alle den Bus und fahren mit der alten Kolonialbahn weiter nach Galle, immer an der Küste entlang. Euer Gepäck kann im Bus bleiben, da uns dieser in Galle erwartet. In etwa einer Stunde erreichen wir Colombo. Alles weitere dann dort".

Mit diesen Worten verschwand Knolle in seiner Sitzecke und schob das Mikrofon in die dafür vorgesehene Halterung.

Ich folgte seinem Beispiel, verschob die Rückenlehne in eine Schräglage und beobachtete in aller Ruhe die draußen vorüberziehenden Postkartenlandschaften. Da die Straße dem Küstenverlauf folgte, zogen Szenen an mir vorüber, ausgewählt aus dem tropischen Bilderbuch der Natur. Menschenleer und endlos wirkten die mit Palmen gesäumten weißen Sandstrände und ihren weit auslagernden Buchten.

Je näher wir Negombo kamen, umso enger rückten die anfangs noch auseinandergezogenen Küstendörfer zusammen. Einwohner dieser Ansiedlungen standen, saßen oder bewegten sich im gemäßigten Tempo vor ihren Gärten, Hütten oder den weiß gestrichenen, in der Sonne leuchtenden Villen auf und ab. Jeder war mit irgendetwas anderem beschäftigt.

Einzelne heruntergekommene und reparaturbedürftige Kolonialbauten ließen uns den Glanz vergangener Tage ahnen. Ab und zu kreuzte ein Ochsenkarren den Weg, beladen mit Nüssen oder Faserstricken aus den umliegenden Kokosplantagen der Nachbarschaft. Im gemächlichen Tempo vorüberzuckelnd, bremste er alle Fahrzeuge aus, brachte den gesamten Verkehr auf beiden Straßenseiten zum Erliegen.

Niemand schien sich darüber aufzuregen. Kaum war die Straße frei, fuhren alle kommentarlos weiter. Dabei an Deutschland denkend, musste ich unwillkürlich grinsen. Sich über alles aufzuregen war eine typisch deutsche Mentalität. Was dort ablaufen würde, käme man in solch eine Situation, konnte ich mir lebhaft vorstellen.

In den Ortszentren standen die Frauen schwatzend beisammen, oder saßen verteilt auf bankähnlich ausgeformten Brunnenrändern und zeigten uns lachend ihre weißen Zähne beim gemeinsamen Zurückwinken, wenn man unsern Besuchergruß rechtzeitig bemerkte.

Blick und Gedanken nach innen gerichtet, wanderten Mönche im Schatten der Palmen am Straßenrand entlang, auffallend eingehüllt in ihren farblich abgestimmten Safrankleidern. Aber auch ein Mönch musste sein irdisches Dasein den Gegebenheiten anpassen, denn der alle Regeln missachtende Verkehr auf den schmalen Straßen zwang alle Fußgänger zur äußersten Vorsicht und Aufmerksamkeit.

Oftmals wurden sie an den Straßenrand gedrückt, konnten sich nur durch einen beherzten Seitensprung in Sicherheit bringen, weil einige Fahrer unzähliger privater Minibusse, neuen Geschwindigkeitsrekorden auf der Küstenstraße nachjagten.

Gashebel und Hupe waren die meistgesuchten und benutzten Teile ihrer Fahrzeuge. In all diesem wirren Durcheinander versuchten die schon erwähnten Ochsenkarren, Scharen von Radfahrern und natürlich die Fußgängern sich zu behaupten. Der Verkehr wurde immer chaotischer – ich empfand es jedenfalls so.

Am Ortseingang, wenn man es so bezeichnen konnte, wurde der Schotterweg breiter und die Schlaglochpiste endete endlich auf einer asphaltierten Stadtstraße.

„Wir sind angekommen in Negombo", schallte Knolles Mitteilung aus allen Bordlautsprechern tönend, über uns hinweg, sich dabei etwas umständlich in den Mittelgang hangelnd.

„Nur ein paar Worte zum Ort, den Ihr unbedingt nach unserer Rundreise mal besuchen müsst. Alle Eure Hotels liegen ja in der Nähe. Ihr seid schnell dort und es lohnt sich auf jeden Fall.

Vor Ausbruch der schweren Unruhen von 1983 galt dieser Fischer- und Badeort, knapp 40 Kilometer von Colombo entfernt, schon fast als Massenziel, ähnlich wie Hikaduwa im Süden. Doch alle Touristen verschwanden als der Bürgerkrieg begann. Der Ort verödete langsam, weil alle Einnahmen wegbrachen. Diese prekäre Situation hat sich inzwischen wieder entspannt. Heutzutage ist der Fischfang immer noch die Haupteinnahmequelle in diesem vorwiegend christlich geprägten, fast 80 000 Einwohner zählenden Ort.

Ein relativ großer Fischmarkt sorgt jeden Morgen für ein lebhaftes Treiben, südlich der Laguneneinfahrt. Was ebenfalls Euer Interesse wecken dürfte, sind die sich am Vormittag nähernden, traditionellen Fischerboote, die Oruwas. Mit ihren geblähten Segeln laufen sie dort am flachen Sandstrand ein. Für alle Besucher wurde diese Einfahrt zum beliebten Fotomotiv. Schaut Euch das ruhig mal an.

Etwas ungewöhnlich mag es zwar sein, aber hier in dieser Gegend gibt es mehrere große und kleine Kirchen. Die Portugiesen verzeichneten damals große Missionserfolge, errichteten Gotteshäuser und organisierten Massentaufen." Abrupt wurden Knolles Ausführungen durch eine Vollbremsung unterbrochen.

36

Stadtrundgang in Negombo

Kühe vor dem Hotel

Leicht schlingernd kam unser Bus zum Stehen. Knolle, der im Gang stand, konnte sich gerade noch festklammern um einen situationsbedingten Sturz zu vermeiden. Wir alle starrten nach vorn und konnten nicht glauben, was wir dort sahen.

„Da kommt ja ein Elefant", stieß eine Frau mehr ängstlich als neugierig klingend hervor, und bekam große Augen. Ich selbst konnte alles bestens beobachten, da ich ja vorn mein Sitzplatz hatte, wie auf dem Präsentierteller in erster Reihe.

Irgendwie faszinierte mich der Anblick dort draußen. Keine 5 Meter vom stehenden Bus entfernt, kam ein Elefant, geführt von einem dunkelhäutigen Begleiter, langsam aus einem mit hohen Mauern eingegrenzten Gehöft hervorgetrabt. Beide überquerten ohne Eile und Hast, in aller Ruhe die Fahrbahn.

Ohne auf den ausgebremsten Verkehr auf beiden Straßenseiten zu reagieren, folgte der große Elefantenbulle seinem Führer, wie ein wohlerzogenes Kind seinem Vater. An einem der etwa 1 Meter langen Stoßzähne hing ein angebundener, wohlgefüllter Beutel, den der Bulle dem voranschreitenden Mann hinterher trug.

Wir alle im Bus griffen zur Kamera, um diesen etwas ungewohnten Aufzug mitten in Negombo festzuhalten. Leider gelang nicht allen eine zufriedenstellende Aufnahme, da die Beiden auf der anderen Straßenseite genauso schnell verschwanden, wie sie auftauchten.

„Die laufen zur Küste", kommentierte Knolle den Aufzug, ohne nochmals auf die unterbrochenen Negombo - Informationen einzugehen.

„Der Besitzer des Elefanten verdient dort sein Geld", fuhr er fort.

„Am Strand können Touristen den Elefanten für ein paar Rupien mieten. Oben auf dem Rücken sitzend läuft man eine Runde hin und her und lässt sich fotografieren. Beide leben von diesen Einnahmen. So eine Partnerschaft hält ein Leben lang und beginnt so früh wie möglich. Schon als Kind wird diese Partnerschaft besiegelt und der Knabe mit einem jungen Tier zusammengeführt. Gemeinsam wachsen beide auf, bilden eine Einheit. Nur der Tod trennt am Ende diese feste Bindung.

Symbolisch verehrt man in Sri Lanka alle Elefanten. Sie stehen für Kraft und Weisheit. Noch knapp 3 000 Tiere leben in freier

Wildnis in unseren Nationalparks. 1948, als Sri Lanka unabhängig wurde, war es mehr als zehnmal so viel.

Zurzeit helfen etwa 500 Arbeitselefanten beim Holztransport und beim Straßenbau. Als besonders segensreiche Tat gilt für alle Besitzer, den Klöstern besonders kräftige Elefanten für die großen Prozessionen zu leihen, oder zu schenken."

„Solch kleine Insel, und so viele frei lebende Tiere, geht das denn gut", wurde Knolle von jemand unterbrochen.

„Bei abgerichteten Elefanten kann ich mir das ja vorstellen, aber bei allen anderen? Die bleiben doch bestimmt nicht immer in ihrem Park."

„Das stimmt allerdings", fuhr er fort.

„Normalerweise bleiben die Tiere in den abgetrennten Nationalparks, respektieren die Zäune oder die vorhandenen natürlichen Grenzen, wie unpassierbare Berghänge oder Schluchten. Dort wandern sie in großen oder kleineren Gruppen kreuz und quer durchs Gelände.

Problematisch wird es allerdings, wenn Einzelgänger auftauchen, sich auf die Felder der Einheimischen begeben und bei ihrer Futtersuche alles niederwalzen. Besonders gefährlich sind dabei alte Elefantenbullen ohne Herdenanschluss. Beim Vertreiben dieser Tiere aus den Feldern der umliegenden Dörfer, gab und gibt es jedes Jahr einige bedauernswerte Todesfälle. Man vermeidet allerdings den Abschuss solch durchgeknallter Einzelgänger, da man die Tiere verehrt, und deshalb versucht, sie wieder in den Park zurückzuscheuchen".

Die Frage war damit beantwortet. Nach einer Kunstpause fuhr Knolle fort, uns etwas über die Millionen-Metropole Colombo zu erzählen.

„In einer halben Stunde erreichen wir die Stadt. Da wir die Metropole nur streifen und gleich zum Bahnhof durchfahren, möchte ich die Zeit nutzen und Euch einiges erzählen über die Hauptstadt Colombo. Aber vorher erhält jeder von Euch eine illustrierte Landkarte von Sri Lanka, damit ihr selbst verfolgen könnt, wo wir uns gerade befinden".

Während er die Karten verteilte, zogen draußen endlose Palmenhaine vorüber, inmitten einer grandiosen Tropenlandschaft.

Einmalig schöne Postkartenmotive wurden sichtbar, sobald sich der Straßenverlauf der Küste näherte und einsame Buchten, Pufferzonen bildeten, zwischen dem blauschimmernden Ozean und dem satten Grün einer wildwuchernden Vegetation.

Am Straßenrand standen Händler vor ihren Ständen, hielten Bananen und Kokosnüsse auffordernd nach oben, hofften beim Verkauf ein paar Rupien zuverdienen zu können. Während ich die kunstvoll aufgetürmten Nusspyramiden bewunderte, beendete Knolle sein Rundgang im Bus. Die Karten waren verteilt. Zufrieden verschwand er in seiner Sitzecke. Zum Mikrofon greifend, begann er den unterbrochenen Colombo Vortrag fortzusetzen.

„Etwa jeder zehnte Einwohner Sri Lankas lebt in Colombo und seinen Vororten. Das sind etwa 1,5 Millionen Menschen. In den Zeiten des britischen Weltreichs war die Stadt ein wichtiges Etappenziel auf dem Wege in den Fernen Osten. Auch heute gehört es immer noch zu den pulsierenden Zentren an Asiens Küsten. Colombo bietet dem Besucher keine großen Sehenswürdigkeiten, nur einige Bauten, die an eine bewegte Vergangenheit verschiedener Kolonialmächte erinnern.

Der Name Colombo stammt vermutlich von Kolamba ab, dem singhalesischen Begriff für Hafen. Befestigt wurde die Stadt erstmalig zu Beginn des 16. Jahrhunderts von den Portugiesen. Damals waren allerdings die Häfen Galle und Jaffna wichtiger als der in Colombo. Erst mit der Herrschaft der Holländer im 17. Jahrhundert, als diese ihre Zimtgärten in Ceylon (Damaliger Name Sri Lankas) ausbauten, begann Colombos Aufstieg.

Heute erinnern nur noch ein paar aufs Meer gerichtete Kanonen an die früheren Zeiten der Europäer. Nachhaltiger wurde das Bild der Stadt erst durch die Briten geprägt. Bis zur Unabhängigkeit am 4. Februar 1948 lenkten diese die Geschichte der Tropeninsel von Colombo aus. Inzwischen wächst eine Skyline heran, schiebt sich mehr und mehr vor die alten Kolonialgebäude und verändert ihr Aussehen drastisch, leider verbunden mit einer zunehmenden Gesichtslosigkeit im Stadtbild.

So Freunde, wir sind am Stadtrand angekommen. Vorn tauchen die ersten Hochhäuser auf, was uns nicht weiter aufhalten sollte, denn wir fahren sofort weiter zum Bahnhof".

Während Knolle sein Mikrofon abstellte, wurden wir außerhalb vom zunehmend chaotischen Verkehr aufgesaugt und zuckelten nur noch im Schritttempo durch hoffnungslos überfüllte Durchgangsstraßen. Knatternde Zweitaktmotoren schwängerten die Luft mit stinkenden Abgasschwaden, die ebenfalls aus uralten Dieselbussen und überladenen Lastkraftwagen hervorblubberten und die Sicht unzähliger dorthinein geratener Radfahrer und Fußgänger vernebelte.

Sogar hier drinnen, im klimatisierten Bus, roch ich den Gestank der Abgase. Ein nicht enden wollendes Hupkonzert drang trotz geschlossener Fenster hindurch, und übertönte alle Gespräche.

Mein Logenplatz, hier vorn in Reihe Nummer eins, garantierte mir freie Sicht auf ein sich immer wieder neu bildendes, aber auch gleichzeitig auflösendes Verkehrschaos, nur wenige Meter entfernt vor meinen Füßen.

Meine bisherigen Vorstellungen vom Straßenverkehr musste ich hier beerdigen, denn solch ein Durcheinander sah ich zum ersten Mal. Zwar kannte ich die locker ausgelegten, oder gar nicht beachteten Verkehrsregeln in europäischen Südstaaten, doch hiermit verglichen waren das nur Lappalien. Jeder deutsche Verkehrspolizist würde hier im Dienst garantiert nach 10 Minuten die Flucht ergreifen und nie mehr nach Colombo zurückkehren. Darauf würde ich Wetten abschließen. Garantiert!

Fast eine Stunde dauerte die Schleichfahrt bis zum Bahnhof. Wir hatten noch Glück, denn 10 Minuten später wäre der Zug weg gewesen. Gott sei Dank konnten wir unser Reisegepäck im Bus lassen, denn der fuhr voraus und erwartete uns am Zielbahnhof Galle.

Schnell wechselten wir hinüber zum Zug und die 3-stündige Fahrt konnte starten. Diese alte Kolonialbahn war bestimmt ein Höhepunkt aller mitreisenden Eisenbahnfans. Alles, ob Gleisanlagen, die Bahnhöfe mit ihren alten Gebäuden oder die komplett erhaltenen Kolonialzüge wurden im Originalzustand

41

genutzt. Es war ein sprichwörtlich rollendes Museum im Flair der Vergangenheit.

Alle Details der kompletten Wagonausstattungen waren noch gut erhalten und fanden unsere ungeteilte Aufmerksamkeit. Mein besonders Augenmerk richtete sich auf die an der Decke hin- und her baumelnden Ventilatoren. Ihre weit auseinandergezogenen Messingrotoren zogen surrend ihre Kreise, kühlten die Köpfe der Mitreisenden etwas ab und vertrieben alle vermischten Gerüche der Welt aus den überfüllten fensterlosen Abteilen nach draußen. Im schwankenden Takt der gewellten Gleisanlagen zogen Verkäufer von Nüssen, Snacks und Getränken von Wagon zu Wagon. Keine nervende, aufdringliche Verkaufsstrategie ging von ihnen aus, nur ein unverfängliches Lächeln eilte voran, von Abteil zu Abteil.

Für wenige Rupien erwarb ich ein Beutel mit Nüssen, die ich nach und nach verzehrte, während draußen eine traumhaft schöne Dschungelkulisse vorüberzog. Leider endete die 3-stündige Zugfahrt mal wieder viel zu schnell.

In Galle angekommen, erwartete uns auf dem Vorplatz der Galle Railway Station, unser Reisebus. Der war bedeutend schneller am Ziel, als unser Zug. Eigentlich kein Wunder, da dieser „Museumsexpress" auf den uralten Gleisanlagen nur selten mal 50 Stundenkilometer fahren durfte. Uns war es natürlich Recht, so langsam wie möglich da hinzuschleichen. Bei solch einer gemütlichen Spazierfahrt sah man wesentlich mehr, als bei hoher Geschwindigkeit, und zu sehen gab es jede Menge.

Knolle gab uns zu verstehen, sofort den Bus aufzusuchen und nicht herum zu trödeln, da eine kurze Stadtrundfahrt starten sollte. Eigentlich hätte es dazu keiner besonderen Aufforderung bedurft, denn hier auf dem baumlosen Vorplatz lagen die geschätzten Temperaturen bestimmt bei etwa 45 bis 50 Grad, ein ganz normaler Wert am frühen Nachmittag. Im Bus belegten wir unsere alten Plätze und ab ging es Richtung Stadtmitte. Dort erwartete uns eine einzigartige Mischung aus asiatischer Gegenwart und kolonialeuropäischer Vergangenheit, vor allen im Fortviertel. Hier, zwischen den Wällen und Bastionen aus holländischer Zeit, wohnte nur ein kleiner Teil der 100 000 Einwohner, unser anvisiertes Ziel am heutigen Tag.

Den weniger attraktiven Teil der Stadt durchfuhren wir ohne anzuhalten, denn diese Galle –Neustadt konnte man voll vergessen. Dort kamen Dinge zusammen, die ich so nicht mochte: Menschenmassen, Nepper und Schlepper, massig Dreck und viele geschmacklose, bunt durcheinander gewirbelte Bauten. Vollgequatscht wurde man auch alle Nase lang, wollte uns alle möglichen antiken Dinge verhökern, die man angeblich in versenkten Schiffen gefunden hatte, obwohl es in Sri Lanka dafür ein striktes Ausfuhrverbot gab. Auf solche Einkäufe sollte man sich auf keinen Fall einlassen. Um diese Leute abzuwimmeln reichte ein konsequentes NEIN, einfach weitergehen und nicht wieder umdrehen.

Wie schon erwähnt hielten wir dort nicht an, fuhren weiter Richtung Altstadt. Vorbei ging es am größten Kricketstadion der Insel – Treffpunkt der Weltelite. An den grasüberwachsenen Wällen der alten Fortfestung verließen wir den Bus und umrundeten einmal das Viertel. Der sogenannte Flaggenfelsen bot die beste Aussicht auf den Hafen, der einmal der Wichtigste der Insel war. Schon vor 2 000 Jahren diente die Bucht als natürlicher Ankerplatz. Die Lage zwischen Asien und dem Mittleren Osten machte den Ort zu einem idealen Umschlagplatz.

Die Ursprünge des Forts lagen im 16. Jahrhundert. Damals errichteten die Portugiesen an diesem Felsen (singhalesisch = gala) eine kleine Festung. Es entstand das erste Fort, ökologisch ausgerichtet aus Lehm und Palmen. Sie änderten das Wort Gala um in den Ortsnamen Gallo = Hahn, der immer noch, als Teil des Stadtwappens, auf der Innenseite des alten Tores sichtbar war.

1640 übernahmen die Holländer nach schweren Kämpfen die Stadt, annähernd zeitgleich mit dem Beginn der holländischen Kolonisierung der Insel. Danach entstanden die Festungsanlagen, die bis heute den Namen „Holländisches Fort" tragen und zum Weltkulturerbe gehören. Später gewann der Hafen mit dem Einmarsch der Engländer weiter an Bedeutung. Die Stadt boomte durch regen Handel und Wandel, waren doch nicht zuletzt oft Gold und Edelsteine begehrte Kaufobjekte. Für die Händler war Galle das Paradies auf Erden.

Doch dann kam der jähe Fall. Colombo wurde favorisiert und sein Hafen ausgebaut. Ab 1890 legten die Dampfer aus aller Welt fast nur noch in Colombo an. Was der Stadt Galle blieb, war sein imposantes Fort mit mächtigen Wallanlagen und eine wundervolle Altstadt inmitten der Festungsmauern, die den Holländern zu verdanken war. Sie hinterließen prächtige, großzügig bemessene Villen mit weiten Verandavorbauten, gestützt von Rundpfeilern und geschützt von Holzjalousien.

Hier im Altstadtviertel schienen die Uhren langsamer zu laufen. Wir hatten den Bus verlassen und bummelten schon 3 Stunden über Märkte und enge Gassen hinweg, bis unser Spaziergang in einem Restaurant auf einer Dachterrasse endete, mit freiem Blick auf Uferpromenade und Ozean. Unten am Straßenrand stand unser Bus abfahrtbereit, uns wieder aufzunehmen, denn unser heutiges Hotel in Galle, lag am Rande der Altstadt, inmitten einer Parkanlage.

Nach dem Abendessen saßen wir noch lange an der kleinen Hotelbar beisammen, ließen den ersten Tag gemütlich bei einer Flasche Bier ausklingen. Kurz vor 22 Uhr kam Knolle nochmals herunter, uns die morgige Abfahrtszeit mitzuteilen.

„Morgen früh, 9 Uhr geht's los. Seid pünktlich." Er umrundete den Barbereich und verschwand genau so schnell wie er auftauchte im angrenzenden Fischrestaurant.

Auf Elefantenpirsch

Wie abgesprochen, versammelten wir uns pünktlich am nächsten Morgen gegen 9 Uhr am Bus. Doch wo war der Reiseleiter? Weit und breit war von Knolle nichts zu entdecken.

„Hat wohl verschlafen", kommentierte eine ältere Dame die Situation, leicht grinsend. „Uns zur Pünktlichkeit auffordern, aber selbst zu spät kommen."

„Der kommt schon noch", antwortete ich der Dame und schaffte mein Handgepäck ins Businnere. Gerade wollte ich wieder aussteigen, als Knolle auf der anderen Straßenseite mit einem Lächeln auf den Lippen auftauchte und herantrat.

„Es ist etwas später geworden", rief er uns entgegen und bat alle einzusteigen. Ich verschwand wieder in meiner Sitzecke. Alle anderen folgten kommentarlos seiner Aufforderung, und belegten im Bus ihren Sitzplatz.

Für Knolle schien der Begriff „Pünktlichkeit" keinen allzu großen Stellenwert zu besitzen. Was sind schon so lächerliche „plus oder minus" 20 Minuten im Leben? Reinweg gar nichts. Viel wichtiger schien ihm die Einhaltung und Umsetzung seines, sich selbst gestellten Mottos zu sein: „Ruhe bewahren und jeder Art von Stress vermeiden".

Eigentlich gar nicht so schlecht, diese Einstellung. Doch für uns Perfektionisten aus Europa, vornweg natürlich Deutschland, wäre das sehr gewöhnungsbedürftig, um nicht zu sagen: undurchführbar. Herzinfarkt und ähnliche Stresskrankheiten kannte man in Sri Lanka kaum. Darüber sollten die durchs Leben gehetzten Mitteleuropäer einmal nachdenken, ob es sich wirklich lohnt, sich bedingungslos seinem Job zu unterwerfen.

„So Freunde, heute geht es zum Uda Walawe Nationalpark", begann Knolle uns mit Informationen über den weiteren Tagesablauf zu füttern, während unser Bus einen Ochsenkarren ausweichend, sich langsam im Straßenverkehr einordnete.

„Für die anstehenden 150 Kilometer benötigen wir etwa 3 Stunden. Wir übernachten heute in Bungalows, gleich hinterm Parkeingang. Das Dorf liegt mitten im Dschungel, sehr schön gelegen. Der Safari Ausflug startet 15 Uhr. Mit Jeep und anderen Allradantrieb-Fahrzeugen geht es auf Elefanten-Pirsch. Voraussichtliche Dauer: 3 Stunden. Alles Weitere dann bei Ankunft im Park".

Jetzt wurde es ruhig im Bus. Jeder beschäftigte sich mit irgendetwas, denn die 3-stündige Anfahrt lag nun vor uns. Ich nutzte die Zeit, las Insider-Tipps im Sri Lanka-Reiseführer, aß meine mitgebrachten Bananen und genoss die Fahrt durch wild wuchernde Dschungellandschaften, beiderseits der asphaltierten Serpentinenstraße.

So gegen 13 Uhr passierten wir ein monströs aussehendes, halbrundes Eingangstor, mit beidseitig eingearbeiteten Knochen von Elefanten- und Büffelschädeln. Knolle überreichte einem Parkangestellten das anfallende Eintrittsgeld im gleich dahinterliegenden Kassenhäuschen, nahm die Karten entgegen und verteilte diese im Bus.

„Denkt daran", erinnerte uns Knolle nochmals an den weiteren Ablauf. „15 Uhr sind die Fahrzeuge bestellt. Die uns begleitenden Ranger sind zeitgebunden, fahren pünktlich ab. Wer nicht dort ist hat das Nachsehen."

Das Tor hinter uns lassend ging es im Schritttempo weiter Richtung Handagiriya, die einzige im Nationalpark liegende Ansiedlung. Schon 500 Meter vom Eingang entfernt, tauchten mehrere in einfacher Bauart errichtete Bungalows auf. Das waren bunte Farbtupfer vor dem Einheitslook der grünen Dschungelwand. Mit runden kegelförmigen Schilfdächern versehen, umringten sie einen weitläufigen Dorfplatz, bestückt mit Mini Open-Air-Restaurant und mehreren Grillplätzen. Genau dort, im mittleren Bereich des Platzes kam unser Bus zum Stehen. Unser Gepäck wurde entladen. Wir kletterten nach draußen, tauschten den kühlen Innenbereich mit einem über 40 Grad aufgewärmten Dorfplatz und einer unbarmherzig herabbrennenden Mittagssonne.

Um die Anmeldeformalitäten zu erledigen, bat uns Knolle zu warten. Während er zum Rezeptionsfenster rüber lief, einem Provisorium neben der Eingangstür des Küchenbereichs, verschwanden wir blitzartig unter dem überdachten Open-Air-Gelände vom Restaurant, Schutz suchend, vor der fast senkrecht über uns stehenden Mittagssonne.

Hier war man gut auf unsere Ankunft vorbereitet. Schnell kam Knolle mit allen Schlüsseln und den daran baumelnden Bungalownummern zurück und verteilte diese. Mein Häuschen, mit der Schlüsselnummer 21 lag am anderen Ende des Platzes. Auf einem Hügel liegend, stand es versteckt im Schatten riesiger Baumkronen. Ein schmaler Weg führte an Sträucher, Hecken und dichtem Buschwerk vorüber. Sich durch ein Blütenmeer unbekannter Pflanzen windend, endete dieser direkt am Bungaloweingang.

Neugierig schloss ich die Tür auf und trat ein. Vom Anblick überrascht, blieb ich stehen. Das hatte ich nicht erwartet. Der Innenbereich fiel wesentlich größer aus, wie ich mir das außerhalb der Hütte vorgestellt hatte.

Ein einzelner runder Raum, ohne eingebauter Zwischendecke, lag vor mir. Mein Gepäck abstellend betrachtete ich diese kunstgerecht zusammengesetzte Holzkonstruktion, auf der ein dickes zuckerhutförmiges Schilfdach ruhte. Mitten im Zimmer stand ein mit Moskitonetzen verhangenes und von allen Seiten begehbares, übergroßes Doppelbett. Genau darüber baumelte unter einem Querbalken ein Ventilator mit eingebauter und installierter Raumbeleuchtung. Ein Tisch, zwei Stühle und mehrere eingelassene Garderobenhaken, an der runden Wandverkleidung auf der einen -, und die hinter einer Trennwand verborgenen Toilette mit Dusche auf der anderen Seite, vervollständigten diese minimalausgestattete Bungaloweinrichtung.

Zwar war es etwas gewöhnungsbedürftig, aber ausreichend für eine Nacht. Zwei eingesetzte Gagenfenster sorgten für die nötige Frischluft im Zimmer und verwehrten Moskitos und anderen Krabbeltierchen den Zutritt.

Beim Ausprobieren der vom Innenraum aus abschließbaren Fensterläden, fuhr ich erschrocken zusammen. Beim Öffnen stieben dort drei oder vier 10 bis 20 cm lange Tierchen blitzschnell nach allen Seiten auseinander, verschwanden hinter der Holzverkleidung und oberhalb im Schilfgeflecht der Dachkonstruktion.

„Mein Gott, was war denn das?" Misstrauisch beäugte ich etwas unschlüssig den zweiten Laden. Die vorangegangene Schrecksekunde saß mir immer noch in den Knochen. War da etwa auch was dahinter?

„Hm? Ach was soll der Unsinn!" Man musste sich nur bemerkbar machen, dann verschwanden die von alleine. Bevor ich den Laden öffnete, klatschte ich laut mit den Händen und pochte vorsichtig den Holzrahmen an. Nichts passierte. Alles blieb ruhig. Kein Zimmergast saß mehr dahinter, stellte ich grinsend fest.

Immer noch die flüchtenden Tierchen vor Augen, fiel bei mir endlich der Groschen, wie man so schön sagt. Natürlich! Das waren Geckos! Daran hätte ich denken müssen. Diese kleinen Echsen musste man nun wirklich nicht fürchten. Sie flüchteten bei der geringsten Störung. Überall konnte man sie antreffen, besonders in Rasthäusern und Privatunterkünften. Es schien, als klebten sie an den Wänden und riefen nachts ihren Namen. Es klang jedenfalls so ähnlich. Sie fingen jede Menge Moskitos und andere lästige Insekten, wurden von den Einwohnern verehrt und waren immer gern gesehene Gäste. Und was tat ich? Ich verscheuchte diese kleinen Wohltäter.

„Ach was, die kommen bestimmt wieder!" Zur Uhr schauend verschloss ich beide Läden und beendete die Zimmerinspektion. Es war 14 Uhr. Eine Stunde blieb mir noch bis zum Beginn der Safari-Tour. Um die verbleibende Zeit sinnvoll zu überbrücken, verließ ich den Bungalow und verschloss den Eingang. In aller Ruhe umrundete ich die hinter dem Dorfplatz liegende weitläufige Parkanlage, mit all seinen mit Reed gedeckten Zuckerhut-Häuschen im Gelände.

So ein Erlebnis-Aufenthalt im Dschungelcamp war doch etwas völlig anderes, als ein normal gebuchtes Hotelzimmer irgendwo in der Welt. Hier in der Wildnis lag eine nichtdefinierbare Spannung in der Luft, ein Kampf zwischen Vorsicht und Neugier verstärkte alle Sinne. So empfand ich es zumindest. Jedes Geräusch, auch das noch so Bedeutungsloseste, wurde registriert. Mein Versuch, Ort und Urheber aufzuspüren, misslang größtenteils, Dank perfekter Tarnung oder fluchtartigem Entfernen beim Annähern an die überraschten Tiere.

Doch nicht alle reagierten so ängstlich und verschwanden, was ich am anderen Ende des Dorfes selbst feststellen durfte. Dort folgte ich, neugierig wie ich nun mal war, einem schmalen Pfad, der einen mit dichtem Buschwerk überwucherten Abhang hinunter führte. Ich landete am Ufer eines drei bis vier Meter breiten Baches, der sich zwischen Geröll, meterhohen Felsbrocken und einem alles überwuchernden Baumbestand dahinwand. Hier endete mein Weg an einer künstlich angelegten Müllhalde, nur wenige Meter vom Ufer entfernt.

Uda Walawe Nationalpark - Auf Elefantensafari

Ein süßsaurer Geruch von gärenden Früchten und angefaulten Küchenabfällen lag in der Luft. Ich blieb stehen, denn der Geruch war so widerwärtig und ekelhaft, dass mein Magen rebellierte und ein Brechreiz den anderen jagte. Um Schlimmeres zu verhüten, hielt ich meine Nase zu und beschloss den sofortigen Rückzug anzutreten. Kaum hatte ich den Rückwärtsgang eingelegt, da knackten zerbrochene Äste und ein 1 Meter langer Waran schoss blitzschnell an mir vorüber, stürzte den Hang hinunter und verschwand im Wasser.

„Oh Gott, wo kommt der denn her?", stieß ich verdattert hervor, sprang vorsorglich nochmals zur Seite und verfolgte den Waran mit ungläubigen Blicken. Wie konnte ich den nur übersehen? Der lag doch bestimmt schon die ganze Zeit hinter mir im Gebüsch. Der wollte bestimmt zur Müllhalde rüber. Da ich ihm unbewusst den Weg versperrte, verschmähte er seine Mahlzeit und zog es vor zu verschwinden.

„Was war heute bloß mit mir los", begann ich zu grübeln. Erst die Geckos und nun der Waran? Ein Adrenalinstoß folgte dem Nächsten. Zum Glück war es ein junger Waran und kein ausgewachsenes Tier, das gut und gerne bis zu 4 Meter lang werden konnte. Allein der Gedanke daran war stimulierend und Gänsehaut fördernd.

„Mein lieber Mann", schoss es mir durch den Kopf. Das hätte böse ausgehen können. Schuld an allem war ich natürlich selbst. Viel zu leichtsinnig war ich hier in den Uferbereich eingedrungen, nur den Bach und die stinkende Müllhalde im Visier ohne dabei die Umgebung mit einzubeziehen.

Plötzlich wurde mir bewusst, dass ich immer noch auf derselben Stelle stand. Ein penetranter Geruch vertrieb die Grübeleien auf einen Schlag, denn beim Seitensprung gab ich mein Nasenbereich frei und der belebende Duft der gärenden Müllhalde aktivierte sofort mein Selbsterhaltungstrieb. Bloß weg von hier.

Ein Blick zurück werfend, entfernte ich mich vom Uferstreifen, wollte die Dorfumrundung beenden. Den gleichen Pfad benutzend eilte ich vorwärts, als plötzlich ein Parkangestellter vor mir auftauchte. Mehrere mit Obst- und Salatabfällen gefüllte und übereinandergestapelte Kisten schleppend, kam er auf dem abschüssigen Weg mir gefährlich schnell entgegengerannt. Vorsichtshalber gewährte ich ihm Vorfahrt und trat beiseite. Natürlich war ihm der Schreck in alle Glieder gefahren, als ich plötzlich vor ihm auftauchte. Beide Augen aufreißend starrte er irritiert in meine Richtung. Ihm schien dabei nur eine Frage zu interessieren:

„Was macht ein Weißer in unserer Abfallecke?"

Ihm ein „Hallo" hinterher rufend, eilte ich lachend weiter, meine Dorfumrundung abzuschließen.

Ein Umweltschutzprogramm, praktiziert nach europäischen Vorstellungen, gab es nicht in Sri Lanka, war nur von zweit-, oder drittrangiger Bedeutung. Man vertraute dem Motto: „Was die Erde hervorbringt, nimmt sie auch wieder zurück." Das Resultat lag ja hinter mir, ein duftendes Schlaraffenland für Warane, Aasfresser und anderen Dschungeltieren.

Den von riesigen Baumkronen überspannten, und im Schatten liegenden Zugangsweg verlassend, betrat ich den in der Mittagshitze flimmernden Dorfplatz. Aufgeheizt auf etwa 50 Grad war das wahrlich kein Platz zum Verweilen. So schnell wie ich konnte eilte ich am leerstehenden Open Air Restaurant und an den verwaisten Grillplätzen vorüber, bis hin zum 15-Uhr Treffpunkt der anstehenden Safari-Tour auf der gegenüberliegenden Dorfplatzseite. Dort parkten schon zwei abfahrbereite, für diese Zwecke umkonstruierte Allrad-Geländewagen. Mit offenem Verdeck und heruntergezogener Einstiegstreppe standen sie bereit, uns aufzunehmen.

Wahrscheinlich war ich der Letzte der hier erschien, denn der Rest der Gruppe stand, von Knolle aufgeteilt, vor beiden Geländewagen. Ich landete im ersten Wagen, was ich gar nicht so schlecht fand.

Als ich Knolle mein Erlebnis mit dem Waran beichtete, schüttelte er missbilligend den Kopf und sah mich erschrocken an.

„Um Gottes Willen, geh diesen Kreaturen aus dem Weg. Ich mag diese Tiere nicht. Jedes Jahr gibt es Todesfälle beim Zusammentreffen von Mensch und Waran, allerdings bei älteren Tieren. Du hattest Glück. Der war noch jung und mit einem Meter

Länge sehr klein. Also, mach in Zukunft einen Bogen um jeden Waran. Okay?"

„Ich werde mir Mühe geben", antwortete ich grinsend, kletterte ins erste Auto und belegte mein Platz auf der rechten Rückbankseite.

„Noch einige Worte zum Park und ihren Bewohnern", fütterte uns Knolle mit letzten Informationen und forderte unsere Aufmerksamkeit vorm Start.

„Ich muss Euch das jetzt erzählen, denn nachher während der Fahrt herrscht Funkstille. Bitte keine Unterhaltung, sonst flüchten die Tiere, bevor wir sie zu Gesicht bekommen.

Der Uda Walawe Nationalpark ist einer der Schönsten in Sri Lanka. Er umfasst eine Fläche von 30 000 Hektar, bestehend aus Buschland, Teak-Wäldern, einem See und dem dazugehörenden Fluss. Vor der Gründung, als fünften Nationalpark 1972, wurde das Gebiet landwirtschaftlich genutzt. Durch Brandrodung entstand das heute vorhandene Buschland. Es ermöglicht uns eine relativ freie Sicht auf den größten Bewohner dieser Gegend, dem Elefanten. Etwa 500 Tiere leben hier in Gruppen zusammen. Eine Herde kann bis zu 100 Elefanten umfassen, die ständig mit Futtersuche beschäftigt, den Park durchstreifen. Ein stabiler Zaun hält die Tiere von den landwirtschaftlich genutzten Flächen außerhalb des Parks fern, und verhindert andererseits das Eindringen von Hausrindern und anderen ansässigen Säugetieren.

Ihr werdet es nachher selbst feststellen können, die asiatischen Elefanten sind kleiner als ihre afrikanischen Verwandten, haben kleinere Ohren, erreichen eine Schulterhöhe von etwa 2 bis 3,5 m und wiegen etwa 2 000 bis 5 500 kg.

Im Gegensatz zum afrikanischen Elefanten ist ihr Rücken gewölbt und ihr höchster Körperpunkt befindet sich oben auf dem Kopf. Ihr Bauch ist durchhängend, die Haut weniger runzlig und ihre Rüsselspitze ist mit einem ein-fingerartigen Ansatz bestückt. An den Vorderfüßen sind 5 Zehen vorhanden, während ihre Hinterfüße nur teilweise 4 Zehen besitzen. Die ausgeprägt langen Stoßzähne werden von den Bullen genutzt, um Hindernisse zu beseitigen oder die schmackhafte Baumrinde vom Stamm zu schälen.

Für den Elefanten eine kleine Mahlzeit, ist es für den Baum das Todesurteil, sehr zum Missfallen der Ranger. Normalerweise sind alle asiatischen Elefanten dämmerungs- und nachtaktiv, ruhen sich aus während der Tageshitze. Doch kommt es immer öfter vor, dass sie auch tagsüber bei der Nahrungssuche umherwandern, was uns Touristen natürlich sehr entgegen kommt.

Alle Tiere einer Herde sind miteinander verwandt. Es handelt sich um Mütter, Töchter und Schwestern. Immer führt die älteste, erfahrenste Kuh die Herde an und sorgt für deren Zusammenhalt. Alle Bullen leben allein, oder in noch relativ jungen Jahren in Verbänden zusammen. Zur Paarung schließt sich ein Bulle der Herde an, kann so mehrere Monate in der Gesellschaft der Kühe verbringen. Da die Paarung nicht jahreszeitlich gebunden ist, findet man zu jeder Zeit in etwa 40 % der Herden wenigstens einen Bullen.

Es dauert 15 bis 17 Jahre bis ein asiatischer Bulle ausgewachsen ist. Sie paaren sich im Alter von 20 Jahren zum ersten Mal, während die Kühe ihr erstes Junge im Alter von etwa 17 Jahren zur Welt bringen. Die Lebensdauer beträgt etwa 60, im günstigsten Fall 80 Jahre.

Neben den Elefanten und einigen selten anzutreffenden Leoparden, ist „Uda Walawe" die Heimat vieler anderer Tiere. Hier sind Sambar-Hirsche, bellende Rehe, Wasserbüffel, Mungos, Beutelratten, Füchse, Krokodile, Lippenbären und rund 30 Sorten Reptilienarten zu Hause. Darunter fallen auch die Wasser-Warane, mit bis zu drei Metern Länge. Die sollte man möglichst aus dem Weg gehen."

Knolle unterbrach kurzzeitig sein Vortrag, sah zu mir rüber und schien zu überlegen, ob er meine Waran Begegnung den anderen mitteilen sollte, oder nicht. Er ließ es schließlich sein und fuhr fort:

„Auch die mannigfaltige Vogelwelt ist beeindruckend. Zwei Dutzend unter den 400 hier ansässigen Arten gibt es nur in Sri Lanka. Nun noch ein Wort an alle, die sich vor Schlangen fürchten. Es gibt zwar viel auf der Insel, aber die haben mehr Angst vor den Menschen, als umgekehrt. Die Chancen, hier im Urlaub Schlangen zu sehen, sind äußerst gering. So jetzt können wir starten und denkt daran, leise zu sein."

Die letzten, noch nicht im Auto platzierten Tour Teilnehmer, wurden gebeten einzusteigen. Schnell fand jeder sein Sitzplatz und Knolle signalisierte den Rangern die Startbereitschaft. Vorn beim Fahrer sitzend, trug jeder von ihnen eine großkalibrige Jagdwaffe, die sie griffbereit zwischen den Schenkeln postierten. Ohne bewaffneten Begleitschutz durfte hier niemand ins Gelände, eine Sicherheitsmaßnahme bei allen Safaritouren, mit oder ohne Auto.

Langsam Fahrt aufnehmend umrundeten wir den Dorfplatz. Am anderen Ende bogen wir ab auf ein mit Schotter aufgefüllten Wiesenweg, der durch savannenähnliches Buschland führte, bestückt mit mannshohem Grasbestand. Nach und nach verschwand der Schotterweg unter dicken Grasbüscheln, wurde langsam zum ausgefahrenen Feldweg mit nicht kalkulierbaren Hindernissen. Für uns wurde es eine durchrüttelnde Berg- und Talbahnfahrt.

Die erste halbe Stunde verging wie im Fluge. Überall gab es etwas zu beobachten. Manchmal war es gar nicht so einfach, die um uns herum existierende Tiervielfalt zu entdecken. Zum Glück begleiteten uns die Ranger. Sie hielten Ausschau nach den Tieren, zeigten uns diese und versuchten, unsern Blick dafür zu schärfen. Ihnen entging kaum ein noch so getarnter Sitz- oder Ruheplatz anwesender Parkbewohner in näherer oder weiterer Entfernung, auf Bäumen verborgen oder versteckt im hohen Savannengras.

Im Schritttempo fahrend, folgten wir im Stopp and Go Rhythmus den kurvenreichen Weg durchs Buschland und beobachteten Dank der Ranger, eine exotische Tierwelt in freier Wildbahn.

Affen, Vögel, Echsen, Schlangen und äsende Wasserbüffel am Seeufer störten sich nicht an unserer Anwesenheit, nahmen davon kaum Notiz. Nur ein Paar sich am Ufer sonnende Krokodile und einige zweimeterlange Warane, gingen auf Nummer sicher und stürzten fluchtartig den Hang hinab ins hochaufspritzende Wasser, ohne nochmals aufzutauchen. Auch ein Fischadler, hoch oben in einer vertrockneten Baumkrone sitzend, zog es vor den Ruheplatz zu verlassen und nach einigen Seeumrundungen zu verschwinden. Solche Tierbeobachtungen in freier Wildbahn machen zu dürfen, war schon ein beeindruckendes Erlebnis mit bleibender Erinnerung.

Nur etwas Entscheidendes fehlte noch. Die Elefanten! Wo wir auch hinkamen, keiner war zu entdecken. Ein Schakal oder Leopard konnte man ja im hohen Gras noch übersehen, aber ein Elefant? Bestimmt nicht. Die etwa 500 Tiere konnten sich ja nicht in Luft auflösen, mussten ja irgendwo sein. Nur wo?

Vorn im Auto griff unser Ranger immer öfter zum Fernglas. Aber auch er konnte nichts entdecken. Schließlich stoppte er die Weiterfahrt, übermittelte dem Fahrer eine Anweisung und informierte Knolle über eine Routenabweichung.

„Wir ändern den Streckenverlauf, verlassen diesen Pfad, weichen zum Flussbett aus und folgen dem Uferweg", übersetzte Knolle uns diese Anweisung.

„Die Elefanten sind heute auf einer anderen Route unterwegs. Wir müssen uns dem anpassen. Okay? Auf geht's."

Dem Ranger zunickend, signalisierte er ihm sein Einverständnis und schon ging es weiter.

Der Weg wurde jetzt spürbar schlechter, wenn man die beiden im hohen Gras herausgefahrenen, nur noch schwach sichtbaren Reifenspuren als so etwas bezeichnen durfte. Wieder mal wurden wir kräftig durcheinandergeschüttelt. Mal nach vorn, mal nach hinten geworfen, hoch- und runtergezogen, oder passierten Erdhügel mit bedenklich erscheinendem Neigungswinkel des Fahrzeugs beim Auf- und Abwärtsrollen.

Zum Glück waren alle Geländewagen mit festverankerten Haltegriffen und ausgepolsterten Sitzflächen ausgestattet. Des Weiteren umschloss ein stählernes Korsett den hinteren Bereich des Fahrzeuges. Es garantierte die nötige Stabilität und Sicherheit in diesem schwierigen Gelände. Jeder von uns versuchte, so gut es ging alle heimtückischen Stöße und Schwankungen abzufedern, das Gleichgewicht zu stabilisieren und trotz aller Widrigkeiten die Umgebung im Auge zu behalten, da durch unsere Anwesenheit aufgeschreckte Tiere schleunigst das Weite suchten.

Je näher wir dem Ufer kamen, wurde der Weg wieder sichtbar und einigermaßen befahrbar, ohne ein Schleudertrauma zu riskieren. Langsam dahinrollend folgten wir den am Gewässer sich entlangwindenden Pfad, flankiert von undurchdringlichem Gebüsch auf der einen-, und uralten Baumriesen auf der anderen Seite.

„Seht mal", flüsterte Knolle fast unhörbar.

„Dort sind Affen." Er wies, sich dabei nach vorn wendend, auf einen halbabgestorbenen Baum hin, deren Krone hoch über uns hinwegreichte. Etwa 20 bis 30 Makaken - Äffchen hingen dort in den Zweigen und beobachteten aus sicherer Entfernung unsere Durchfahrt, ohne Scheu und Fluchtgedanken. An die ständig anwesenden Zweibeiner gewöhnt, nahmen sie nur kurz von uns Notiz, zogen dann in aller Ruhe weiter und verschwanden bald darauf auf der anderen Flussseite im Blätterdach angrenzender Baumkronen.

Schade! Ich mochte diese Tiere. Den Makaken konnte ich stundenlang zuschauen. Einfach köstlich, ihre pantomimenartigen Vorstellungen im Grimassenschneiden und dem ständig erschrocken wirkenden Gesichtsausdruck der lustigen Gesellen. Den nach vorn geschobenen Kopf mit offenem Mund, den aufgerissenen Augen und den bei Störung ausgestoßenen „houk – houk" – Lauten, war eine höchst amüsant wirkende Mimik. Man konnte förmlich die Frage ablesen: „Was wollt ihr hier? Was macht ihr da unten? Ihr stört mit eurer Anwesenheit! Verschwindet von hier!"

Da meine Lieblinge leider viel zu schnell das Weite suchten, konzentrierte ich mich ersatzweise auf die üppige Dschungellandschaft um mich herum. Und da gab es allerhand zu sehen. Staunend registrierte ich die Vielfalt der Formen und Gerüche blühender Sträucher, Büsche und Savannenwiesen. Tausende in allen Farbnuancen aufleuchtende Schmetterlinge tanzten im Schatten der Baumriesen zwischen den Blüten herum, tranken deren Nektar oder saugten am Flussufer aus dem feuchten Schlamm wichtige Mineralstoffe heraus. Sie mieden die direkte Sonneneinstrahlung, denn außerhalb der schattenspendenden Baumriesen schien die Luft zu kochen, lagen dort die Temperaturen bestimmt bei weit über 40 Grad.

„Leute, reicht mal die Getränke rum!" Unter seinem Sitz hervorziehend, öffnete Knolle eine Kühlbox und verteilte die darin liegenden Wasserflaschen an seine Vorderleute. Wahrlich keine schlechte Idee bei dieser Hitze. 3 bis 4 Liter sollte man schon täglich trinken, um den Flüssigkeitsverlust auszugleichen.

Etwas hatte ich mich schon an die hohen Temperaturen gewöhnt, zumal ein erfrischender Fahrtwind und der schattenspendende Uferweg uns allen ein wenig Kühlung verschaffte. Leider endete diese angenehme Kombination schon nach kurzer Dauer, denn der Fluss bog zur rechten Seite ab, während unser Pfad die alte Richtung beibehielt und geradeaus in die offene Savannenlandschaft hinein führte.

Entsprechend veränderte sich nun auch die uns umgebende Wildnis. Sie blieb trotz der offenen Graslandschaft geheimnisvoll und beeindruckend. Bestückt mit vereinzelt stehenden, teilweise abgestorbenen Bäumen, erwartete uns eine hüglige Buschlandsavanne. Diese sich bis zum Horizont hinziehenden, wild durcheinander wuchernden Hecken und Sträuchern lagen vor uns ausgebreitet, teilweise vollständig eingebettet in meterhohen Grasstauden.

Aufmerksam wurde die Umgebung beobachtet. Das gelang nicht immer. Es war gar nicht so einfach im schwankenden auf und ab der vor uns liegenden Berg- und Tallandschaft. Schließlich waren wir immer noch auf Suche nach vorüberziehenden Elefantengruppen oder Einzeltieren. Doch leider war es vergebliche Mühe, nichts dergleichen passierte. Sie blieben verschwunden, waren auch mit dem besten Fernglas nicht auffindbar.

Wir saßen fest in einer Situation, die keiner von uns beeinflussen konnte. Ärgerlich, aber zu machen war da nichts. Hier wurde uns allen vorgeführt, eine Safari-Tour in freier Wildbahn war doch etwas anderes als ein Zoobesuch mit all seinen Tiervorführungen.

Doch dann passierte doch noch etwas Unvorhersehbares. Niemand hatte in diesem Moment mit so etwas gerechnet. Ich war gerade dabei mein restliches Wasser auszutrinken, als beide Fahrzeuge ruckartig abbremsten und zum Stehen kamen. Fahrer und Ranger kletterten aus ihren Kabinen heraus und standen diskutierend beisammen. Was war passiert? Irgendetwas schien hier nicht zu stimmen.

Neugierig geworden, was es dort gab, stellten wir uns auf die Sitzflächen und versuchten herauszufinden, was da ablief. Es war gar nicht so einfach etwas zu erkennen. Sogar äußerst schwierig, wie sich herausstellte, da hohe Grasstauden die Sicht nach vorn abschirmten. Doch dann entdeckten wir den Störfaktor. Er lag genau vor dem ersten Fahrzeug. Der schmale Pfad, dem wir folgten, endete am Rande einer etwa 2 Meter tiefen Mulde, die dort nicht hingehörte.

„Steigt bitte aus", bat uns Knolle, nachdem er die nötige Information vom Ranger erhalten hatte und als erster vom Auto sprang.

„Das war so nicht vorgesehen", fuhr er fort. „ Mehrere heftige Unwetter in den letzten beiden Nächten, verbunden mit sintflutartigen Niederschlägen, haben den Weg hier einfach weggeschwemmt. Vorige Woche war das noch ein ausgetrockneter Flusslauf. Den konnte man problemlos überqueren, jetzt geht das nicht mehr. Wir müssen nun auf die andere Seite rüber laufen und dort auf unsere Fahrzeuge warten. Es ist zu gefährlich im Auto zu bleiben."

Ein von Knolle gegebenes, zum anderen Ufer hindeutendes Handzeichen, sollte wohl heißen: „Folgt mir bitte."

Sich wegdrehend begann er den Abstieg. Während wir uns mühsam durch hohe Grasstauden und abgestorbene Buschhecken durcharbeiteten, den Hang runter und auf der anderen Seite wieder hochkrackselten, starteten die beiden Fahrer ihre nicht ganz ungefährliche Geländewagenüberführung, quer übers weggespülte Flussbecken hinweg.

Ohne Allradantrieb ging hier gar nichts, jedes Auto würde stecken bleiben. Letztendlich mussten wir hier durch, hatten keine andere Möglichkeit das Hindernis zu umfahren. Das Gelände war dafür nicht geeignet.

Uns sollte es Recht sein. Neugierig verfolgten wir die notwendigen aber nicht eingeplanten Extravorführungen der beiden nacheinander anfahrenden Geländewagen.   Im 45-Grad

Alle runter vom Auto

Ein verschwundener Weg

Winkel ging es in den Trichter hinunter und auf der anderen Seite im selben Winkel wieder nach oben.

„Mein Gott, die kippen um. Das geht doch nicht gut!" Am Uferrand stehend, verfolgte eine ältere Dame argwöhnisch den Start nach unten, ungläubig den Kopf schüttelnd.

„Aber nicht doch, Rosi. Die Fahrzeuge schaffen das", widersprach ihr Mann etwas rechthaberisch.

„Die stürzen schon nicht ab. Nur keine Bange. Die Fahrer wissen schon was s........"

Weiter kam er nicht mit seinen Erklärungen, denn in diesem Moment wurde es laut und die Motoren begannen aufzuheulen. Alle Räder drehten durch, schleuderten Kies und abbrechende Geröllstückchen nach hinten weg und veranlassten alle, allzu neugierige Zuschauer, schleunigst aus dem Wurfwinkel der durchdrehenden Räder zu verschwinden. Im ständigen Wechsel von Bremsen, Gas geben, sich seitwärts wegrutschen lassend und wenn nötig gegenzusteuern, behielten beide Fahrer ihre Geländewagen immer unter Kontrolle und standen 10 Minuten später abfahrtbereit auf der anderen Uferseite. Alle Achtung! Eine tolle Leistung. Während wir Beifall spendeten, drängelte Knolle zur Weiterfahrt.

„Bitte Beeilung", mahnte er an und kletterte als Letzter nach oben, seinen angestammten Platz einnehmend. Und schon ging es weiter, langsam und vorsichtig. Den schmalen Pfad folgend, standen wir kurze Zeit später vor einem, mit wild durcheinanderwuchernden Buschwerk überzogenen Hügel. Zwangsweise mussten wir hier seitwärts ausweichen, denn der Weg endete im Geröll vor einer Felswand.

„Auf der anderen Seite liegt ein kleiner See", erklärte uns Knolle, leise flüsternd den momentanen Standort.

„Wir fahren am Uferweg entlang. Eventuell treffen wir dort auf Elefanten, die am .....". Weiter kam er nicht, wurde vom Ranger unterbrochen.

„Psst", zischte dieser Richtung Knolle, forderte von allen absolute Ruhe ein, deutete noch vorn und legte sein Fernglas beiseite. Langsam rollten die Geländewagen aus, kamen zum

Stehen. Kurz und knapp wurde Knolle über den Stand der Dinge informiert.

Was war los? Waren Elefanten in der Nähe? Ich war gespannt was nun folgen würde. Neugierig geworden, betrachtete ich sehr intensiv die vor mir liegende, nähere und weitere Umgebung. Ohne Erfolg, denn entdecken konnte ich nichts, da der abweichende Weg hinter einem Felsvorsprung verschwand.

„Ja, jetzt ist es soweit", begann Knolle uns aufzuklären. „Wir treffen jetzt auf Elefanten. Der Ranger hat vorn am Felsen ein Tier gesichtet, allerdings nur für kurze Zeit. Wo ein Tier auftaucht sind bestimmt auch andere in der Nähe."

Jetzt wurde es spannend. Die Fahrzeuge ruckten an, setzten sich langsam in Bewegung und rollten Richtung Felsvorsprung. Kaum hatten wir diesen Punkt erreicht, den über uns hinwegragenden Felsen und die hohen Buschhecken umfahren, als vor uns eine Bilderbuchlandschaft auftauchte, die schöner nicht hätte sein können.

Abwärts führend wand sich der Weg durch blühende Sträucher und meterhohe Grasstauden hindurch, einem langgezogenen Tal entgegen. In deren Mitte lag eingebettet ein kleiner See, flankiert von saftigen Grünflächen und uralten Baumriesen, deren gewaltige Kronen große Teile der Uferregion der Sonne entzogen. Hier in Wassernähe schien die Natur förmlich zu explodieren, war alles etwas farbiger und exotischer ausgeprägt. Je näher wir dem See kamen, verschwanden dann auch die graubraunen Grasstauden der ausgedörrten Savannenlandschaft. Vom Sonnenlicht überflutet, lag die Wasseroberfläche glitzernd vor uns, wie ein Meer voller, funkelnder Diamanten. Ein betörender Blickfang, dem sich eigentlich niemand entziehen konnte.

Doch es kam anders. Keiner schien im Moment vom See Notiz zu nehmen, denn alle Augen folgten der richtungsweisenden Armbewegung des Rangers, als dieser sein Fernglas absetzte und ausrief:

„Elefanten".

Das eine Wort versetzte alle in helle Aufregung. Diesmal war es keine Fata Morgano. Tatsächlich entdeckten wir die „Grauen Riesen" auf der anderen Seeseite. Sie standen zwischen Büschen,

Sträuchern und meterhohen Felswänden verteilt, am Anfang einer dort beginnenden und weiterführenden Schlucht. Es war vollbracht. Den Durst gestillt, verbunden mit einem erfrischenden Bad und einer nachfolgend aufgetragenen, schützenden Schlammpackung, zog die Gruppe jetzt langsam weiter, nun wieder auf Futtersuche.

Saftige Grasbüschel gehörten dazu, die nach dem Ausreißen mit dem Rüssel kräftig hin- und her geschleudert wurden, um Sand und Erdreich zu entfernen. Auch abgeschälte Baumrinde, Blätter, abgerissene Äste und ganze Zweige herumstehender Büsche wurden nicht verachtet und im Speiseplan der Dickhäuter mit eingebaut.

„Ist das aufregend. Das sind ja über 100 Tiere", begann hinter mir eine Dame ein Gespräch mit ihrem Begleiter.

„Nun übertreibst Du aber", antwortete dieser, sein Fernglas absetzend. „Das sind höchstens 50 Stück."

„Psst! Seid bitte leise", unterbrach Knolle das etwas zu laut geführte Gespräch der Beiden. „Wir kommen jetzt den Tieren sehr nahe. Unser Weg führt mitten durch die Herde."

Augenblicklich verstummten die Gespräche. Während wir dem Safarihöhepunkt entgegen rollten, wurde ich neugierig und begann die Tiere zu zählen. Bei 37 angelangt, brach ich die Aktion ab. Meine Change lag bei null, die Anzahl festzustellen, da einige Elefantenkühe beisammen standen und ihr Nachwuchs zwischen ihnen herum tollte. Die kleinen Racker tobten spielend durchs Gras und Gestrüpp. Sie liefen Slalom zwischen Mamas Beinen hindurch und forderten ihre Spielkameraden zum Ringkampf heraus, bis alle erschöpft durch die Gegend rollten und Mamas Rüssel dazwischenfuhr, die Ruhe wieder herzustellen. Ich war begeistert. So nah war ich noch keinem Elefanten gekommen, und schoss ein Foto nach dem anderen.

Wie angekündigt, führte der Weg mitten durch die Herde. Nur fünf bis sechs Meter entfernt standen sie seitwärts am Fahrzeug zwischen Bäumen und Sträuchern. Wie immer waren sie auf Futtersuche. Unsere Anwesenheit ignorierend, fraßen sie was sie finden konnten. Sicherlich an Besuchergruppen gewöhnt, akzeptierten sie unsere Annäherung nur bis zu einem gewissen

Punkt. Dieser durfte nicht überschritten werden. Den nötigen Abstand auszuloten war Aufgabe des Rangers, der die Tiere kannte. Trotz allem blieb ein Restrisiko, so empfand ich es zumindest, oben auf dem Auto stehend, in Augenhöhe mit den Dickhäutern. Und ich sollte Recht behalten.

Eine Safari mitten im Busch war nun doch etwas anderes und natürlich viel unberechenbarer als ein Zoobesuch auf abgesteckten Routen.

Schon 20 Minuten folgten wir den schlangenförmig verlaufenden, sich quer durchs Tal hindurch windenden Weg. Voran ging es nur im Schritttempo, immer die Elefanten im Blickfeld behaltend, die allesamt langsam hinter uns zurück blieben, je weiter wir uns der Schlucht näherten. Nicht einsehbar, verschwand unser Weg dort hinter dichten Buschhecken und aufsteigenden Felswänden.

Nur noch 100 Meter lagen vor uns bis zur besagten Einfahrt, als etwas eintrat, womit niemand, nicht mal der Ranger gerechnet hatte. Langsam erhöhten beide Geländewagen ihr Tempo, während hinter uns die letzten Elefanten so nach und nach verschwanden. Hochzufrieden mit dem Erlebten, war im Augenblick jeder mit sich selbst beschäftigt, als ein „Oh" - Ruf des Rangers eine Vollbremsung auslöste und uns auf der Ladefläche etwas durcheinander wirbelte.

„Mein Gott, was ist denn jetzt schon wieder los", brabbelte eine hinter mir aufspringende Dame vor sich hin, starrte dabei Knolle erschrocken an ohne die erhoffte Auskunft zu erhalten. Die war eigentlich auch nicht nötig, denn jeder konnte sehr gut selbst beobachten, was da auf uns zukam. Ihre Augen weit aufgerissen starrte die Dame nach vorn, und umklammerte ängstlich einen der Haltegriffe.

„Das kann doch nicht wahr sein", stieß sie hervor. „Der rennt uns ja um." Ich selbst wurde von der plötzlich auftauchenden, brenzligen Situation so überrumpelt, dass ich beinahe vergaß, einige Fotos zu schießen. Doch sehr schnell wich die untätige Starre einer hektischen Betriebsamkeit. Ich riss den Fotoapparat nach oben und Aufnahme folgte auf Aufnahme. Es war nichts für schwache Nerven, was ich da zu sehen bekam.

Ein mächtiger Elefantenbulle, bestimmt ein Einzelgänger, kam wütend auf uns zu gerannt, eine Staubwolke hinter sich herziehend. Zwei mächtige, etwa anderthalb Meter lange Stoßzähne stieß er dabei wütend nach oben. Die Ohren aufgerichtet, ein Zeichen äußerst schlechter Laune, kam er wie eine Dampfwalze herangeschossen. Sein ebenfalls aufrechtstehender Schwanz wippte dabei auf und ab, während er seinen, über den Kopf gestreckten Rüssel, hin und her schleuderte.

„Bum, bum, bum", dröhnten die immer näher kommenden Schritte uns in den Ohren, nur übertönt von den schnaufenden und pfeifenden Trompetenstößen, die uns grollend entgegenschallten.

„Ich kann es nicht glauben. Der will uns aufspießen", war das einzige was ein älterer Herr seiner blass gewordenen Partnerin an trostreichen Worten zuflüstern konnte.

Oh je, diese Bemerkung war nun wahrlich nicht angebracht. Hierbei kamen der armen Frau die letzten Reste menschlicher Gesichtsfärbung abhanden. Bleich wie ein Bettlaken starrte sie dem heranrasenden Fleischberg entgegen, schien alles andere drum herum nicht wahrzunehmen. Auch mein Adrenalinspiegel schoss nach oben, stieg sprunghaft an, denn der heranrasende Bulle war nun wirklich nichts für schwache Nerven. Gerade war ich dabei zu überlegen, was wohl der Ranger jetzt machen würde, als Knolle sich lautstark meldete.

„Bleibt ruhig, Leute. Nur keine Angst, das ist ein typischer Scheinangriff. Wir sind ihm zu nahe gekommen, unbewusst, ohne es zu merken. Der Bulle stand hinterm Felsen, konnte nicht ausweichen und fühlte sich angegriffen. Der kommt gleich zum Stehen. Auch er achtet auf Abstand, den er einhält."

Und genau so kam es. Etwa 10 Meter vor dem Geländewagen stoppte der Elefantenbulle seinen wirkungsvoll in Szene gesetzten Scheinangriff inmitten einer Staubwolke. Während er laut schnaubend vor- und rückwärts stampfte, zogen wir es vor dem Tier auszuweichen. Beide Geländewagen rollten langsam zurück, gaben damit dem Bullen die Möglichkeit ohne Bedrängnis seitwärts auszuscheren. Schon 10 Meter reichten aus und der von ihm akzeptierte Sicherheitsabstand wurde erreicht. Von einer Sekunde zur anderen war die ganze Aufregung wie weggeblasen.

Lammfromm gab er den Weg frei, ohne uns weiter eines Blickes zu würdigen, schien sich nur noch für Bäume, Sträucher und Grasbüschel zu interessieren.

Uns sollte es Recht sein, denn wir standen schon viel zu lange ungeschützt in der prallen Sonne. Während unser Bulle einen Baum attackierte, um an Rinde und Blattwerk zu gelangen, klickten zur Erinnerung an diese Begegnung noch einmal alle Fotoapparate. Es war ein aussagekräftiges Motiv, gewissermaßen eine Entschädigung für das vorangegangene rüpelhafte Verhalten eines durchgeknallten Elefantenbullen.

Der Weg war frei, die Zwangspause zu Ende. Langsam Fahrt aufnehmend rollten beide Geländewagen Richtung Schlucht und passierten problemlos diese etwa 1 Kilometer lange Strecke. Eine halbe Seeumrundung folgte, ohne nochmals auf Elefanten zu stoßen. Das war auch nicht notwendig. Mein Bedarf war gedeckt. Nur einige am Uferrand sich sonnende Krokodile und Warane zogen es vor, blitzartig im Wasser zu verschwinden.

Mit der heutigen Ausbeute an Tierbegegnungen in freier Wildbahn konnten wir alle hoch zufrieden sein, denn so etwas ließ sich nicht planen. Hier war und blieb der Mensch ein geduldeter Zuschauer und Gast.

Wieder im Camp eingetroffen, genossen wir die schnell hereinbrechende Nacht am Lagerfeuer. Ein gemeinsames Abendessen, mit tiefgekühlten Bier, selbstgemixten Arrak-Getränken und den vom Personal gereichten unterschiedlichsten Spezialitäten, wie Spanferkel, Wildfleisch und herzhafter Gemüsepfanne, ließen wir uns munden. Alles in allem ein schmackhafter Tagesabschluss. Essen und Trinken ohne Ende - ein Paradies für Leib und Seele. Doch einem unendlichen Genuss stand etwas im Wege, der sich meldende Sättigungsgrad. Irgendwann war Schluss, bei mir nach einer guten Stunde. Nichts ging mehr, mochten die über uns hinwegziehenden Gerüche noch so köstlich und so verlockend sein. Niemand konnte oder wollte noch etwas essen.

In dieser geselligen Runde standen selbstverständlich die spannenden Begegnungen mit den „Grauen Riesen" im

Mittelpunkt aller Gespräche. Doch irgendwann versiegten auch diese, und Ruhe zog ein am fast heruntergebrannten Lagerfeuer.

„Möchte jemand morgen früh, so gegen 4 Uhr, an einer Wanderung teilnehmen?" Es war Knolle, der uns mit dieser Frage überraschte.

„Euch erwartet ein Sonnenaufgang im Dschungel. Mit etwas Glück entdeckt Ihr nachtaktive Tiere." Knolle stand auf, sah sich um in der Runde und musste grinsen. Niemand reagierte und zeigte Interesse an seiner angebotenen Nachtwanderung.

„Nun gut", fuhr er fort. „Diese Reaktion habe ich fast erwartet. Der Tag war sehr anstrengend und die verbleibende Nacht ist kurz. Also lassen wir das. Ruht Euch aus. 8 Uhr gibt's Frühstück. Ich zieh mich zurück. wir sehen uns dann morgen."

Seinen aus Bambusholz gefertigten Schaukelstuhl beiseiteschiebend, verließ er die Runde und verschwand in der Dunkelheit. Jetzt zog endgültig Ruhe ein und alle Gespräche verstummten. Wir saßen nur so herum und genossen die tropische Nacht, nur wenige Grad vom Äquator entfernt.

Beim Nachschieben der letzten Holzscheite ins Feuerzentrum, schossen Flammen explosionsartig nach oben und verursachten einen prasselnden, in den Nachthimmel aufsteigenden Funkenflug. Dieser wurde zum Konkurrenten Hunderter Glühwürmchen, die am Rande des Platzes zwischen Sträuchern und Hecken herumwuselten.

Ich wusste nicht wie lange wir so da saßen, und auf alle nächtlichen Dschungelgeräusche achteten, die über uns hinweg zogen. Die Zeit stand außen vor, spielte nur eine untergeordnete Rolle.

Auf angenehme 20 Grad war die Temperatur gesunken. Ein leichter Wind belebte das Feuer und verteilte den aufsteigenden Rauch gleichmäßig nach allen Seiten, was den Vorteil hatte, die ansonsten zahlreich uns umschwirrenden Mücken blieben aus, mussten sich heute woanders eine Mahlzeit besorgen.

Eingefangen von dieser Atmosphäre, beschloss ich den Bungalow zu meiden, und hier im bequemen Schaukelstuhl zu übernachten. Wie sich im Nachhinein herausstellte, war ich nicht der Einzige der dies beabsichtigte. Acht Mitreisende fanden es auch angenehmer, die Nacht am romantischen Lagerfeuer zu verbringen. So hatten wir uns das jedenfalls vorgestellt.

Diejenigen, die den Bungalow vorzogen, verschwanden so nach und nach in ihren Hütten, während das anfangs noch hoch auflodernde Lagerfeuer auf minimale Glutreste zusammensackte. Mein Versuch, Müdigkeit und Schlaf noch etwas hinauszuzögern, war vergebliche Mühe, da mein Körper sich nahm was er brauchte. Die nächtliche Geräuschkulisse entzog sich immer mehr meiner Wahrnehmung, wurde leiser und leiser und verschwand schließlich irgendwann im Reich der Träume. Ein wunderschöner Abschluss eines ereignisreichen Tages, so könnte man es zusammenfassen, wenn es denn so bliebe.

Und es blieb nicht so. Es war kurz vor 2 Uhr als ein lautes Getöse mein Tiefschlaf abrupt beendete. Ich fuhr erschrocken nach oben und sprang aus meiner Bambusliege. Es dauerte einige Sekunden, bis ich begriff, wo ich mich befand. Es war stockdunkel um mich herum. Man sah die Hand nicht vor Augen, denn das Lagerfeuer war runtergebrannt, bis auf etwas Glut im Mittelpunkt. Die einzigen sichtbaren Lampen waren schwach leuchtende Ölfunzeln an den Eingängen der Rundhütten, gedacht als wegweisende Orientierungspunkte.

„Was war denn das?" Mein ehemals gegenüber liegender Nachbar, gleichfalls aus dem Schlaf gerissen, kam mir entgegen gestolpert.

„Keine Ahnung!" Kurz und knapp war meine Antwort. Woher sollte ich wissen, was los war? Auch ich hatte geschlafen.

„Wo sind die Anderen?" Suchend hielt ich nach allen Seiten Ausschau, doch die Frage beantwortete sich von selbst. Alle Sachen unterm Arm geklemmt, rannten in diesem Moment die restlichen sieben Personen, laut diskutierend an uns vorüber.

„Schnell verschwindet! Es geht gleich los", rief man uns zu, und eilte zügig den Rundhütten entgegen.

„Was geht gleich los?" Mein Nachbar, immer noch halb verschlafen, sah etwas irritiert den Anderen hinterher, verstand die ganze Aufregung nicht so richtig.

„Ein Unwetter zieht heran", antwortete ich, mehr zu mir selbst sprechend und streckte den Zeigefinger nach oben ausrichtend in die Höhe. Ein bestätigendes Donnergrollen rollte über uns hinweg, mit einer Vielzahl wild durcheinander schießender Blitze im Schlepptau.

Erst jetzt registrierte ich die Veränderung, wurde mir bewusst, was da auf uns zukam. Der sternenklare Himmel vom Vorabend war verschwunden. Einzelne Windböen fegten über den Platz, verteilten dabei die Asche vom abgebrannten Lagerfeuer nach allen Seiten. Wütend zottelte der Sturm an den Seiten der überdachten Grillanlage herum und zerfledderten die hin- und hergetriebenen Baumkronen mit ächzenden Lauten.

„Jetzt aber schnell weg hier", rief ich den immer noch unschlüssig herumstehenden Nachbar entgegen, raffte meine Sachen zusammen und folgte den Anderen. So schnell wie es ging überquerte ich den Vorplatz, was ohne Licht und Orientierung gar nicht so einfach war. Doch langsam wurde die Nacht durchlässig, bekam Konturen, denn die Augen gewöhnten sich etwas an die Dunkelheit.

Trotzdem fand ich nicht sofort mein Bungalow, da die Rundhütten zur Nachtzeit alle gleich aussahen. Doch ein anderer Verbündeter stand mir zur Seite - das Unwetter. Da jeder aufflackernde Blitz das Gelände in ein gleißendes Licht tauchte, fand ich gerade noch rechtzeitig den richtigen Weg, der am Hauseingang Nr. 21 endete.

Das war Rettung in buchstäblich letzter Sekunde. Natürlich war ich an dieser Situation selbst schuld. Ich hätte wissen müssen, dass in dieser Jahreszeit jede Nacht ein Gewitter kommen konnte. Na ja, hinterher ist man immer schlauer. Zum Glück war ich nicht der Einzige, den es erwischt hatte, wenigstens ein schwacher Trost.

Jetzt aber nichts wie rein in die Bude, denn das Unwetter stand genau über dem Camp, startete eine Show zerstörerischer Superlative und bot ein Bild grausamer Schönheit. Die Luft begann zu vibrieren, unter den gewaltigen, nicht enden wollenden Donnerschlägen. Ein Feuerwerk durcheinander schießender Blitze zerriss explosionsartig die nächtliche Dunkelheit, schuf ein eigenartiges Szenario. All die hin- und herfliegenden Schatten begannen zu tanzen, im Takt elektrischer Entladungen. Gar nicht so abwegig, wer hier an Geister und Dämonen erinnert wurde, die von Sri Lankas Einwohnern geliebt, gefürchtet und verehrt wurden.

Als hinter mir die Bungalowtür ins Schloss fiel, öffnete der Himmel all seine Schleusen, und ertränkte jeden Quadratmeter da draußen mit wasserfallartigen Niederschlägen. Zum Glück stand mein Häuschen auf einer kleinen Anhöhe, blieb verschont vom abfließenden Wasser, das sich irgendwo da draußen einen Weg zum Bach hinunter bahnte.

Hier drinnen im Raum war es heiß und stickig. Die Fenster konnte ich bei diesem Wetter nicht öffnen, also musste mein Deckenventilator für etwas Kühlung sorgen, was dann auch so leidlich funktionierte. Ohne weiter herumzutrödeln, nahm ich mein im Raum stehendes Doppelbett in Beschlag und überprüfte sorgfältig die Funktionsfähigkeit des Moskitonetzes.

Nach dem Abschalten der Deckenleuchte hatte ich nur noch einen Wunsch, ohne Störung wieder ein- und weiterzuschlafen. Doch bei diesem Unwetter die innere Ruhe zu finden, war gar nicht so einfach. Trotz geschlossener Jalousien drang das grelle Licht durcheinanderzuckender Blitze ins Zimmer. Die Schatten der rotierenden Rotoren Blätter zogen dabei ihre Kreise, flackernd herausgerissen aus der nächtlichen Anonymität. Das monotone Rauschen herabstürzender Wassermassen wurde unregelmäßig übertönt, vom Getöse krachender, rollender Donnerschläge.

Wer konnte da schon einschlafen? Einfach unmöglich. Eine gute Stunde ging so vorüber. Ich lag da und lauschte den grollenden Naturgewalten und fing an, an Hand der Zeitdifferenz zwischen Blitz und Donner, die Entfernung des Einschlages zu berechnen. Laut Schallgeschwindigkeit wurden 3 Sekunden für 1 Kilometer gerechnet, immer vorausgesetzt, man konnte ein Donnergrollen dem Blitz zuordnen.

Doch irgendwann schien der Höhepunkt überschritten, da sich der Abstand schnell vergrößerte. Nach weiteren 10 Minuten war der ganze Spuk verschwunden. Donnerschläge wichen einem leisen Grummeln und das gespenstisch aufflackernde Feuerwerk durcheinanderschießender Blitze verschwand, wurde zum Wetterleuchten irgendwo am Horizont. Auch die herabstürzenden Wassermassen versiegten mit dem abziehenden Gewitter. Das alles übertönende Rauschen ebbte ab und die typische Geräuschkulisse einer Tropennacht, mitten im Dschungel, kam nach und nach zurück.

Im Bungalow wurde es still, nur das leise Brummen des Ventilators und das Zirpen einer im Geflecht der Zimmerdecke sitzenden Grille störte ein wenig die Ruhe. Jetzt startete ich den zweiten Versuch, einzuschlafen.

Diesmal klappte es problemlos. Gefühl, Verstand und Wahrnehmung löste sich vom Körper, und ein traumloser Schlaf beendete einen ereignisreichen Tag, voller Überraschungen.

Eine ungewöhnliche Einladung

Absolut gesättigt schob ich den Frühstücksteller zur Seite, goss Kaffee nach und beobachtete dabei ein um Futter bettelndes Streifenhörnchen am Nachbartisch.

„Ist das niedlich", kommentierte eine von drei am Tisch sitzenden Damen die Szene, als das Hörnchen sich ein angebotenes Stück Toastbrot schnappte, und den Kopf einer der Damen als Absprungbasis nutzte, um dann fluchtartig hinter einer Trennwand zu verschwinden. Ich amüsierte mich köstlich über die verdutzt dreinblickende Lady, deren Kopf herhalten musste.

„Das kann doch nicht wahr sein", versuchte diese die ungewollt komische Situation zu überspielen.

„Mein Kopf ist doch keine Sprungschanze!" Während ihre Tischnachbarinnen lauthals loslachten, begann die Betroffene alle abgefallenen Toastbrotkrümel aus ihren Haaren herauszupicken, was sich als äußerst schwierig erwies, bei dieser hochtoupierten Lockenpracht.

Doch warum die Flucht? Die Tiere waren doch an Menschen gewöhnt, wurden zum Leidwesen der Hotelangestellten ständig von Touristen gefüttert. Immer wieder versuchte man die flinken Tiere aus dem Essbereich zu scheuchen, doch mit mäßigem Erfolg.

Doch plötzlich begriff ich den Fluchtgrund. Im Blickwinkel registrierte ich ein Schatten. Irgendjemand war herangetreten, stand hinter mir.

„Guten Morgen! Wie geht es Dir? Schön das Du wieder da bist", vernahm ich eine mir bekannte Stimme. Natürlich, das war Marco, mein Zimmerboy, der jetzt ganz herantrat. Da Marco nur Englisch sprach, übernahm ich der Einfachheit halber die deutsche Übersetzung.

„Vier Tage bin ich schon zurück", antwortete ich ihm, etwas erstaunt über sein plötzliches Auftauchen.

„Marco, setz Dich doch bitte zu mir!"

„Das geht leider nicht! Ich darf nicht mit Gästen an einem Tisch sitzen."

Sein Bedauern darüber ausdrückend, zuckte er mit den Schultern und fuhr etwas zögernd fort:

„Ich weiß nicht, was Du davon hältst? Es ist nur eine Frage. Möchtest Du heute mit nach Negombo kommen? Ich habe zwei Tage frei. Wenn Du nichts weiter vorhast, zeige ich Dir die Stadt und danach das Haus meiner Familie. Wie sieht es aus? Kommst Du mit?"

Völlig überrascht von diesem Angebot setzte ich meine Kaffeetasse ab und nickte nur, ohne ihm gleich zu antworten. Natürlich hatte ich Zeit. Dieses Überraschungsangebot war ihm voll gelungen. Mit allem hatte ich gerechnet, nur damit nicht, dass unser Zusammenstoß am Ankunftstag eine solche Fortsetzung erfahren sollte.

„Na was ist?" Marco wusste nicht so Recht, wie er mein Schweigen einordnen sollte. Hieß das nun ja oder nein?

„Aber ja! Natürlich komme ich mit, Marco", beendete ich mein Schweigen und nickte ihm nochmals zustimmend zu.

„Was Besseres kann mir gar nicht passieren", fuhr ich fort. „Wann willst Du los?"

„Ich würde sagen, in einer Stunde treffen wir uns draußen am Hoteleingang", erwiderte Marco, dabei zur Uhr schauend.

„In Ordnung. Ich werde dort sein".

So schnell wie er am Tisch auftauchte, verschwand er auch wieder im hinteren Bereich des Restaurants. Da mir die Zeit im Nacken saß, trank ich mein Kaffee aus, aß noch ein paar Scheiben von der süßen Honigmelone und war innerlich gespannt und neugierig auf den kommenden, ungewöhnlichen Tagesablauf.

Kaum war Marco weg, tauchte das Streifenhörnchen auf und die übliche Betteltour begann von vorn. das Geschirr zusammenschiebend, beendete ich mein Frühstück und ging aufs Zimmer meine Kamera holen.

Wieder unten angekommen, beschloss ich im kühlen Rezeptionsbereich auf Marco zu warten. Hier war die Temperatur wesentlich angenehmer als draußen vor der Tür. Zeit hatte ich noch eine halbe Stunde, die ich überbrücken musste. Nach einer Hallenumrundung entschied ich mich für einen weichen, breiten Ledersessel, der mir zusagte. Von dort aus sah ich einer, hinter dem Rezeptionstresen agierenden Dame zu, die irgendwie gelangweilt nach draußen starrte und erschrocken zusammenfuhr, als das Telefon klingelte.

Interessiert betrachtete ich die überall an den Wänden hängenden, großformatigen Tier- und Landschaftsposter, wahrscheinlich alles hier auf dieser Insel aufgenommen. Fantastische Fotoserien, mit den vielfältigsten Motiven, umfassten weitläufige Savannen-, Busch- und Dschungellandschaften, mit all ihren exotischen Bewohnern. Beim Betrachten dieser Fotos wurde ich an meine Rundreise erinnert. Diese einmalige Tour, mit all ihren spannenden Tierbegegnungen, lag nun schon wieder 4 Tage hinter mir.

Im Waisenhaus der grauen Riesen

Nach der aufregenden Elefantensafari im Uta-Walawe-Nationalpark, begann der nächste Tag mit einem längeren Bus-Transfer, hin zur Heiligen Stadt Kandy, einer 140 000 Einwohner zählenden Großstadt. Kandy war zugleich die schönste Stadt der Insel und ein Markenzeichen Asiens. Auf 500 Meter Höhe lag sie in einem immergrünen Becken, umrundet vom größten Fluss des Landes, dem Mahaweli.

Am Stadteingang ließ sich Knolle nicht nehmen, uns einige interessante Details über Ort, Lage und Bevölkerung mitzuteilen, was sich dann so lange hinzog, bis wir den Zahntempel erreichten. Sich leicht räuspernd begann er seinen Bericht.

„Wer außerhalb, von einem Hügel herunter auf Stadt und Tempel sieht, wird vom Anblick sicherlich fasziniert sein. Mit einem See in der Mitte liegt Kandy vor einer üppig grünen Bergkulisse. Im Vordergrund ist sie umgeben von einer schönen blühenden Tropenlandschaft. Aus dem langgezogenen Tal kann man die hellen Glocken verschiedener Klöster wahrnehmen, die den heranziehenden Pilgern den Weg aufzeichnen. Der Zahntempel ist einer der beliebtesten Sehenswürdigkeiten Sri Lankas, gleichzeitig ist Kandy die Kulturhauptstadt im Zentrum des Landes.

Der Zahntempel wurde 1687 bis 1782 erbaut und liegt direkt am Milch See, so nennt man den See mitten in Kandy. Im Innern des Tempels befinden sich eine Bibliothek, das Sri Dalada Museum und ein prächtiger Altar mit einem goldenen Schrein. In diesem Schrein wird der Eckzahn von Buddha aus dem 4. Jahrhundert aufbewahrt, der sogenannte Dalada. Dieser Zahn ist angeblich 5 cm lang und ruht auf einem goldenen Lotussockel.

Einmal im Jahr, zum Esala-Vollmond im Hochsommer, wird die Reliquie auf einem besonders großen, prachtvoll geschmückten Elefanten durch Kandy getragen: der eigentliche Höhepunkt der berühmten Prozession. Der Tempel ist einer der bedeutendsten Orte des Buddhismus. Zur Zahngeschichte gibt es unzählige Mythen und Erzählungen. So wenig pompös der Tempel auch von außen wirkt, so üppig ist er im Innern ausgestattet, mit Fresken, wunderschön verzierten Türen, goldenen Figuren und anderen schmückenden Elementen. Schaut Euch alles in Ruhe an. Wir sind fast dort."

So lief es dann auch ab. Dort angekommen verließen wir den Bus und mussten unsere Schuhe ausziehen. Das war so üblich in allen buddhistischen Tempelanlagen, also auch hier am Zahntempel. Nur barfuß durfte man eintreten. Für uns etwas gewöhnungsbedürftig, die Schuhe draußen stehen zu lassen. Um den Verlust einzelner Schuhe zu vermeiden, waren dort einige „Wächter der Schuhe" unaufhörlich damit beschäftigt, herumstreunende Affen auf Abstand zu halten. Ein absoluter Vollzeit-Job. Gar nicht so einfach, den Überblick nicht zu verlieren, bei den unzählig herumstehenden Schuhen und den immer wieder von allen Seiten auftauchenden Affen.

Zwei Stunden blieb ich im Gebäude, durchstreifte den Tempel mit all seinen Sälen, Gängen und den mit goldenen Buddha Figuren aufgefüllten Nischen. Der Zahn im Goldenen Schrein war leider nicht zu sehen, denn nur an einem Feiertag beim Esala-Vollmond öffnete man die Schatulle und trug die Reliquie durch Kandys Straßen.

Nach dem Tempelbesuch fanden alle ihre Schuhe dort, wo man sie abgestellt hatte. Alles war noch vorhanden. Der Wächter der Schuhe erhielt sein Obolus und alle waren zufrieden. So weit, so gut. Und dann geschah doch noch etwas Unvorhergesehenes.

Schon eine ganze Weile beobachtete ein junges Pärchen sehr intensiv die herumstreunenden Makaken, fanden sie äußerst amüsant und niedlich, wie sie sich ausdrückten.

Die nötige Vorsicht missachtend, dauerte es nur wenige Sekunden, ging blitzschnell. Einer verschwand auf nimmer Wiedersehen mit der Mütze des jungen Mannes und ein anderer mit der Sonnenbrille seiner Begleiterin. Beides nur kurz abgelegt, wollte man einige originelle Fotos von der Affenansammlung einfangen, und nun dieses Missgeschick. Welche Ironie! Wer den Schaden hat, braucht für den Spott nicht zu sorgen, so lautet ein Sprichwort, deren Wahrheitsgehalt die Beiden bestimmt nicht mehr anzweifeln würden.

„Von wegen amüsant und niedlich. Eine auf Touristen spezialisierte Räuberbande ist das", kommentierten die Beiden ihr Missgeschick, und fanden Knolles Hinweis:

„Im Hotel könne man diese Sachen erwerben", ziemlich unpassend. Na ja, irgendwann hatte man sich beruhigt und zog es vor zu Schweigen.

Alle wieder im Bus versammelt, umrundeten wir nochmals den künstlichen See im Stadtzentrum und erreichten nach kurzer Zeit den Botanischen Garten „Peradeniya" am südlichen Stadtrand.

Viele weitgereiste Pflanzenliebhaber hielten diesen Park für den schönsten Botanischen Garten der Welt. Die Anlage wurde 1824 von den Briten am Platz ehemaliger königlicher Lustgärten eingerichtet. Er bestach durch Großzügigkeit und Vielfalt: Palmenalleen, Bambuswälder und Picknickplätze die von Einheimischen besonders am Wochenende genutzt werden.

Ausreichend lange zogen wir bummelnd und fotografierend durchs Parkgelände. Diese farbintensive, blühende tropische Pflanzenvielfalt um uns herum war sehr beeindruckend.

Unser heutiges Hotel lag außerhalb Kandys, inmitten einer sanften Hügelkette. Wir erreichten es nach einer Stunde Fahrzeit. Uns sollte es Recht sein, denn es lag auf der Wegstrecke nach Pinnawella, dem morgigen Tagesziel.

Im Hotelrestaurant wurde es beim Abendessen noch mal recht lustig, als unser vom Missgeschick gebeuteltes Pärchen eintrat und Knolle ihre Neuerwerbungen präsentierte: eine Sonnenbrille für die Dame und ein grüner, runder Safari-Hut für die abhanden gekommene Mütze ihres Partners.

„Diesmal passen wir besser auf", kommentierten sie Knolles Grinsen, und bestellten im Weitergehen zwei große Guinness-Bier beim Kellner. Das leidige Thema war damit abgeschlossen.

Der nächste Tag war nochmals den Elefanten gewidmet. Etwas Besonders erwartete uns: ein Waisenhaus der grauen Riesen. Ich hatte schon viel darüber gelesen und gehört. Da wir den Tieren dort sehr nahe kommen würden, war ich sehr gespannt auf dieses Zusammentreffen.

Seit 1975 zog man in Pinnawella Jungtiere auf, die den Kontakt zu ihren Muttertieren oder zur Herde verloren hatten. Von Wildhütern aufgefunden, wurden sie ins Waisenhaus gebracht. Diese hilflosen Jungtiere hätten ohne menschliche Zuwendung keine Überlebenschance, wurden jedes Jahr vom Waisenhaus in Pinnawella aufgenommen. Die kleinen Elefanten waren oft in einem erbärmlichen Zustand, wenn sie in der Auffangstation eintrafen und gesund gepflegt werden mussten. Sechs Mal täglich benötigten die Elefantenkinder Milch. 25 Liter trank ein wenige Monate altes Elefantenbaby pro Tag.

Die Neuankömmlinge mussten in der Station noch viel lernen, vor allem die Fähigkeit, die sie zum Überleben in der Wildnis benötigten. Dabei waren die älteren Artgenossen aus der Gruppe die wichtigsten Bezugspersonen. Die meiste Zeit ging drauf, mit Spielen und Futtersuche. Etwa im Alter von 5 Jahren mussten die Tiere allein zurechtkommen, wurden in Gruppen zusammengestellt und in einem sicheren Nationalpark freigelassen, wo sie sich wilden Herden anschließen konnten.

Gerade noch rechtzeitig erreichten wir am nächsten Morgen das etwa 25 Hektar große Freigelände in Pinnawella, um beim morgendlichen Bad der Tiere im Oyafluss dabei zu sein und das anschließende Füttern mit Babyflaschen verfolgen zu können.

Schon vom Parkplatz aus entdeckten wir den Elefantenzug von etwa 20 Tieren, die in langer Reihe hintereinander in Richtung Oyafluss unterwegs waren. Wir folgten Knolle, quer durchs Gelände hindurch, und schlossen uns dort einer vor uns eingetroffenen Touristengruppe an und beobachteten dabei Tiere und Pfleger bis sie alle am Flussufer anlangten.

Wir verteilten uns oberhalb der Uferböschung, am Rande des beidseitig ausgetretenen Elefantenpfades. Von hier aus hatten wir eine unverstellte Sicht auf die einmalige Szenerie zu unseren Füßen. Man sah den Tieren die Freude an, wie sehr sie das Morgenbad genossen. Von den Pflegern geschruppt und gewaschen, standen, saßen oder lagen sie im Oyafluss im Wasser, oder tauchten völlig ab in den Fluten.

Eine gute Stunde dauerte der gemeinsame Badespaß, dann zog die Karawane der Pfleger und Elefanten, bis auf drei zurückbleibende Tiere, wieder im Gänsemarsch an uns vorüber. Ihr Ziel waren die überdachten, nach allen Seiten offenstehenden Unterkünfte, verteilt auf dem gesamten Gelände.

Jetzt folgten auch die drei unten am Ufer wartenden, älteren Elefantendamen. Sie kletterten, gefolgt von ihren Führern, den Hang nach oben. Gemächlichen Schrittes kam man zu uns herüber und blieb stehen, genau in unserer Mitte. Wer wollte, konnte nun den Tieren ganz nah kommen. Die anfängliche Scheu war schnell überwunden. Wir alle versuchten Freundschaft zu schließen mit den tonnenschweren Damen. Dies funktionierte naturgemäß am

Ein alter Elefantenbulle

Fütterung im Waisenhaus

besten, mit einigen Bananen, die gern genommen wurden. Diese Elefanten waren Menschen gewöhnt, von Natur aus friedfertig und die Ruhe persönlich.

Ich war begeistert. So nah war ich noch keinem Elefanten gekommen. Beim Körperkontakt stellte ich fest, die runzlige Haut der Tiere war nicht fest und hart, sie war weich und geschmeidig. Das hatte ich garantiert nicht erwartet.

Beim Bananen füttern kraulte ich der alten Dame ihre herausgestreckte rosarote Zunge. Das schien ihr zu gefallen, denn sie harrte so lange aus, bis ich damit aufhörte. Allerdings musste ich dabei immer ihren Rüssel im Auge behalten, da dieser ständig auf der Suche nach einer neuen Futterquelle herumkreiste und dabei alle Taschen und Beutel einer näheren Prüfung unterzog.

Wer denn wollte, konnte zum Abschluss einen Elefantenritt wagen. Dankend nahm ich dieses Angebot an. Eine halbe Stunde später saß ich hoch oben auf dem Rücken, einer von den drei Elefantendamen, und stampfte mit ihr zehn Minuten durchs Gelände. Da hier alles improvisiert wurde, musste ich ohne eine oben angebrachte Sitzmöglichkeit auskommen und ganz nach vorn rutschen. Nur dort, gleich hinterm Kopf, fand ich meine Sitzposition einigermaßen erträglich, obwohl der breite Hals einen halben Spagat von mir verlangte. Das war natürlich äußerst gewöhnungsbedürftig. Auf gerader Strecke war ja noch alles in Ordnung. Doch wenn sich beim auf und ab im Gelände, der Neigungswinkel nach vorn oder hinten verlagerte, kam ich ins Rutschen. Doch wo sollte ich mich hier oben festhalten? Mir blieb nur eine Möglichkeit: die Ohren waren das einzig Greifbare. Für mich waren es willkommene Körperteile, sich daran festzuklammern und meine stabile Sitz Lage wieder herzustellen.

Ich gestand, so richtig wohl fühlte ich mich nicht dabei. Doch die Dame unter mir nahm es gelassen, hat wahrscheinlich davon gar nichts mitbekommen. Vom Spagat Sitz erlöst, spendierte ich danach der geduldigen Elefantendame ein paar Bananen zusätzlich. Ich war ebenfalls erleichtert wieder auf eigenen Füßen zu stehen. Nach und nach beendeten alle den Ritt, mehr oder weniger davon begeistert. Ich jedenfalls fand es absolut aufregend, dort oben zu sitzen und schwankend durch den Dschungel zu streifen.

Zur anschließenden Fütterung der Elefantenbabys folgten wir den Mitarbeitern zu den etwas abseits gelegenen Unterkünften der Jungtiere. Auch hier waren, wie bei den älteren Tieren, die Verschläge überdacht und von allen Seiten einsehbar. Für uns ein Logenplatz um alles barrierefrei aus nächster Nähe beobachten zu können. Als wir dort auftauchten, waren die dazugehörenden Vorbereitungen abgeschlossen. Die arrangierten Showeinlagen für die täglichen Besucher der Anlage konnten beginnen.

Mit riesigen, etwa 5 Liter fassenden Milchflaschen bestückt, tauchten mehrere Elefantenpfleger im Gehege auf, und verteilten sich zwischen den Jungtieren. Sie wurden von den hungrigen Elefantenbabys stürmisch umrüsselt. Während ringsum die Fotoapparate klickten, hingen die kleinen Racker an den Milchflaschen und saugten was die Schnuller hergaben.

Nach der amüsanten Babyversorgung endete der Tagesausflug im Restaurantgarten der Anlage. Wer denn wollte, konnte etwas essen oder trinken. Ich verzichtete, umrundete stattdessen nochmals das weitläufige Gelände und beobachtete dabei einige Elefantentrainer bei ihrer Arbeit.

Erst kurz vor Weiterfahrt kam ich zum Bus zurück. Von Knolle zum Einsteigen aufgefordert, verzogen wir uns ins Innere, warfen einen letzten Blick nach draußen und waren alle hochzufrieden mit dem heutigen Tagesablauf. Während wir vom Areal rollten, saß ich in Gedanken immer noch hoch oben auf dem Rücken der sanften Elefantendame, mich festhaltend an ihren auf- und ab wedelnden Ohrlappen, ein unvergessliches Erlebnis.

Unser heutiges Tagesziel hieß „St. Andrews Hotel" in Nuwara Eliya, im Hochgebirge Sri Lankas.

Am Ende der Welt

Was für ein Kontrast. Auf dem Weg nach Nuwara Eliya begann gleich hinter Kandy eine üppige Tropenlandschaft, mit künstlich bewässerten Reis-Terrassen, die bis an den dicht wuchernden Dschungel heranreichten, und bei Gambola auf den Mahawelistrom stießen.

Die Nationalstraße 5 schlängelte sich kurvenreich durch Bananen-, Kokos- und Gemüseplantagen hindurch, ständig aufwärts führend. Vor wenigen Minuten noch heiß und stickig, wurde die Luft plötzlich frisch und klar und die Temperatur sank auf angenehme 25 Grad. Auch die Landschaft veränderte sich nach und nach. Die Plantagen verschwanden, wichen einem hellgrünen Teppich aus Teesträuchern. Wellenförmig überzog er die Hügel, bis zum Horizont reichend.

Zwischen den sanft aufsteigenden, oder den schroff aufwärtsschießenden Bergen, lagen weite Täler, schmale Schluchten, Flüsse und herabstürzende Wasserfälle. Alle Straßen, die hier durchs zentrale Bergland führten, boten atemberaubende Aussichten auf eine einmalig schöne Landschaft. An besonders markanten Stellen verließen wir den Bus, der ein oder zwei Kilometer voraus fuhr und dort auf uns wartete. Diese kurzen Wanderungen, mitten durchs Paradies hindurch, werde ich für immer im Gedächtnis behalten.

Unser Ziel, Nuwara Eliya, hieß übersetzt: „Stadt über den Wolken", lag immerhin auf der 2 000 Meter Höhengrenze. Als wir den Ort erreichten, riet uns Knolle:

„Zieht Euch was über." Er fuhr fort mit dem Hinweis auf die zu erwartenden Außentemperaturen:

„Hier ist es meistens sehr kühl, manchmal sogar richtig kalt, so um die null Grad."

Das wäre ja ein unangenehmer Temperaturschock, stellte ich fest. Da lagen ja locker 40 Grad dazwischen. Voraussehend hatte ich ein Pullover eingepackt, den ich nun hervorkramte. Dabei sah ich interessiert nach draußen, denn dort zog im Wirrwarr sich kreuzender Straßenzüge der belebte Ortskern vorüber, der mich mehr und mehr faszinierte.

Es war ein Blick in die konservierte Welt der Kolonialbriten. Hier oben empfanden sie die Temperaturen erträglich und angenehm, verglichen mit denen in England. Wenn es in Colombo und anderswo in der Ebene im Juli oder August unerträglich heiß und stickig wurde, flüchtete man, genau wie heutzutage die Angehörigen der einheimischen Mittel- und Oberschicht, in die Stadt über den Wolken. Nach alter Tradition zog es die Feriengäste in diese Höhenlage, um in frischer Luft zu Golfen, zu Wandern und zu Fischen.

Unser Hotel „St. Andrews", benannt nach dem schottischen Mekka aller Golfer, lag außerhalb der Stadt, selbstverständlich oberhalb eines Golfplatzes. Man konnte sich in diesem sehr gut erhaltenen Kolonialbau an kalten Tagen auf ein prasselndes Kaminfeuer am Nachmittag freuen, vielleicht sogar auf eine ins Bett gelegte Wärmflasche zur Nachtruhe. Solche Sitten wurden in diesem schönen und britischsten Höhenkurort der Insel gepflegt und beibehalten.

Gleich vor der Haustür lag für Wanderer ein großartiges Revier. Zum Beispiel der Aufstieg auf den Piduratalaga. Der mit über 2 500 Metern höchste Berg Sri Lankas, begann gleich hinterm Hotel St. Andrews. Doch für uns war dieser Aufstieg nicht eingeplant. Unser Ziel lag woanders, sicherlich genauso anstrengend wie eine strapaziöse Gipfeltour.

Schon der Start am nächsten Morgen vollzog sich eine Stunde früher als gewöhnlich. Unser Ziel lag in den Bergen der Umgebung. Wo damals die Kolonialbriten auf Leopardenjagd gingen, wanderten heute Naturfreunde durch Rhododendron- und Farnwälder. Eine Traumkulisse erwartete uns dort, auf der Hochebene „Horten Plains". Ein beliebtes Ziel aller Naturliebhaber war das „Ende der Welt", eine Felswand, die 1000 Meter in die Tiefe stürzte.

Diese 2-stündige Wanderung musste man unbedingt auf den frühen Morgen legen, denn später entstanden Nebelwände, und die fantastische Aussicht verschwand unter einer Dunstglocke. Doch diesmal fand keine Verschleierung statt, was wir allerdings nicht wissen konnten.

Im Rahmen der vorgegebenen Zeit erreichten wir die Hochebene. Wie aus dem Nichts auftauchend, standen wir dann plötzlich an der Abbruchkante, der nach unten abstürzenden Felswand. Ein absolut spektakulärer Ausblick lag vor uns, abwärts in die Tiefe gerichtet oder hin zum fernen Horizont.

Eine Laune der Natur, da ich selbst nur zwei ähnlich gelagerte Felsabstürze in diesen Dimensionen kannte, den Grand Canyon im Westen der USA oder den größten Wasserfall der Welt, den ein Kilometer in die Tiefe stürzenden Angelfall in Venezuelas Tafelbergen.

Tief beeindruckt von dieser Naturkulisse, saßen wir verteilt auf Felsvorsprüngen am Rande der Schlucht, ließen unsere Seele baumeln und genossen die Stille des Augenblicks am „Ende der Welt". Irgendwann erfolgte dann der zweistündige Rückmarsch, den wir so schnell wie möglich hinter uns brachten.

Unten angekommen, verschwanden wir etwas abgekämpft im Bus und streckten alle Viere von uns. Doch eine längere Entspannungsphase blieb uns versagt, war für den heutigen Ausflug nicht eingeplant. Knolle überprüfte die vollzählige Anwesenheit und schon ging es weiter, dem nächsten Ziel entgegen.

Nicht im schnellen, eher im gemütlichen Tempo zuckelten wir auf kurvenreicher Strecke durch ein hügelübersätes Bergland. Draußen zogen endlose Teeplantagen vorüber und kündigten unser nächstes Etappenziel an, den Besuch einer Teefabrik.

Ich musste gestehen, wieder war ich beeindruckt von der wunderschönen Landschaft um uns herum. Wohin ich auch sah, ich erblickte einen hellgrünen Teppich aus Teesträuchern, der wellenförmig, sanft ansteigend aber auch steil aufwärts führend, die Hügel überzog, bis hin zum Horizont reichend.

Calla, Orchideen und Kletterrosen leuchteten aus diesem unvergleichlichen Grün hervor, zerrissen von zahlreichen Wasserfällen, die leicht sprudelnd oder kraftvoll tosend ins Tal stürzten. Ab und zu tauchten tamilische Plantagenarbeiterinnen auf, die hoch oben in den Berghängen Teeblätter pflückten und diese zielsicher in ihre aufgeschnallten Behälter beförderten. Gefüllte Körbe entleerte man an festgelegten Sammelpunkten.

Diese farbintensiven Gewänder der Damen zogen alle Blicke auf sich. Wie bunte Farbkleckse leuchteten sie aus dem satten Grün der Umgebung heraus, inmitten der 1- bis 2-meterhohen Teesträucher. Die Pflückerinnen klebten dabei förmlich an den steil nach oben strebenden Berghängen. Sicherlich war es kein einfacher Job dort zu arbeiten. Ungeschützt der Sonne ausgeliefert und ständig darauf achten zu müssen, nicht abwärts zu rutschen, war für die Damen ein Knochenjob in diesem schwierigen Gelände.

Alle im Bus hingen an ihren Kameras. Jeder wollte eines von diesen unerwartet auftauchenden, exotischen Fotomotiven einfangen und mit nach Hause nehmen. Während die Teepflückerinnen so langsam aus dem Blickwinkel der Businsassen verschwanden, erschien stattdessen Knolle im Mittelgang und bat um Ruhe.

„In wenigen Minuten erreichen wir den Parkplatz der Teefabrik. Zu diesem dort beginnenden Rundgang möchte ich Euch vorweg einige Informationen mitteilen, da dies später in den Produktionsräumen bei der dort herrschenden Lautstärke nicht mehr möglich sein wird.

All die Plantagen um uns herum gehören zum Betriebsgelände. Die Teepflückerinnen dort oben in den Hängen, ihr habt sie ja sicherlich schon entdeckt, sind fest angestellte Arbeiter der Fabrik. Man rupft das ganze Jahr über Teeblätter, zieht von einer Plantage zur nächsten, denn diese wachsen ständig nach. Die eingesammelten frischen Blätter schafft man täglich in die meist viergeschossigen Produktionsgebäude der Fabrik. Dort werden die Teeblätter zunächst gewelkt, das heißt, sie werden 10 bis 14 Stunden lang von unten mit riesigen Ventilatoren belüftet. Danach zerstört man die Zellwände der Blätter beim nachfolgenden „Rollen". Zum Fermentieren der Blätter werden diese auf dem Boden ausgelegt. Der dabei beginnende Gärungsprozess ist entscheidend für die spätere Qualität des Tees.

Den richtigen Zeitpunkt der Fermentation bestimmen langjährig angestellte Fachkräfte mit ihrer Nase. Diese Geruchsanalyse ist dabei ihr wichtigstes Hilfsmittel. Einen Schnupfen kann man sich dabei nun wahrlich nicht leisten, denn wenn da was schief läuft, könnte es teuer werden. Ist der richtige Zeitpunkt erreicht, wird der Tee getrocknet, in großen Sieben gereinigt und schließlich nach Blattgrößen sortiert in die charakteristischen Leichtholzkisten verpackt.

Nachher beim Rundgang können wir uns die verschiedenen Arbeitsgänge selbst anschauen, denn die Teebetriebe hier sind auf Besucher eingestellt. Am Ende der Besichtigung könnt Ihr verschiedene Teesorten probieren und wer dann möchte, diese zu günstigen Preisen erwerben. 1 € kosten 200 Gramm vom Besten (BOPF) Tee. Na dann viel Spaß beim Rundgang. Wir sind am Ziel."

Während Knolle verschwand und alle im Bus ihre Sachen zusammenstellten, die man mitnehmen wollte, umrundeten wir zwei langgestreckte Produktionsgebäude und fanden einen günstigen Stellplatz am Eingang. Beim Ausstieg wurden wir herzlich vom Betriebsleiter willkommen geheißen.

Wir hatten zwei Stunden Zeit, den Arbeitsablauf kennen zu lernen und anschließend einer Teeverkostung beizuwohnen. Beim Rundgang fiel mir sofort auf, dass alle Maschinen in den vierstöckigen Gebäuden aus der englischen Kolonialzeit stammten.

Als damals die Teeproduktion in Ceylon aufgenommen und entsprechend gefördert wurde, errichtete man die Produktionsstätten mitten im Zentrum der Plantagen, um die Anfahrtswege so kurz wie möglich zu halten. Der komplette Arbeitsablauf stammte noch aus den Gründerjahren. Nur ein paar neue Abpackmaschinen vervollständigten den Maschinenpark, um die Produktpalette der Neuzeit anzupassen. Mitten zwischen all den rotierenden Ventilatoren, dem fauchenden Gebläse und dem Keilriemenantrieb der quietschenden, ratternden und mit Schwungrädern bestückten Produktionsmaschinen stehend, wurde ich gefühlsmäßig in ein funktionierendes Industriemuseum zurückversetzt.

Fasziniert stand ich zwischen all den uralten Maschinen, kam aus dem Staunen nicht heraus, da ich diese nur von Abbildungen in „Meyers- Konversations-Lexikon" aus der Zeit der Jahrhundertwende her kannte. Dieser Rundgang war für mich etwas Besonderes, denn dieses Abtauchen in die Anfänge der industriellen Massenproduktion, wurde ein zum Anfassen erlebter Geschichtsunterricht. Ich fand es toll und lehrreich, den komplexen Prozess verfolgen zu können, vom Pflücken der Teeblätter, bis hin zum Teegetränk.

Hotel St. Andrews

Tee - Produktion

Über 100 Angestellte verteilten sich auf allen vier Etagen beider Häuser, voll beschäftigt mit irgendwelchen Aufgaben, die nur ein Eingeweihter entschlüsseln konnte. Von diesen Arbeitern, mit ihren Turban ähnlichen Kopfbedeckungen, eingehüllt in bunten, herabhängenden bis an die Badelatschen reichenden Tüchern, ging eine zwanghafte Faszination aus, die dazu beitrug, dass sich unsere Fotosammlungen erheblich vergrößerten.

Mit diesem Plantagenbesuch war ich sehr zufrieden. Wenn ich irgendwann in der Zukunft einen Ceylon Tee aufbrühen sollte, werde ich bestimmt an diesen Tag in Sri Lanka zurückdenken. Den alten Inselnamen hatte man beibehalten, da man einen weltbekannten Markenartikel nicht einfach so umbenennen konnte.

Die Rückfahrt zum Hotel war wiederum ein Erlebnis für alle Naturliebhaber, dank exotischer Landschaften. An besonders markanten Stellen wurden viele kleine Zwischenstopps eingelegt; an reißenden Wasserfällen, oder traumhaft schönen Aussichtspunkten. Ansonsten war jeder im Bus mehr oder weniger mit sich selbst beschäftigt. Dies änderte sich allerdings kurz vor Ankunft im Hotel, denn Knolle griff zum Mikrofon, gab Tipps und Informationen zum Ablauf der Morgen stattfindenden letzten Wanderung.

Es war mal wieder so weit, denn morgen Abend endete unsere mehrtägige Rundreise mit der Rückfahrt zum Strandhotel.

Doch noch lag eine anstrengende Wander-Tour, rauf auf den Adam's Peak vor uns. Eine Herausforderung, die uns aller Wahrscheinlichkeit nach, alle an die eigene Schmerz- und Belastbarkeitsgrenze heranführen würde. Ein hartes Stück Arbeit stand uns da bevor. Allerdings wussten alle, worauf wir uns da einließen. Diese ausgelebten Erfahrungen konnte dann jeder mit nach Hause nehmen.

„So liebe Freunde", tönte klar und deutlich Knolles Stimme aus den Bordlautsprechern.

„Wie Ihr wisst, endet morgen Abend Eure Rundreise. Doch der eigentliche Höhepunkt, wenn ich es so mal ausdrücken darf, ist noch nicht abgehakt, steht Euch also noch bevor. Es ist der Aufstieg auf den Adam's Peak. Dort wollen wir morgen früh so gegen 6 Uhr eintreffen um dann vor Ort den Sonnenaufgang zu erleben. Der 4-stündige Aufstieg zum Gipfel beginnt in Maskeliya. Für uns bedeutet das folgendes; 23 Uhr ist heute Nacht Abfahrt am Hotel, da wir gegen Mitternacht unseren Aufstieg starten. Bitte, es ist sehr wichtig! Vergesst Eure Taschenlampe nicht und nehmt Euch etwas zum Überziehen mit, ob Strickjacke oder Pullover ist egal. Die Temperaturen fallen auf den Gefrierpunkt. Es wird kalt und ungemütlich.

Der Weg ist zwar ausgeleuchtet, aber nur spärlich und unregelmäßig. Eure eigene Lichtquelle ist immer besser, denn einzelne Abschnitte führen durch schwieriges Gelände, geben euch die nötige Sicherheit am Berg. Wer keine Lampe dabei haben sollte, kann sich diese im Hotel ausleihen. Also bitte nicht vergessen! Von Euch erwartet man heute Nacht festes Schuhwerk und gute körperliche Kondition. Ich gehe mal davon aus, dass diese Bedingungen schon bei der Rundreisebuchung übermittelt wurden. Da das Frühstück morgen ausfällt, erhaltet Ihr einen Versorgungsbeutel mit Wurstschnitten, Obst und etwas zum Trinken. Nehmt den bitte unbedingt mit, denn zurück im Hotel sind wir erst so gegen Mittag. Verstaut alles es am besten im Rucksack. Der stört am wenigsten und Ihr habt beide Hände frei.

Nun zur entscheidenden Frage. Ist jemand dabei, der an dieser Nachtwanderung nicht teilnehmen möchte, aus welchen Gründen auch immer?"

Knolles Kopf erschien im Mittelgang und sein fragender Blick überflog kurzzeitig alle 15 Businsassen. Da niemand reagierte, bedeutete es Zustimmung. Knolle war sichtlich zufrieden mit diesem Ergebnis. Wieder zum Mikrofon greifend, plätscherten weitere Informationen über uns hinweg.

„Ich bin zufrieden, dass alle daran teilnehmen möchten", fuhr er fort und verschwand hinter seiner hochgeklappten Sessellehne. „Noch ein paar Worte zum Ziel unserer Wanderung, dem Adam's Peak. Er ist nicht der höchste -, aber bei weitem der heiligste Berg der Insel. In jeder Saisonzeit, von November bis März, nehmen Nacht für Nacht einige Hundert Pilger die mehr als 4 500 Stufen umfassende Aufstiegsstrapaze auf sich, um rechtzeitig beim Sonnenaufgang den Gipfel zu erreichen. Da Saison ist, haben wir das Vergnügen, inmitten all der Pilger gemeinsam den Marsch zu vollenden. Das wird für Euch spannend und bleibt ein einmaliges Erlebnis. Das kann ich Euch versprechen.

Dort oben in 2400 Meter Höhe verehrt man im Felsgestein eine Vertiefung, welche ein Fußabdruck darstellt. Sri Pada heißt der Berg auf Singhalesisch; Bedeutet frei übersetzt, Heilige Fußspur. Die größte Bevölkerungsgruppe ordnet Buddha den Abdruck im Stein zu. Jeder Buddhist in Sri Lanka sollte einmal im Leben den Adam's Peak bestiegen haben.

Der buddhistische Glauben der Singhalesen besagt, dass eine Frau, die den Berg besteigt, in ihrem nächsten Leben als Mann wiedergeboren wird.

Der Berg, dessen Spitze ein auffallender Kegel ist, wird aber auch von Gläubigen anderer Bekenntnisse voller Andacht erklommen. Hindus meinen zum Beispiel, dass Shiva den Tanz der Schöpfung solange tätigte, bis sein Fußabdruck sich in den Stein geformt hatte.

Moslems und auch manche Christen wollen in der Spur den Abdruck eines Fußes von Adam sehen. Tausend Jahre soll er hier auf einem Bein stehend, um das verlorene Paradies getrauert haben. Das allerdings sind Mythen, Legenden und fromme Märchen.

Tatsache ist, vom Berg geht eine ungeheure Faszination aus. So etwas kann man nicht beschreiben, das muss man sehen, selbst erfahren. Morgen früh bekommt Ihr die Chance. Lasst Euch überraschen".

Das Mikro wegsteckend beendete Knolle seine lange Ansprache, stand auf und begann die verstreut herumliegenden Reiseunterlagen einzusammeln.

„Alles überall abzulegen, ist eine meiner schlechten Gewohnheiten", gestand er einmal in einer solchen Situation, als wir alle im Bus gemeinsam sein verschwundenes Notizbuch suchten und schließlich im Ablagefach beim Fahrer fanden.

Währenddessen zog draußen Nuwara Eliya vorüber, wurde vom Golfplatz abgelöst und die Rückfahrt endete auf dem hoteleigenen Vorplatz. In St. Andrerw's angekommen, strahlten uns die romantisch ausgeleuchteten Parkanlagen einen Willkommensgruß entgegen, bestückt mit in allen Farben strahlenden Peitschen-,

Kugel- und violett flimmernden Bogenlampen, verteilt in Büschen, Sträuchern und Baumkronen.

„Also, Leute, nicht vergessen; 23 Uhr treffen wir uns hier am Bus", erinnerte uns Knolle nochmals an den zeitlich vereinbarten Abfahrtstermin. Schnell aussteigend, verschwand er zügig hinter eine mit Kletterrosen überwucherte Trennwand am Hoteleingang.

Im Restaurant aß ich einige Kleinigkeiten, nahm den vorbestellten Verpflegungsbeutel in Empfang und versuchte im Anschluss der Rezeptionsdame klar zu machen, dass ich kurz vor 23 Uhr geweckt werden wollte, um alle Eventualitäten auszuschalten. Diese betrachtete mich dabei etwas eigenartig, leicht irritiert, als zweifele sie an meiner Nüchternheit, da sie den Wunsch nicht richtig einordnen konnte. Nach nochmaligem Nachfragen:

„23 Uhr???", notierte sie dann doch den Weckauftrag und wünschte mir, mit einem mitleidigen Lächeln auf den Lippen, eine angenehme Nachtruhe.

Wo war nur Knolle

Es war stockdunkel um uns herum. Nur die aufblitzenden Kopf- und Taschenlampen projektierten ihren runden, oder breitgestreuten Lichtkegel auf die aufwärts führende Steintreppe.

Drei Stunden waren wir ab Maskeliya unterwegs, immer unser Ziel vor Augen, den mühsamen Aufstieg auf den Adam's Peak zu schaffen. Im Zeitplan lagen wir ganz gut, wie ich dem Gespräch einiger, vor mir laufender Pilger, entnehmen konnte.

Wie am Abend abgesprochen, versammelten wir uns pünktlich am Bus, und die Zubringerfahrt nach Maskeliya begann ohne Verzögerung. Mein bestellter Weckdienst erschien zwar im Zimmer, musste aber unverrichteter Dinge abziehen.

Mein eingeplanter Schlaf war ausgefallen, da es so nicht funktionieren wollte, wie ich mir das vorgestellt hatte. Stattdessen stöberte ich in einem Stapel englischsprachiger Magazine herum, und versuchte einige interessante Artikel über hiesige Nationalparks zu übersetzen, so gut es ging. Der Erfolg, sagen wir mal so, war recht bescheiden, denn mir gelang nur etwa 50 % davon zu entschlüsseln. Entschädigt wurde ich aber durch dort eingestreute Fotoserien mit Tier- und Naturaufnahmen. So verrann die Zeit problemlos, auch ohne die vorgezogene, eingeplante Nachtruhe einzuhalten.

Doch dies war Vergangenheit, denn jetzt lag die Gegenwart unter meinen Füßen. Ein Weg, den die Nacht verschluckte, endlos aufwärts führend, immer weiter, Stufe auf Stufe. Verlaufen konnte sich hier niemand. Eingebettet in einer nur wenige Meter sichtbaren, endlosen Schlange, musste man nur dem Vordermann folgen, dann kam man schon irgendwann dort oben an.

Nun war es nicht so, dass wir die 4500 Stufen hintereinander hätten bewältigen müssen, da solch ein Aufstieg die Wenigsten durchstehen würden. Es gab zwischendurch viele ebene Wegabschnitte, die wir in unregelmäßigen Abstand passierten. Die strapazierte Beinmuskulatur lechzte nach Entlastung, konnte sich hier etwas regenerieren.

Jeden Quadratmeter dieser eingeebneten, künstlich erweiterten Areale ausnutzend, hatte man dort zahlreiche Teestuben, Suppenküchen und Souvenirläden errichtet. Tag und Nacht wurden dort Pilger und Touristen rund um die Uhr mit Essen Getränken und anderen Dienstleistungen versorgt.

Außerdem kreuzten zahlreiche herabstürzende kalte Bäche den Aufstiegsweg und das abwärtsziehende kristallklare Quellwasser sorgte für willkommene Erfrischung.

An einem dieser wildrauschenden Wasserfälle beschloss ich eine Rast einzulegen. Ohne lange suchen zu müssen, fand ich ein ideales Plätzchen unmittelbar am Wasser gelegen, in einer windgeschützten Nische. Auf dem nur wenige Meter neben mir liegenden Pfad zogen in endloser Reihe Pilger und Touristen vorüber.

Viele murmelten leise Gebete vor sich hin. Ihre Opfergaben hochhaltend, tauchten sie kurzzeitig auf und verschwanden wieder genauso schnell im Schatten der Nacht. Langsam, im gemächlichen Tempo vorwärts strebend, sah man ihre verschwommenen Umrisse vorüberziehen, um sich kurz darauf in der Dunkelheit aufzulösen. Nur die flackernden Kopflampen markierten kurzzeitig den einsehbaren Weg der Pilger, mit dem gemeinsamen Ziel, den Heiligen Berg zu besteigen.

Jetzt erst wurde mir bewusst, dass ich diese Rast wirklich nötig hatte. Beim bisherigen, pausenlosen Aufstieg verlief der kräftezehrende Marsch ohne Probleme. Doch jetzt im Ruhezustand begann jede einzelne Muskelfaser in den Beinen gnadenlos zu rebellieren. Sich zusammenziehend verbreiteten sie den Schmerz wellenförmig über den ganzen Körper.

Das konnte ja heiter werden. Eine komplette Wegstunde lag noch vor mir. Ach was, bloß nicht daran denken. Das Schlimmste schien überstanden und der Rest der Strecke war sicherlich auch zu schaffen. Nur einfach weiterlaufen und nicht daran denken, immer nur dem Vordermann hinterher staksen. Jetzt erst mal etwas Ausruhen. Eine halbe Stunde dürfte reichen. Länger durfte ich die Pause nicht ausdehnen, nur etwas Essen und Trinken. Dann musste ich wohl oder übel weiter, denn der Sonnenaufgang ließ sich nicht verschieben.

Jetzt genoss ich aber erst mal die Ruhe am Berg, aß etwas und streckte alle Viere zur Seite. Dabei beobachtete ich den vorüberziehenden Pilgerstrom, der sich heute Gott sei Dank mengenmäßig in Grenzen hielt. Dies lag am Wochentag, den wir bewusst als Aufstiegstag gewählt hatten. Und das war gut so, denn die Wochenenden und Feiertage wurden von Wallfahren bevorzugt.

Noch voller wurde es zur Pilgersaison von Dezember bis Mai. Wer um diese Zeit auf den Heiligen Berg wollte, musste dort oben auf dem begrenzten Areal, mit einem chaotischen und vor allen Dingen auch gefährlichen Gedränge rechnen. Da wurde es schwierig, um nicht zu sagen unmöglich, sich da schadlos rauszuhalten.

Viel zu schnell verging die halbe Stunde, ich musste weiter. Der letzte Abschnitt lag nun vor mir. Den inneren Schweinehund ignorierend, suchte und packte ich meine herumliegenden Sachen zusammen, nutzte den nahen Wasserfall zur aufmunternden und erfrischenden Kopfwäsche und folgte danach einer einheimischen Familie mit mehreren Kindern zum anstehenden Treppenslalom.

91

Bislang war die Sichtweite noch einigermaßen überschaubar, doch jetzt änderte sich die Situation von einer Minute zur nächsten. Sie wurde immer schlechter. Das lag nicht nur am Wetter, sondern an der höhenbedingten Nebelwand. In diese eintauchend, wurde der vor mir liegende Weg zum Risiko. Nur noch verschwommen erkannte ich die schemenhaften Umrisse meiner Vorderleute etwa fünf Meter vor mir. Alles andere versank im Dunst und Nebel. Dieser Zustand blieb uns bis kurz vorm Ziel erhalten.

Meine beim weiteren Aufstieg zu erwartenden Muskulatur Probleme hielten sich überraschender Weise in Grenzen, schienen sich nach und nach in Luft aufzulösen. Ich hatte mein Laufrhythmus wiedergefunden und die ausgepowerte Beinmuskulatur spielte nicht mehr verrückt.

Doch ein anderes Problem lag unter meinen Füßen, die nassen, feuchten Treppenstufen. Verdammt aufmerksam musste man darauf achten, nicht wegzurutschen. Sie waren schmierig, glatt und was sich als noch gefährlicher herausstellte, sie waren teilweise mit losem Geröll bedeckt. Das Aufstiegstempo verringerte sich dadurch natürlich erheblich, da man aufpassen musste, wo man gefahrlos hintreten durfte.

Irgendwann fiel mir auf, dass ich in den letzten 3 Stunden keinen meiner 14 mitreisenden Businsassen zu Gesicht bekommen hatte. Neugierig geworden, fragte ich mich, wo waren die alle abgeblieben? Irgendwie kam mir das doch etwas komisch vor. Die konnten sich doch nicht in Luft auflösen. Mal sehen wer, oben am Ziel ankommen würde. Überholt hatte mich niemand. Das hätte ich mitbekommen.

Im Grunde genommen war mir das auch egal, denn hier musste jeder selbst entscheiden, ob er sich die Strapazen aufbürdete oder den Aufstieg abbrach und aufgab. Gestern Abend waren ja alle noch begeistert, wollten unbedingt nach oben. Doch zwischen wollen und können lagen etwa fünf harte Stunden Selbstüberwindung, ein aufreibender Kampf mit dem eigenen Ich.

Als hätte ich es geahnt, denn schon zehn Minuten später sollten sich meine Überlegungen bestätigen. Auf einem künstlich erweiterten Plateau angekommen, tauchte eine von den zahlreich an der gesamten Strecke verteilten Versorgungsstationen auf, eingepackt in einer alles überlagernde Nebelwand. Unser Aufstiegspfad schlängelte sich durch den Gebäudekomplex hindurch, flankiert von provisorisch errichteten Verkaufsbuden, Garküchen und Getränkeständen.

Am Wegrand verteilte Bänke luden zur längeren Rast, oder zum kurzzeitigen Verschnaufen ein. Die überall zwischen den Gebäuden eingeschobenen Tisch- und Stuhlreihen aus weißem Kunststoff, wurden vom fahlen Licht der Markierungsleuchten überflutet.

Nur wenige Gäste verteilten sich zwischen den verstreut liegenden Verkaufseinrichtungen. Eigentlich kein Wunder, so kurz vor dem Ziel. Alle wollten ohne unnötige Zeit zu vertrödeln, weiter. Die hier herum saßen, waren garantiert keine Pilger. Man war mit etwas anderem beschäftigt, oder nur ein einfacher Angestellter der Versorgungsstände.

Ohne mich weiter um die örtlichen Besonderheiten zu kümmern, passierte ich die sich immer mehr verengende Plateauwegstrecke, die folgerichtig an einer aufwärts führenden Treppe endete.

Diese im Nebel liegenden Stufen betrachtend, zögerte ich einen Moment weiter zu laufen. Der feuchte, ausgetretene Aufstieg funkelte matt im Lichtkegel meiner Kopflampe auf und ab, als ich völlig unerwartet angesprochen wurde.

„Na Gott sei Dank kommt doch noch jemand hier vorbei. Bitte warten Sie einen Augenblick".

Ich blieb stehen und musterte neugierig die letzten zwei oder drei seitwärts postierter Bänke. Da ich allein war, gab es keinen Zweifel, wem dieser Zuruf galt. Nur schemenhaft erleuchtet, entdeckte ich dort ein mir bekanntes Gesicht einer etwas korpulenten Dame meiner Reisegruppe.

„Kann ich helfen", fragte ich etwas irritiert und ging zu ihr rüber.

„Nur bedingt", antwortete Madam leicht lächelnd.

„Hier auf dieser Bank endet leider mein Aufstieg", fuhr sie fort.

„Ich habe einfach meine Kräfte überschätzt. Ich ruhe noch etwas aus und laufe dann zurück zum Bus. Der Weg ist ja nicht zu verfehlen. Wenn Sie den Reiseleiter treffen sollten, sagen Sie ihm bitte Bescheid, dass ich wieder runter bin und am Bus warten werde".

„In Ordnung! Ich werde es ihm ausrichten", versprach ich der Dame und stapfte langsam weiter. Irgendwie hatte ich mit der Frau Mitleid. So kurz vorm Ziel aufzugeben, ist immer ärgerlich.

Aber was sollte ich da machen? Helfen? War nicht drin. Das konnte nur jeder für sich selbst entscheiden. Kondition und Belastbarkeit waren nun mal bei allen unterschiedlich ausgeprägt.

Noch waren keine 10 Höhenmeter überwunden, da stand ich schon wieder mitten in der Suppenküche. Meine gerade noch so sichtbaren Vorderleute versickerten nach und nach und blieben verschwunden. Die Plateaubeleuchtung hinter mir wurde vom Nebel aufgesaugt und die herausgehauenen Stufen in der glitschigen Felswand waren nur noch schleierhaft zu orten. Je höher ich kam, umso unwirklicher empfand ich die Situation um mich herum.

Nur bruchstückhaft wahrnehmbar drangen die Rufe und Gebete murmelnder Pilger zu mir herunter, aus einer nur schwer einzuschätzenden Entfernung, gefiltert durch Nacht und Nebel.

Ab und zu beobachtete ich einige Minuten diese Szenerie am Heiligen Berg und lauschte der nächtlichen Geräuschkulisse. Immer wieder musste ich mich loseisen, um den Weg dann umso entschlossener fortzusetzen.

Überraschenderweise durchstieß ich eine halbe Stunde vor Sonnenaufgang die den Bergkegel umlagernde Nebelwand. Jetzt war die Sicht frei auf Weg und Gipfel, der sich in etwa 100 Metern Höhe dem klaren Nachthimmel entgegenstreckte.

Es war ein Ort der Magie, die aus den Wolken herausragende Bergkulisse, im Zwielicht der Dämmerung. So kurz vor Tagesbeginn verschwanden die letzten   Sterne, denn die in Äquatornähe nur kurz andauernde Morgendämmerung lag in den Startlöchern, den bevorstehenden Sonnenaufgang einzuleiten.

Den Gipfel vor Augen, reaktivierte mein Körper einen zusätzlichen Energieschub, mit positiver Ausstrahlung auf Psyche und der gestressten Muskulatur. Der immer alles in Frage stellende innere Schweinehund war verschwunden. Zumindest in diesem Moment hatte er sich zurückgezogen.

Von dieser Situation überrascht, staunte ich über mich selbst, als alles plötzlich wie geschmiert zu laufen schien und Körper, Geist und Muskulatur zu einer pulsierenden Einheit verschmolz.

Der Weg endete vor einer breiten Portaltreppe. Die letzten Meter zum Gipfel konnten nun etwas komfortabler überwunden werden. Die Stufen waren zementiert und etwas aufgeraut, nicht so schmierig, schief und uneben wie der Aufstiegsweg bislang. Mein Rhythmus beibehaltend war dieses letzte Hindernis nur noch eine leichte Kür, ließ mich förmlich nach oben schweben. Stolz auf die heutige Leistung, stand ich auf der letzten Stufe und genoss den Augenblick des Sieges. Meine Wasserflasche hervorkramend, betrachtete ich neugierig die vor mir liegende Umgebung.

Eine etwa 500 Quadratmeter große Plattform endete auf drei Seiten an den Berghängen, die teilweise schroff nach unten abfielen. Nur die Vierte stieß an eine steil aufwärts strebende Felsformation, der Sockel einer etwa 50 Meter hohen, kegelförmigen Spitze.

Von Plateaustandort aus hatte man einen tollen Blick auf ein Naturschauspiel der besonderen Art. Etwa 200 Meter unterhalb lag die waschküchenähnliche Dunstglocke, die beim Aufstieg durchquert wurde, wie ein geschlossener Kreis um den Berg herum, sah aus wie der Saturn mit seinen Ringen. Je heller es wurde, wechselten dort die Farbspiele im Minutentakt. So etwas lässt sich schwer beschreiben, das muss man einfach selbst erleben.

Das Ziel aller Wünsche, die besagte Fußspur lag etwas seitwärts am Plateaurand, dem kegelförmigen Gipfel genau gegenüber. Um sie vor Wettereinflüssen oder sonstigem Ungemach zu schützen, hatten Pilger einen einfachen Tempel drum herum errichtet. Gleichzeitig war man dadurch in der Lage den Ansturm geordnet hindurch zu leiten, der hier nie abriss.

Hier oben auf dem Heiligen Berg, war und blieb die knapp 1,8 Meter lange Vertiefung, das Ziel von Moslems, Hindus, Buddhisten, aber auch von Christen und anderen Religionen. Die einen sahen im Abdruck die Fußspur Buddhas, und die anderen, die des Gottes Shiva.

Für mich als Mitteleuropäer, der sich keiner Religion verbunden fühlte, blieb die sogenannte Heilige Fußspur, ohne jeden religiösen Hintergrund, nur Mittel zum Zweck. Das ganze Drum und Dran war für mich das Entscheidende. Die Bergbesteigung blieb ein unvergessliches Erlebnis, inmitten eines nächtlichen Prozessionszuges.

Nun stand ich hier oben, am Ziel meiner Überwindung, betrachtete neugierig das Gewusel Hunderter Pilger um mich herum und wartete auf das Kommende, wobei ich nicht wusste was das sein würde.

Angezogen vom Gong-Klang mehrerer Glocken, deren Klöppel von vorbeiziehenden Pilgern betätigt wurden, ordnete ich mich in die langsam voranschreitende Warteschlange ein, Richtung Tempelanlage. Vor dem Gebäude hingen die Glocken an stabilen Aufhänge- Vorrichtungen. Die helltönenden Gongs übertönten die Gebete murmelnde Pilgerschar. Um dort anschlagen zu dürfen, mussten rituelle Voraussetzungen erfüllt werden.

Bevor man den Heiligen Fußabdruck im Tempel umrunden durfte, wurde einer von mehreren dort aufgehängten Klöppeln geschwungen. Alle Neuankömmlinge, die im Heiligen Ort eintraten, schlugen einmal an eine der dort hängenden Glocken. Für jeden einzelnen Aufstieg durfte nur ein Schlag abgegeben werden.

Wer die vierte Pilgerreise hinter sich hatte, durfte infolge dessen vier Mal den Gong betätigen. Diese rituelle Gebrauchsanweisung vermittelte mir ein Ehepaar aus Colombo. Wahrscheinlich deuteten sie meine verunsicherten Blicke richtig, als wir zusammen dort herein traten. Ich bedankte mich für diese nette Geste, ließ den Gong einmal ertönen und umrundete den Heiligen Fußabdruck.

Vom ständig nachdrückenden Pilgerstrom geschoben, gelangte ich schneller als mir lieb war, wieder nach draußen und mischte mich unter die langsam unruhig werdenden Plateau-Besucher. Die Blicke aller waren ostwärts gerichtet. Man erwartete hier oben auf dem Heiligen Berg den bevorstehenden Sonnenaufgang.

Am vorletzten Versorgungsdepot hatte ich der zurückgebliebenen Dame versprochen, den Reiseleiter über ihre Rückmarschabsichten in Kenntnis zu setzen.

Doch wie das Leben so spielte, konnte ich diesen Wunsch nicht erfüllen, sosehr ich auch nach allen Seiten Ausschau hielt. Knolle blieb verschwunden, war weit und breit nicht aufzufinden. Na ja, eigentlich kein Wunder bei diesem Durcheinandergewusel. Gerade zwei Mitreisende kreuzten hier oben meinen Weg. Da war nichts zu machen. Was nicht ging, ging nicht. Also verzichtete ich darauf, Knolle ausfindig zu machen, widmete mich stattdessen mit all den anderen anwesenden Besuchern dem beginnenden Sonnenaufgang.

Da in Äquatornähe die Zeitspanne zwischen Tag und Nacht, oder umgekehrt, nur kurz bemessen war, dauerte der Sonnenaufgang nur wenige Minuten. Der hatte es allerdings in sich.

Kurz nach 6 Uhr war es dann soweit. Dieses kurzzeitig andauernde Dämmerlicht verschwand. Es wurde förmlich aufgesaugt von der am östlichen Firmament aufsteigenden, glutroten Silhouette eines langsam sich füllenden Feuerballs.

Plötzlich kroch gefühlsmäßig eine unangenehm wirkende Kälte über alles hinweg. Bislang hatte ich nichts registriert, bedingt durch den kräftezehrenden Aufstieg. Doch nun bekam ich eine Gänsehaut, eine Abwehrreaktion des Körpers, vom nasskalten Wetter.

Eigentlich war die Temperatur gleich geblieben, hatte sich nicht verändert. Ein psychologischer Nebeneffekt der Sinne, wurde fühlbar im Angesicht des bombastischen Sonnenaufganges. Mein mitgenommenen Pullover überziehend, verfolgte ich fröstelnd diese Szenerie am Horizont.

Eingekeilt zwischen all den Pilgern und anderen Besuchern des Plateaus, verfolgte ich einen sich ständig verändernden Kontrast einer farblich variierenden Schattenwelt. Vom Sonnenaufgang gestaltet und über uns hinweggeworfen, warfen dessen Strahlen lange Schatten und färbten den Heiligen Berg glutrot ein.

Eine Show der besonderen Art präsentierte uns Adam's Peaks Bergspitze. Der dort entstandene pyramidenförmige Schatten zeichnete, in die um den Berg herumführende Nebelwand, einen langgezogenen Kegel. Der zog sich zusehends zusammen, je höher die Sonne kletterte.

Vollauf begeistert von diesem Zusammenspiel, genoss ich den faszinierenden Anblick dieser sich ständig verändernden Farbnuancen. Es präsentierten sich die ursprünglich weißgrauen Nebelringe, in stahlblau über goldfarben bis feuerrot. Berge, Himmel und Sonnenschein floss dabei übergangslos ineinander, ein Anblick, den ich fest verankert mit nach Hause nahm.

Es kostete schon einige Überwindungen, sich hiervon loszueisen, denn diese Naturphänomene waren ja nur eine Seite meiner Beobachtungen. Die andere Seite meiner Neugierde richtete sich auf die zahlreichen Pilger ringsherum, die Moslems, die Buddhisten, die Hindus, die Christen und alle anderen Besucher des Heiligen Berges.

Die hier endende Prozession, mit den singenden und Gebete rezitierenden Pilgern, wurde zum vielhundertfachen Gesang und Gemurmel, als kurz nach dem Sonnenaufgang die Bergspitze ihren Schatten auf die Wolkenbank unterhalb des Gipfels projektierte und dort die Farbnuancen mit einem graubraunen Schleier überdeckte.

„Sadhu, sadhu – heilig, heilig", riefen auf einmal alle Gläubigen und verneigten sich andächtig, genau wie vordem beim Glockenklang und beim Umrunden des Heiligen Fußabdruckes. Etwa 30 Minuten dauerte dieser rituelle Ablauf, der bei einigen in völliger Ekstase endete.

So etwas hatte ich mir schon des Öfteren im Fernsehen angesehen. Immer empfand ich solche Szenen spannend, geheimnisvoll und irgendwie weit weg von meiner Realität. Jetzt stand ich mitten drin in so einer Situation, alles war sichtbar, fühlbar und real. Ich war bestimmt nicht der einzige hier in der Runde, inmitten Hunderter Pilger, dem dieser rituelle Ablauf einen fühlbaren Gänsehauteffekt bescherte, diesmal nicht dem Wetter geschuldet.

Alles um mich herum wirkte fremdartig und irrational. Trotzdem war ich fasziniert von der Situation, an einem Glaubensritual teilnehmen zu dürfen, der gleichzeitig meine

Neugier weckte und befriedigte. Es war eine völlig andere Welt hier oben über den Wolken. Überflutet vom Gold der aufgehenden Sonne tanzten die Schatten der Pilger über den Heiligen Berg hinweg und der Chor ihrer Gesänge und Gebete stieg vom Plateau aufwärts, dem erwachenden Morgen entgegen.

Für mich, und sicherlich auch für alle europäischen Besucher war diese nächtliche Bergtour ein Erlebnis fürs Leben – eine Momentaufnahme einer uns unbekannten Welt, schrill, bunt und geheimnisvoll.

Da es ratsam war, gleich nach Sonnenaufgang den Abstieg anzugehen, um die einsetzende Mittagshitze zu vermeiden, folgte auch ich dieser Vorgabe. Die religiösen, rituellen Handlungen waren abgeschlossen. Nun folgten auch in langer Reihe marschierend, die Pilger. Einer nach dem anderen verschwand unterhalb der breiten Plateautreppe im Dunst der am Berg hängenden Nebelwand.

Für kurze Zeit genoss ich den wunderschönen Panoramablick auf das nord-, und ostwärts liegende Bergland und auf die flachen Ebenen im Süden und Westen.

Dann war es soweit. Ohne nochmals nach bekannten Gesichtern Ausschau zu halten, folgte ich der Abstieg-Karawane, ordnete mich ein und passierte schon nach wenigen Minuten die vor uns liegende Nebelwand.

Nun lag der mehrstündige Fußmarsch vor mir, etwas eintönig und teilweise nicht ganz ungefährlich. Um ein unkontrolliertes Abwärtsrennen zu vermeiden, musste die Laufgeschwindigkeit an abschüssigen Wegen sofort gedrosselt werden. Wer hier ins Rennen kam, der hatte ein Problem mit seinen Vorderleuten.

Eingebunden in einer langen Pilgerreihe, klebte ich förmlich an den Hacken meines Vordermannes, ohne Drang zum Überholen. Das persönliche Tempo des Abstiegs wurde von den Leuten vorgegeben, die auf Strecke waren. Nach und nach verstummten die Gesänge, je weiter wir vorankamen. Ruhe zog ein. Doch in Gedanken waren wir immer noch oben auf dem Heiligen Berg.

Diesmal wurden alle am Wege liegende Versorgungsstationen ignoriert. Niemand scherte aus, sich ein Essen zu gönnen oder auszuruhen. Schweigend zog es alle nach unten, immer dem

Vordermann hinterher. Ziemlich eintönig, dieser stundenlange Abstieg. Eine willkommene Abwechslung brachten Lastenträger, die uns entgegenkamen. Ich konnte es kaum glauben, was ich da zu sehen bekam. Schwer bepackt mit Cola Kisten, Reissäcken und anderen Sachen, alles kunstgerecht verteilt auf Kopf und Schulter, schaffte man den benötigten Nachschub an Proviant und Getränken nach oben, ein tägliches Ritual, ausreichend für die nächsten 24 Stunden.

Ich war stark beeindruckt von diesen Leuten, eigentlich von der gesamten Szenerie am Berg. Diese konnte ich nun im Morgenlicht überblicken, da die über uns liegende Nebelwand sich langsam aufzulösen schien.

Scheinbar mühelos marschierten die schwerbepackten Träger leicht plaudernd an uns vorüber, wie beim gemütlichen Sonntagsspaziergang im Stadtpark. Tägliche Routine und durchtrainierte muskulöse Körper waren die minimalsten Voraussetzungen für solch eine Schinderei. Hier sah ich am praktischen Beispiel, zumindest von meiner Warte aus betrachtet, was man einem menschlichen Wesen alles aufbürden konnte, wenn er denn musste.

Würde ich so etwas überleben? Na ja, überleben schon, aber auch durchhalten? Darauf fand ich keine Antwort. Ich musste ja nichts schleppen, konnte also beruhigt weiter laufen. Allein der Gedanke, einen auf dem Kopf liegenden Sack nach oben zu transportieren, war gewöhnungsbedürftig, eigentlich unvorstellbar. Ich als Lastenträger unterwegs – lieber nicht. Die Buden dort oben würden garantiert wegen Warenmangel schließen. Meine volle Hochachtung galt den Männern, die diesen Knochenjob täglich ausführen mussten.

Während der Warenstrom nach oben nicht abriss, ging es für uns immer weiter nach unten. Sicherlich lag der größte Teil der Wegstrecke schon hinter uns. Je mehr die Intensität der Sonnenstrahlen den Berg aufwärmte, verschwand der Dunstschleier.

Langsam begann ich zu schwitzen, denn die Temperatur kannte nur noch einen Weg, den nach oben. Bei etwa 25 Grad war mein am Gipfel übergezogener Pullover fehl am Platze. Da blieb mir nur eine Möglichkeit, all das auszuziehen was man nicht benötigte. Der Pullover verschwand im Rucksack, ohne dabei den Rückmarsch zu unterbrechen.   Das war alles einfacher gedacht als getan. Irgendwie hatte ich es aber doch geschafft, die nichtbenötigten Sachen verstaut, den letzten Rest Mineralwasser ausgetrunken und folgte nun etwas erleichtert den Hacken meines Vordermannes.

Irgendwann, so gegen 12 Uhr, endete mein Abstieg am Ausgangspunkt der Bergtour. Zuerst besorgte ich mir am Parkplatzkiosk eine große Flasche Tafelwasser, um den zusammengeschrumpften Flüssigkeitshaushalt aufzufüllen.

Gnadenlos strahlte die Sonne über uns hinweg, trieb die Temperatur hier unten auf bestimmt 35 Grad nach oben. Den letzten Rest vom Wasser goss ich mir als willkommene Erfrischung langsam über Kopf und Nacken, bevor ich zum Bus eilte.

Dort waren alle Reiseteilnehmer anwesend bis auf ein zehn Minuten später eintreffendes Ehepaar. Auch die Dame, die den Aufstieg kurz vorm Ziel beendete, saß zufrieden in ihrer Sitzecke. Beim Einsteigen nickte sie mir lächelnd zu. Geschafft, aber voll zufrieden verstaute ich Rucksack und Kamera im Gepäcknetz, rutschte rüber zum Fensterplatz und beobachtete draußen auf dem sonnenüberfluteten Rastplatz zwei vorüber eilende Hunde, die schleunigst unter einem Schatten spendenden Barackenvorbau verschwanden.

Irgendwie war ich etwas stolz auf meine gezeigte Leistung, den Auf- und Abstieg überstanden zu haben. Im Nachhinein erfuhr ich das Unglaubliche, dass nur 50 % meiner Reisegruppe es geschafft hatten, den Adam's Peak zu besteigen. Sogar der alte Faulpelz Knolle hatte es vorgezogen unten zu bleiben, ohne uns zu informieren. Seine Ausrede, er hätte hier unten dringend etwas erledigen müssen, ließ ich grinsend und unkommentiert im Raum stehen.

Jetzt war mir natürlich klar, warum ich ihn am Gipfel nicht finden konnte. Na ja, im Augenblick war mir das eigentlich egal. Nur eines wusste ich ganz genau, und war froh darüber, dass ich dank meiner Mühe an diesem einmaligen Erlebnis dort oben teilhaben durfte. Trotz aller Schwierigkeiten war es das schönste und eindrucksvollste Erlebnis meiner gesamten Rundreise.

Nun ging es zurück zum Hotel. Während der Bus langsam Fahrt aufnahm, ebbten alle Gespräche ab und eine ungewöhnliche Stille machte sich breit. Die ausgefallene Nachtruhe und die strapaziöse Bergtour forderten ihren Tribut.

Es dauerte nur wenige Minuten und die Hälfte der Businsassen zog sich ins Land der Träume zurück, während der andere Teil dem monotonen Brummen des Motors lauschte, und dabei krampfhaft versuchte nicht einzuschlafen. Ich hing der ersten Gruppe an, schlief ohne Unterbrechung durch. Draußen brannte die Mittagssonne herab, ließ die Temperatur auf über 40 Grad klettern.

Munter wurde ich erst auf dem Hotelparkplatz, als Knolle zum Mikrofon griff und seine klare Stimme über uns hinwegschallte.

„So Freunde, alles geht einmal zu Ende, leider auch unsere Rundreise", zog sein Weckruf durch Bus und Gehörgänge.

„Bitte munter werden", fuhr er fort.

„Uns bleibt nicht viel Zeit. In drei Stunden, also 16 Uhr ist unsere Abfahrt eingeplant, zurück zu euern Hotelanlagen. Wer möchte kann noch etwas Essen gehen, ansonsten treffen wir uns hier im Bus. Und lasst nichts im Zimmer liegen. Also, bis dann!"

Nach und nach verschwanden alle hinter dem breiten Eingangsportal, nur unser Busfahrer blieb im Auto sitzen. Ich selbst ließ Kamera und Rucksack im Wagen und umrundete noch einmal die Gebäudekomplexe, inmitten dieser wunderschönen Garten- und Parkanlage.

Danach brachte ich mein im Zimmer stehendes restliches Gepäck zum Auto, und übergab mein Schlüssel der Rezeptionsdame. Im Gartenlokal fand ich ein schattiges Plätzchen, die restliche Zeit zu überbrücken. Dort blieb ich bis zur Abfahrt sitzen, aß und trank etwas. Dabei amüsierte ich mich köstlich über sage und schreibe vier nur für mich abgestellte Kellner, die hin- und hersprangen und mir fast jeden Handgriff abnahmen.

Solch eine Überversorgung konnte ganz schön nerven. Zum Glück durfte ich noch selbst essen und trinken, das wurde mir noch zugestanden. Na ja, ich überlebte es und bezahlte kurz vor 16 Uhr mein Verzehr, bedankte mich bei den um mich herumwuselnden Kellnern und ging zum Bus runter.

Dort lief dann alles so wie abgesprochen, nur mit einer kleinen Ausnahme. Die Dame vom Berg war nicht erschienen, die beim Aufstieg mich ansprach und bat, Knolle die Nachricht zu übermitteln, sie wolle wieder nach unten laufen. Ihr Platz blieb leer. Jetzt musste Knolle ran. Sich hochrappelnd, verschwand er nochmals im Gebäude und fand die Dame schlafend im Hotelzimmer.

„Kann ja alles mal passieren", kommentierte Knolle seine erfolgreiche Suchaktion, als beide auftauchten. Er verstaute die Koffer der Dame, während diese schnurstracks in ihrer Sitzecke verschwand. Was alle anderen irgendwie zu erheitern schien, fand die Schläferin gar nicht lustig. Mit einem aufgesetzten Lächeln versuchte sie die peinliche Situation zu überspielen, was ihr allerdings nicht so recht gelang.

Mit 20-minütiger Verspätung war es dann doch so weit, wir konnten starten. Irgendwie nagte der fehlende Schlaf der vergangenen zwei Tage immer noch an meinem inneren Zeitgefühl, brachte mein Wach- und Schlafbedürfnis total aus dem Tritt, denn diesmal gelang es mir nicht einzuschlafen. Erst nach zwei oder drei Stunden fiel ich in einen unruhigen Halbschlaf mit eingestreuten Wachphasen, was keineswegs mein Ruhebedürfnis befriedigen konnte.

Richtig munter wurde ich erst wieder auf der Buckelpiste, am Strandbereich unserer Hotelanlagen. Draußen war es schon dunkel und die Scheinwerfer der entgegenkommenden Fahrzeuge zerrissen für kurze Augenblicke den Dämmerzustand im Innern des Busses und warfen lange Schatten auf alle Insassen.

Beim Rundreisestart war ich der Erste, der vom Hotel abgeholt wurde, folgerichtig war ich der Letzte beim Rücktransport den man absetzte. Knolle war schon am Hotel Nummer 1 mit ausgestiegen, da er dort übernachten konnte. Wir überreichten ihm sein Obolus und trennten uns kurz und schmerzlos, da wir ihn in den nächsten Tagen ja sowieso nochmals treffen würden.

Endlich war ich nach etwa 5-stündiger Fahrt wieder am Ausgangspunkt meiner Rundreise angekommen. Ohne dem Live-Abend im Open-Air-Restaurant auch nur einen Blick zu würdigen, verschwand ich im Zimmer und verstaute mein Gepäck so wie es war, in der erstbesten Zimmerecke.

Sofort im Bett verschwinden und endlich mal richtig ausschlafen können, war eigentlich mein Ziel. Doch es kam wieder mal anders, als ich mir das so vorgestellt hatte. Zufällig streifte mein Blick den mit Getränken aufgefüllten Kühlschrank. Den Plan ändernd, beschloss ich ohne zu zögern, mir einen kühlen Schlaftrunk zu gönnen. Warum auch nicht. Mit einem Tiger-Bier im Arm trat ich raus auf den Balkon und brachte mein Schaukelstuhl in die richtige Sitzposition.

Was war das für eine Nacht! Ein Regenguss, der um diese Zeit normalerweise herunter pladderte, den gab es heute nicht. Ein sternklarer Himmel wölbte sich glitzernd über Ozean, Strand und Palmenhain.

Leise Live-Musik vom Open-Air-Restaurant, mischten sich mit den Lauten nachtaktiver Tiere und überlagerten das immer währende, rauschend-klatschende Geräusch heran rollender Wellen. Ein vom Ozean hereindrückender, milder, erfrischend wirkender Wind, fuhr säuselnd durch Büsche und Baumkronen und zog die Temperatur auf angenehme 20 Grad runter.

In dieser Nacht saß ich noch lange hier draußen, holte ein zweites- und ein drittes Bier, lauschte den nächtlichen Geräuschen und genoss die herrliche Tropennacht in vollen Zügen.

So konnte es weiter gehen, denn hier verschmolz Anspruch, Wunsch und Wirklichkeit zu einer Einheit. Etwas Besseres hätte mir gar nicht passieren können.

Mit TukTuk nach Negombo

Zu meiner großen Verwunderung hatte unser Tuk-Tuk Fahrer es bis jetzt geschafft, jeden Kontakt mit einem etwas größer, und tiefer liegenden Schlagloch zu vermeiden. Sehr skeptisch verfolgte ich seine Bemühungen, wartete förmlich auf ein missglücktes Ausweichmanöver. Bei dieser Vielzahl von Löchern war es einfach nicht zu verhindern. Und ich wurde nicht enttäuscht. Ein besonders tiefes Loch lag auf unserer Strecke, und bestätigte meine Vorahnung.

Es krachte fürchterlich unter uns. Das Gefährt erschütterte bis hin zur Belastungsgrenze. Das komplette linke Hinterteil des 3-rädrigen Motorradtaxis versank im Loch, um im selben Moment auf der anderen Seite wieder herauszuspringen.

Mit einer nur geringen Federung ausgestattet, waren Marco und ich die Leidtragenden. Vom Schwung nach oben befördert, schlossen wir eine unfreiwillige Bekanntschaft mit der aus Sperrholz geformten Tuk-Tuk Decke, in der mit bunten Folien umspannten, zweisitzigen Transportkabine.

„Frag den Fahrer mal nach Sturzhelm und Führerschein", rief ich Marco grinsend zu, der sein Hinterkopf nach Beulen absuchte.

„Das ist alles im Preis enthalten", kam seine sarkastische Antwort, während er den Fahrer bat, langsamer zu fahren.

„Sorry". Seine kurze Entschuldigung ging fast unter im Geknatter eines uns überholenden Lastkraftwagens, dessen stinkende Auspuffgase uns völlig einnebelten. Ohne weiter darauf einzugehen, um kurvte er diesmal zielsicher alle folgenden Hindernisse, auf einer dem Schweizer Käse ähnelnden Straßendecke.

Gott sei Dank endete die Schotterpiste beim Überqueren einer vielbefahrenen Kreuzung. Rüttel-, und stoß frei rollten wir nun auf einem neuasphaltierten Straßenabschnitt dem Stadtzentrum Negombos entgegen.

Wie abgesprochen, erschien Marco heute Morgen kurz nach 10 Uhr im Rezeptionsbereich, Treffpunkt für den geplanten, gemeinsamen Negombo-Besuch. ich saß dort immer noch ganz versunken vor den faszinierenden Landschaftsbildern und weilte in Gedanken bei meiner Rundreise.

„Hallo, Peter", begrüßte er mich lautstark, beendete damit mein Rundreiseerinnerungsausflug und wies nach draußen.

„Ich habe für uns ein Taxi besorgt. Es ist zwar nur ein Tuk-Tuk, aber für die zwei Kilometer reicht es und ist billig. Zum Laufen habe ich bei dieser Hitze keine Lust."

„In Ordnung. Da bin ich mit dir einer Meinung", antwortete ich beim Aufstehen und folgte Marco nach draußen.

„Hast du den Fahrer schon bezahlt", wollte ich beim Einsteigen wissen.

„Es ist alles erledigt", antwortete Marco, und kletterte in den schwankenden Zweisitzer. Laut knatternd und stinkendblaue Auspuffgase hinter sich lassend, fuhr unser Tuk-Tuk rasant an, die ersten Schlaglöcher schwungvoll um kurvend.

Eine reparaturverdächtige Schotterpiste und ein Geruchscocktail aller Auspuffwolken um uns herum, waren für mich sehr gewöhnungsbedürftig. Ich hatte keine andere Wahl, musste es so nehmen wie es kam, eingehüllt von Abgasschwaden uralter Dieselbusse und hochtouriger Zweitaktmotoren.

Uns wurde förmlich der Atem geraubt, wenn solch eine Dreckschleuder sich unmittelbar vor uns einordnete. Solch ein Anschlag auf unsere Atemwege war dann selbst unserem Tuk-Tuk Fahrer zu viel. Er versuchte dann mit aller Macht, dieses Fahrzeug zu überholen.

Bei solch einem Manöver wurden alle Verkehrsregeln außer Kraft gesetzt. Man überholte rechts oder links, kreuzte laut hupend den Gegenverkehr oder benutzte den Bürgersteig als willkommene Überholspur. Plötzlich auftauchende Fußgänger mussten fluchtartig seitwärts ausweichen. Wenn man dann selbst in solch einer Seifenkiste saß, wurde die Tuk-Tuk-Fahrt schnell zum unvergesslichen Abenteuer.

Egal wie oft ich solch einen Ablauf beobachten durfte, wunderte ich mich immer wieder über die Ruhe und Gelassenheit der Leute, mitten in diesem unkontrollierbaren Durcheinander die Situation so zu akzeptieren, wie sie war.

Dabei kam meine Europäische Rechtsauffassung von: „Das darf ich, das darf ich nicht", völlig unter die Räder.

Ich vermutete, jeder deutsche Verkehrsteilnehmer, der unvorbereitet hier hinein gestoßen würde, bekäme garantiert in der ersten halben Stunde einen Schock fürs Leben, mit dem dazugehörenden Krankenhausaufendhalt.

Da half nur eins, sich vorbehaltlos anzupassen, um unfallfrei sein Ziel zu erreichen. Oder man verzichtete auf eine eigene Autofahrt. Ich kann nur jedem raten, die Fahrerei den Einheimischen zu überlassen.

Der hier herrschende Linksverkehr vervollständigte das Durcheinander nochmals um einiges, und der an Regeln gewöhnte Blick eines deutschen Autofahrers käme dabei garantiert unter alle Räder.

Auch ich als Fußgänger kam beim Überqueren von Straßenkreuzungen in heikle Situationen. Eine der wichtigsten Regeln, die ich dort lernte, war die, niemals stehen zu bleiben. Das wäre das Dümmste, was man in einer solchen Situation machen konnte. Denn das verunsicherte die Verkehrsteilnehmer erst recht, da sie nicht wussten, ob sie anhalten oder weiterfahren sollten. Da ich diese Regeln zwangsläufig beachtete, kam ich stets unbeschadet auf der anderen Straßenseite an, wenn auch ab und zu nur einen Meter vor einer abbremsenden Kühlerhaube.

In diesem Zusammenhang fiel mir noch etwas anderes auf, wurde mir aber erst im Nachhinein bewusst. So lange wie ich in Sri Lanka weilte, entdeckte ich keinen Verkehrspolizisten im Straßenbild, zumindest war mir keiner aufgefallen.

Nur verkehrsregulierende Armeeposten standen ab und zu an Straßenkreuzungen und schleusten ihre Wagen durch. War die Kolonne vorüber, gab man die Kreuzung frei und der Posten verschwand mit dem letzten Fahrzeug.

Nun wurde es für mich interessant. Ein im Moment angestauter, zum Stillstand gekommener Verkehrsfluss, setzte sich langsam in Bewegung.

Es wurde für mich ein spannendes Erlebnis, zuschauen zu dürfen, wie sich alle Verkehrsteilnehmer, Stoßstange an Stoßstange und Zentimeter um Zentimeter vorwärts schoben. Alle Fahrzeuge versuchten dem heillosen Durcheinander der kreuz-, und querrollenden Verkehrsteilnehmer zu entkommen, ohne dabei die eigene Richtung nicht zu verfehlen.

Im Ochsenkarren-Taxi

Wer so etwas zum ersten Mal sah, war vollständig davon überzeugt, dass es keinem gelingen würde, diesen knatternden, hupenden und mit stinkenden Auspuffgasen angefüllten Kessel jemals zu verlassen. Doch alle pessimistischen Betrachter wurden enttäuscht, da unausgesprochene Regeln griffen, die dem uneingeweihten Zuschauer verborgen blieben.

Ich fand es immer wieder faszinierend, mit welcher Ruhe sich dieses chaotische Durcheinander selbst entwirrte, ohne Drängelei und böse Worte.

Entstände solch eine Situation in Deutschland, wären Mord und Totschlag ein begleitendes Szenario ausrastender Autofahrer, was man leider heutzutage auf deutschen Straßen tagtäglich erleben konnte. Doch hier blieb uns solch eine Situation erspart.

Wie schon erwähnt, lag die Buckelpiste hinter uns. Auf glatter Asphaltstraße rollten wir fast erschütterungsfrei ins vor uns liegende Stadtzentrum.

„Halt, hier steigen wir aus", rief Marco mir zu und lotste den Tuk-Tuk Fahrer zur nächsten Straßenecke. Zufrieden verließen wir den schaukelnden Zweisitzer.

„Und was machen wir nun", wollte ich von Marco wissen, während unser Tuk-Tuk knatternd hinter einem meterhohen Stapel Bambushölzer verschwand.

„Das was wir verabredet hatten. Ich zeig dir meine Stadt", kam kurz und knapp seine Antwort. Mich am Arm mitziehend, überquerten wir die Straße. Da sich keine Verkehrslücke auftat, betrat Marco kurz entschlossen die Fahrbahn und stoppte den Verkehr mit Handzeichen.

„Um Himmelswillen, mach das bloß nicht wieder", stieß ich auf der anderen Straßenseite hervor. Marco schüttelte lachend sein Kopf, konnte sich über so viel Ängstlichkeit nur wundern.

„Siehst du, die haben angehalten", kommentierte er mein Bedenken immer noch grinsend.

„Willst du rüber, musst du einfach loslaufen. Machst du es nicht, stehst du am Abend noch auf der gleichen Stelle".

Ich fand das gar nicht so lustig, was er da abgezogen hatte, kommentierte es aber nicht weiter. Mein Ding war es jedenfalls nicht, einfach loszurennen, und blindlings daran zu glauben, dass alle ausgebremsten Verkehrsteilnehmer auch anhalten würden.

Am heutigen Morgen, kurz vor 11 Uhr, schien ganz Negombo auf den Beinen zu sein. Die im Zentrum liegende Markthalle war völlig überflutet. Unter dem überdachten Markthallengeländе reihten sich Hunderte Verkaufsstände aneinander, von schachbrettartig angelegten Verbindungswegen durchzogen. Lebensmitteln aller Art, vielerlei Textilien und die unterschiedlichsten Haushaltgeräte, konnte man hier erwerben.

Marco sah mich von der Seite an, wollte sicherlich ergründen, wie ich zu einem Besuch der Markthalle stand. Lust hatte ich ja, den Handelsplatz einmal von innen zu besichtigen. Doch bei dem Gedränge dort drinnen in den Gängen, verzichtete ich, schüttelte nur den Kopf und beschloss beim Weiterlaufen, mir die Halle mal zu einem späteren Zeitpunkt vorzunehmen. Eine Woche hatte ich ja noch Zeit, konnte also auch mal allein nach Negombo fahren.

Stattdessen umrundeten wir einmal den Komplex, mit all den zur Straßenseite gelegenen und hinausführenden Handwerksbetrieben. Wir fanden Schneider-, Frisör-, Töpfer-, Uhr- und die unterschiedlichsten Souvenirläden. Zum Kauf präsentierte Waren aller Art füllten den halben Bürgersteig, der den Hallenbereich umschloss. Die Gehwegbenutzer wurden zum Slalomlauf gezwungen, um dieses ausgebreitete Warenangebot zu umgehen.

Im bunten Durcheinander, drängelnder und sich vorwärts schiebender Menschenmassen, folgten wir anschließend dem weiterführenden Bürgersteig und gelangten auf der anderen Platzseite auf eine aufwärts führende Straße.

„Wir kommen jetzt zum Zimtkanal". Marco wies auf die vor uns liegende Brücke, die einen vielbefahrenen und mit Hausbooten an den Ufern bestückten Kanal überspannte, der schnurgerade durchs Stadtzentrum führte.

Auch Holländischer Kanal genannt, wurde dieser Wasserweg vor etwa 300 Jahren von den Niederländern für den Zimttransport gebaut. Negombo gehörte nach der Einnahme Colombos durch Portugal 1505, zu den ersten von den Kolonialisten übernommenen Gebieten.

Die Versuche der Christianisierung waren aus diesem Grund besonders erfolgreich. Bis heute ist ein überwiegender Teil der Bevölkerung Negombos katholisch.

Erhalten gebliebene Spuren der Eroberung durch die Niederlande, sind lediglich ein niederländisches Fort und dieser 120- Kilometer lange Kanal von Colombo über Negombo nach Puttalam. Er diente vor allem zum Transport von Zimt, dem damals wichtigsten Exportgut der Kolonie. Wie schon damals, lag heute der schönste Abschnitt der Strecke, mit etwa 30 Kilometer Länge, zwischen Colombo und Negombo.

Als einst ein britischer Kolonialingenieur die Ufer befestigte, entstand dort eine schmale, dem Kanalverlauf folgende Straße, inmitten einer tropischen Dschungellandschaft.

Dieses Postkartenmotiv vor Augen, beschloss ich sofort, hier noch einmal herzufahren und einen Wandertag einzuschieben. Zusammen mit dem geplanten Markthallenbesuch realisierte ich meinen Wunsch schon zwei Tage später, nahm die etwa 15 Kilometer lange Strecke in Angriff. Ich war begeistert und fasziniert vom Ausflug. Er war einer meiner schönsten Wanderwege, die ich bislang kennen lernen durfte.

Warane, handflächengroße Schmetterlinge, Echsen, Vögel in den buntesten Farben, einige den Weg kreuzende Schlangen, herumtobende Affengruppen in Baumkronen, rätselhafte herüberschallende Rufe unsichtbarer Dschungelbewohner und nicht zuletzt die freundlichen Anwohner am Ufer, waren meine Wegbegleiter inmitten einer traumhaften Landschaft. Zurück ging es dann wieder mit dem allgegenwärtigen Tuk-Tuk.

Hätte Marco mir diesen Kanal nicht gezeigt, wäre ich hier niemals vorbeigekommen. Ein ortskundiger Führer war immer ein Garant dafür, alles Wichtige und Interessante beim Rundgang aufzusuchen und dabei Details kennen zu lernen, die anderen Besuchern verschlossen blieben.

Nach der Brückenüberquerung blieb Marco unterhalb der aufwärtsstrebenden Stahlkonstruktion stehen, und deutete auf ein langgezogenes, altes Backsteingebäude hin. Von parkähnlichen Blumen- und Rasenflächen umgeben, zog es sich am Kanalufer hin.

„Das ist unser Bezirkskrankenhaus", begann er zu erklären. „Komm, ich möchte es dir zeigen."

„Ein Krankenhaus? Was soll ich im Krankenhaus", erwiderte ich etwas irritiert.

„Solch ein Gebäude möchte ich nicht unbedingt von innen kennen lernen."

„Komm nur! Du wirst schon sehen".

Ohne auf mein angedeutetes Desinteresse einzugehen, zog er mich Richtung Eingang. Langsam folgte ich dem voraneilenden Marco, der dort am Einlass dem postierten Mitarbeiter beiseite zog und intensiv auf ihn einzureden begann. Ich verstand zwar nichts vom Gespräch, doch dass meine Anwesenheit im Mittelpunkt ihrer Unterhaltung lag, war nicht zu übersehen. Bevor er die Tür freigab glitten zwei musternde und abschätzende Blicke über mich hinweg. Mit einem richtungsweisenden Handzeichen deutete er an einzutreten.

Jetzt die Einladung abzulehnen, ging nicht mehr. Was sollte ich machen. Wie sagt man so schön, Augen zu und durch.

Drinnen umfing uns ein weitläufiger Vorraum mit einer kleinen, zurzeit nicht besetzten Rezeption, die wir einfach ignorierten. Daran vorüberschreitend versuchte Marco mir die Situation zu erklären.

„Als kleiner, gerade mal 4 Jahre alter Junge, wurde ich hier eingeliefert. Ich erinnere mich noch ganz genau an jedes Detail. Es war ein Unfall, den man als kleiner Knirps nicht vorhersehen konnte. Beim Fußball spielen am Strand landete unsere ballähnliche Gummikugel auf dem Flachdach eines Geräteschuppens und blieb dort liegen. Ohne lange zu überlegen, kletterte ich aufs Dach und warf den Ball runter. Ich war mächtig stolz auf meine Kletterei. Alle Vorsicht ignorierend, hüpfte ich in Siegerpose fallend, hin und her.

Und dann kam es so, wie es kommen musste. Irgendetwas Glitschiges geriet unter meine Füße, und ab ging es schnurstracks nach unten. Ich landete inmitten übereinander gestapelter Kokosnüsse, die nach allen Seiten auseinander flogen. Ein paar Beulen und einige Abschürfungen waren ja nicht so schlimm, das hätte ich ja noch überstanden. Doch da war mein rechter Arm, der so komisch verdreht an mir herunterhing und wahnsinnig wehtat. Der war leider gebrochen und musste eingegipst werden. Ich landete hier auf der Kinderstation. Erst nach zwei Wochen durfte ich wieder nach Hause."

Ohne sein Wortschwall zu unterbrechen oder darauf zu antworten, sah ich Marco von der Seite an und war mir nicht schlüssig wie ich reagieren sollte. Irgendetwas schien hier nicht zu stimmen.

Alle die uns begegneten, Besucher, Ärzte oder Schwestern, reagierten auf unsere Anwesenheit irgendwie überrascht, als hätte man ihnen Außerirdische präsentiert. Eine Peinlichkeit folgte der nächsten. Ich empfand dies zumindest so. Dass Marco hier einmal behandelt wurde, hatte er mir ja berichtet, aber nichts von dem, was er den Leuten dort über mich erzählt hatte, was ich darstellte und hier zu schaffen hatte. Verraten hatte er mir nichts.

Beim Abbiegen in einen Seitengang stieß eine Art Krankenschwester oder Angestellte zu uns, der Kleidung nach von jedem etwas. Sie wechselte einige Worte mit Marco und lief dann ganz aufgeregt vorweg und öffnete alle Türen, die wir passierten.

Dahinter befanden sich triste Räume, angefüllt mit 10 bis 20 Lazarettliegen, Krankenhausbetten oder nur mit einigen am Boden ausgelegten Matratzen, vollbelegt mit stationären Patienten, gekleidet in die bis zum Knöchel reichenden grünen Krankenhauskittel oder in ihren mitgebrachten eigenen Privatsachen.

Teilweise eingewickelt in Mullbinden, Gipsverbänden, angepassten Kopfstützen oder angeschnallten Beinschienen, lagen, saßen oder standen die Insassen gelangweilt herum, überlagert von einer über 30 Grad heißen Umgebungstemperatur.

Alles lief ab, wie ein schlechter Film, mit vielen Fortsetzungen, von Tür zu Tür. Ich bekam eine Gänsehaut bei der Horrorvorstellung, krank und hilflos hier drin liegen zu müssen und als Patient allem ausgeliefert zu sein. Einige Stühle, ein Gemeinschaftsschrank mit vielen Türen und einer in der Zimmermitte herunterbaumelnden, schirmlosen Deckenleuchte, vervollständigten die Einrichtung. Ein unangenehmer Geruch nach

Äther, und den unterschiedlichsten Ausdünstungen, zogen durch alle Räume.

Sie verursachten bei mir ein beklemmendes Gefühl von Hilflosigkeit und Entsetzen. Was wollten wir eigentlich hier drin? Mir ging alles Mögliche durch den Kopf, doch eine befriedigende Erklärung fand ich dafür nicht. Nun gut, Marco wollte mir sein Krankenhaus zeigen, was man von seiner Seite aus betrachtet, sicherlich akzeptieren konnte. Aber welche Rolle sollte ich hier spielen? So eine Führung hat doch eigentlich nichts mit Gastfreundschaft zu tun. Helfen konnte ich den Leuten sowieso nicht. Nur um eine Runde informativen Schaulauf zu veranstalten, war der Ort völlig ungeeignet. Also blieb mir nur eine Möglichkeit diesen peinlichen Zustand zu beenden. Ich musste schnellstens nach draußen verschwinden. Und mein Schicksal stand mir bei, schon bei der nächsten Tür.

Die uns voraneilende Schwester, oder was sie sonst auch darstellte, blieb vor einem Eingang mit verschlossener Schiebetür stehen und wartete auf unser herantreten. Nach kurzem Gespräch mit ihr, wies Marco zur Tür und erklärte mir kurz und knapp:

„Wir müssen jetzt leise sein. Wir stehen vor einem der drei OP-Räume im Krankenhaus. Auch mein gebrochener und verdrehter Arm wurde hier behandelt und eingegipst".

„Um Himmels Willen, Marco! Halte die Lady auf", erwiderte ich erschrocken auf seine Mitteilung.

„Die will da doch wohl nicht rein?"

Doch mein Einspruch verpuffte, kam zu spät. Denn die Dame hatte die Tür schon zur Hälfte seitwärts verschoben, und ermöglichte uns damit die Sicht in den OP-Saal. Dort standen mitten im Raum mehrere Ärzte und ihre Assistenten um den hell ausgeleuchteten OP-Tisch herum und plauderten miteinander. Ihre Arbeit war beendet, denn man entledigte sich aller Arbeitskleidung, während einige Schwestern alle benutzten Gerätschaften einsammelten und diese mit den Kleidungsstücken zusammen in ein Nebenzimmer schafften.

Der frisch operierte Patient lag hinter dem OP-Tisch auf einer Pritsche. Wahrscheinlich stand er noch unter Narkose, denn zu sehen war von ihm nur der frisch verbundene, frei liegende Fuß, und die geschlossenen Augen einer halben Gesichtshälfte. Alles andere wurde von einer grünen OP-Decke verborgen, die beidseitig der Liege herunter baumelte.

Beim kratzenden Geräusch, der sich öffnender Schiebetür, wurde das gesamte dort im OP-Raum versammelte Team auf uns aufmerksam, und die eintretende Schwester stand im Fokus ihrer fragenden Blicke. Ein kurz ausgestoßenes:

„Hallo", sollte wohl heißen: „Weitermachen! Hier ist alles in Ordnung, "

So kam es dann auch. Man beschäftigte sich wieder mit Aufräumen und ignorierte unser Eindringen, als wäre unsere Anwesenheit das Normalste was man sich vorstellen konnte.

Derweilen stand ich immer noch mit Marco draußen vor der Tür, mehr erschrocken als neugierig. Ich empfand diese momentane Situation als äußerst peinlich. Sicherlich war es auch eine Gradwanderung am Rande der Legalität. Jetzt war der Punkt erreicht. Ich konnte und wollte nicht weiter laufen, musste handeln.

Kurz entschlossen zog ich Marco zur Seite. „Komm wir verschwinden", forderte ich energisch.

„Ich mag keine Krankenhäuser von innen. Die betrachte ich lieber von draußen".

Ohne seine Antwort abzuwarten, teilte ich auch der noch im OP-Raum stehender Schwester, meinen Entschluss mit.

„I'm very sorry. (Es tut mir leid.) I'm afraid we'll have to go. (Wir müssen leider gehen.) Thank you very much for your help. (Vielen Dank für ihre Hilfe.) „Good bye! " (Auf Wiedersehen.)

Den verdutzt drein blickenden Marco die Richtung weisend, trat ich den Rückzug an, um so schnell wie möglich nach draußen zu gelangen.

Marco hatte immer noch nicht begriffen, warum ich weg wollte. Als die Eingangstüren sich hinter uns schlossen, und der Pförtner mit argwöhnischen Blicken unsern Abgang beäugte, blieb Marco plötzlich stehen und platzte heraus:

„Hat es dir nicht gefallen?"

Was sollte ich darauf antworten? So einfach, mit ja oder nein, war das nicht zu erklären. Wahrscheinlich hätte er es auch nicht

115

verstanden. Hier rieben sich zwei unterschiedliche, vom materiellen Zustand abhängige Vorstellungen aneinander. Gegensätze, die so nicht ohne weiteres zusammen fanden.

Hier wurde sie sichtbar, die Schnittstelle zwischen arm und reich, zwei voneinander abweichende Vorstellungen vom Sinn des Lebens und eine unterschiedliche Auslegung von Recht, Pflicht und der Akzeptanz von Gesetzen schlechthin. Des Weiteren war ein tief religiöser Glauben im täglichen Einerlei fest verwurzelt, war Triebfeder aller Entscheidungen im positiven, aber auch im negativen Sinne. Nur wer mit dem zufrieden war, was er besaß und bescheiden lebte, fand Glück in nichtmateriellen Dingen und übersah die Armut. Für uns verwöhnte Europäer war diese Haltung kaum nachvollziehbar, undenkbar so zu leben.

Nun stand ich vor Marco und wusste immer noch nicht so recht, was ich ihm antworten sollte. Ich begann meine und seine Sicht der Dinge gegenüber zu stellen. Da war das Krankenhaus, ein normales Gebäude, ohne Charme und Ausstrahlung. Nur mit dem Allernötigsten ausgestattet, fehlte es dort an allen Ecken und Enden. Sich dort drinnen aufhalten zu müssen, wäre für mich ein Abenteuer mit ungewissem Ausgang, den man bei schlimmen Unfällen nicht ausweichen konnte, aber bei kleineren Fällen sollte man die stationäre Aufnahme lieber nicht in Anspruch nehmen.

Marco sah dies natürlich völlig anders. Eigentlich wollte er mir nur sein Krankenhaus zeigen und eine Freude damit machen. Wahrscheinlich war es weit und breit das Einzige. Darauf war er stolz, zumal er dort selbst mal drinnen lag und behandelt wurde.

Dann waren da noch die Massenabfertigung und die fehlenden Klimaanlagen, aus meiner Sicht ein großes Manko und ein unerträglicher Zustand. In völlig überfüllten Räumen lagen die Patienten dicht an dicht, und schwängerten in brütender Hitze die stickige Luft mit allen Gerüchen der Welt. Dieser Zustand verspottete jeder Art von Verständnis, erfüllte den Tatbestand einer Körperverletzung.

Marco war da natürlich anderer Meinung, was er mir später mal mitteilte. Je mehr Personen ein Zimmer belegten, umso besser. Lange Weile konnte hier nicht entstehen, da immer etwas los war. Und mit den tropischen Temperaturen war er ja aufgewachsen.

Auch den Zutritt zum OP-Saal empfand ich ziemlich gewöhnungsbedürftig. Genauso das Herumführen und zur Schau stellen. In Deutschlands Krankenhäuser wäre dies undenkbar. Hier schien es ein Stück Normalität zu sein, und für Marco sicherlich ein Bedürfnis, mir sein Krankenhaus vorzuführen. Man nahm es nicht so genau mit den Vorschriften. Diese wurden verwässert, oder völlig außer Kraft gesetzt, je nach der vorhandenen Situation. Man war einfach stolz auf das. Was man besaß. Auch ein OP-Saal war etwas Vorzeigenswertes.

„Ja Marco", begann ich mit meiner noch ausstehenden Antwort, ohne auf alles einzugehen. „Natürlich hat es mir gefallen. Es war für mich sehr interessant, mal beide Seiten vergleichen zu können. Nur bei solch einem tollen Wetter im Krankenhaus herum zu laufen ist nicht unbedingt mein Ding. Zeig mir deine Stadt, Marco! Hier draußen ist es viel schöner. Okay?"

Marco war mit dieser Antwort irgendwie einverstanden, zumindest akzeptierte er meine Meinung mit einem: „Hm" und einem: „Okay." Gemeinsam ging es zurück Richtung Stadtmitte.

Wenn ich im Nachhinein bedenke, war Negombo eine normale kleine Stadt wie jede andere in Sri Lanka. Nur versank dieser Ort in Bedeutungslosigkeit, da die ansonsten vorherrschende, touristische Anziehungskraft einer namhaften Stadt hier nicht gegeben war. Die ca. 124 000 Einwohner verteilten sich entlang der Küste – an der von Colombo kommenden Straßen- und Eisenbahnverbindung, dem alten Fischereihafen mit seinen Marktständen, der weitläufigen Negombo – Lagune und dem alten 1672 erbauten holländischen Fort.

In den umliegenden Dörfern am Lagunenufer lebten die Fischer in bitterer Armut. Trotz allem verzichtete man nicht auf die traditionellen Fangmethoden, wurde dadurch natürlich abhängig vom jeweiligen Wetter der Jahreszeiten. Dies bedeutete ein auf viel Glück basierender Fischfang, mit ausgeworfenen Nylonnetzen in Ufernähe. Wesentlich effektiver war eine Fahrt auf den Ozean raus, mit ihren langgezogenen Auslegerkanus. In Sri Lanka kannte und verwendete man zwei verschiedene Formen von Booten.

Da gab es die Oruvas (eine Art von Segel – Kanu), und die Paruvas (ein großer Katamaran, mit eingebauten Trennwänden).

Diese eigenwilligen Bootsformen entstanden aller Wahrscheinlichkeit nach auf den Inseln vor der Mosambikanischen Küste. Nach Sri Lanka gebracht wurden sie im 17. Jahrhundert durch portugiesische Händler.

Seit Generationen gewährleisteten die Lagunen-Fischer eine reichhaltige Versorgung der Bevölkerung mit Krabben, Garnelen und vielen anderen einheimischen Fischarten. Doch mit dem Ausbruch der globalen Erwärmung verringerten sich in den letzten Jahren die Fangmengen dramatisch, gingen zurück auf etwa 50%. Das bedeutete für viele Familien eine finanzielle Katastrophe. Man wurde gezwungen, sein Einkommen anderweitig aufzubessern.

Man kam folgerichtig auf den Kokos, denn keine andere Pflanze war in Sri Lanka so weit verbreitet, so zahlreich vorhanden und dem Menschen von Nutzen.

Aus Stamm und Blättern der Palme konnte er ein Haus errichten, das Wasser der Nuss war ihm eine bekömmliche Erfrischung und ihre harte Schale war ein gutes Brennmaterial. Aus ihr ließen sich natürlich auch Becher, Löffel und andere Haushaltsgegenstände schnitzen. Auch das anfallende Fruchtfleisch fand in vielfacher Form im Küchenbereich seine Verwendung, ebenso die Kokosmilch.

Auch die getrocknete und zerschnittene Kokosnuss, Kopra genannt, war ein Rohstoff für Öl, Seife, Margarine und vielen anderen Nebenprodukten. Aus der Faser der äußeren Nusshülle ließen sich Stricke, Matten, Bürsten und Kleidungsstücke flechten. Blattstiele waren gut für Zäune, Körbe und Besen. Aus dem Palm Saft wurde Essig, Palmwein und Palmschnaps (Arak) gewonnen.

Rein vom Geschmack her war Arak ein hervorragendes alkoholisches Getränk, das gern bestellt wurde. Ob am Morgen mit oder ohne Kaffee, als Verdauungsschnäpschen nach dem Mittagessen, oder als tiefgekühltes Cola-Arak-Getränk an der abendlichen Strand-Bar geordert, war es immer irgendwie anhänglich und anwesend. Sogar beim Rückflug nach Deutschland gluckerten ein paar gut ab gepolsterte Arak-Flaschen in einem meiner zwei Koffer herum und veranlassten den Berliner Zoll am Airport Ausgang, den Getränkekoffer zu öffnen, um den prozenthaltigen Inhalt zu begutachten. Nach Sichtung und

Mengenüberprüfung durfte ich trotz knapper Vorgabenüberschreitung alles wieder einpacken und weiter ziehen, verbunden mit der Bemerkung:

„Arak soll ja sehr gut schmecken, aber beim nächsten Mal etwas weniger mitbringen. Okay?"

Inzwischen hatten wir zweidrittel der Stadtmitte passiert, eilten zügig dem nächsten Ziel entgegen, dem Fischereihafen. Er war einer der Wichtigsten der Westküste. Mit dem in der Nähe vorhandenen zweitgrößten Fischmarkt des Landes, lag er am nördlichen Ende der Stadt, südlich der Lagune-Einfahrt.

Marco drängte auf Tempo, wollte so schnell wie möglich dorthin gelangen, da die Rückkehr der Oruvas anstand, und die Schließung des Fischmarktes nach 12 Uhr zu erwarten war.

Ohne uns irgendwo aufzuhalten, passierten wir den Stadtkern und ignorierten die hinter uns her hastenden Straßenverkäufer, die alles anboten was man anbieten konnte. Zum Glück agierten diese nervenden Zeitgenossen nur im Kernbereich der Markthalle, und verschwanden von der Bildfläche, je weiter wir uns von dort entfernten.

In einer der verwinkelten, auseinanderstrebenden Seitenstraßen blieb Marco plötzlich stehen und zeigte auf ein knallgelb gestrichenes Gebäude, ein kleines Hotel, mit säulengestützter Eingangsüberdachung. „Schau mal", stieß er lachend hervor.

„Die ersten Gäste warten schon."

Ich folgte seiner Blickrichtung, konnte aber nichts und niemand entdecken.

„Was denn für Gäste?", fragte ich etwas irritiert. Doch dann entdeckte ich die Besucher, zwei unter der Säulenüberdachung lang ausgestreckt liegende Kühe. Den Schatten ausnutzend, hielten sie ein ungestörtes Mittagsschläfchen. Mitten in der Stadt herumstreunende Kühe, gab es also auch in Sri Lanka. So etwas kannte ich nur von Indien, bis jetzt zumindest. Diese Gelegenheit ausnutzend, schoss ich schnell einige Fotos von den herumliegenden Tieren und musste dabei leicht Grinsen. Wenn jetzt Gäste eintreffen sollten, blieb denen nichts weiter übrig als diese Kuhblockade zu überwinden, um Treppe und Eingang zu erreichen.

„Wem gehören denn diese Tiere", wollte ich von Marco wissen.

„Irgend welchen Leuten hier aus Negombo", kam seine Antwort. Er wies dabei auf neuauftauchende Tiere hin, die keine hundert Meter von uns entfernt in aller Ruhe einen Kreuzungsbereich überquerten.

„Früh am Morgen lässt man die Tiere raus. Während diese frei herum laufen, spart der Besitzer die ansonsten anfallenden Fütterungen. Ihr Fressen suchen sich die Kühe in und außerhalb der Stadt, an Weg- und Straßenrändern. Sobald der Tag endet, und die Dämmerung aufzieht, kehren die Tiere freiwillig zum Besitzer zurück. Jeder Autofahrer nimmt Rücksicht auf diese ungewöhnlichen Verkehrsteilnehmer, wartet bis diese die Straße frei geben. Wer dennoch mit einer Kuh kollidiert, dem drohen sofort nach dem Unfall Ärger und Probleme. Er ist dem unkontrollierbaren Zorn aller Anwesenden ausgesetzt und kann nur hoffen, dass ihm niemand an die Wäsche geht."

„Oh je, die armen Autofahrer", kommentierte ich kurz und knapp seine Erklärung und musste dabei an Berlin denken. Kühe dort auf den Straßen? Eine Massenkarambolage wäre die Folge. Zum Glück gab es das nicht, war nur ein Gedankentransfer zur Situation, was man letztendlich so nicht vergleichen konnte. Wie heißt es doch so schön: Andere Länder – andere Sitten. Na ja, solche Sprüche ließen sich immer irgendwie einbauen, konnte man doch damit ganz elegant einen misslungenen Versuch beenden, etwas zu deuten oder zu erklären.

Da wir kräftig ausschreitend vorwärts strebten, lag unser Ziel beim Passieren der dritten Querstraße plötzlich vor uns. Unüberhörbar überlagerte die ewige Stimme des Ozeans alle anderen Geräusche in unmittelbarer Umgebung. Die bislang asphaltierte Straßendecke endete abrupt am Anfang einer schmalen Schotterpiste, der wir folgten. Unser eingeschlagener Weg verlor sich im Sand einer weitausladenden Bucht, mit flach abfallendem Strand, dem vorgelagerten Hafenbecken und einem Fischmarkt mit all den aufgereihten Buden, Tisch- und Verkaufsständen, soweit man schauen konnte. Ein etwa 200 Meter breiter, feiner weißer Sandstreifen, trennte uns vom sanft heranrollenden Wellenspiel des Indischen Ozeans.

„Wir haben es gerade noch so geschafft", murmelte Marco erleichtert vor sich hin.

„Die letzten Boote kommen zurück." Da er mit seinen Sandalen im Sand hin und her rutschte, zog er diese nach wenigen Schritten kurzentschlossen aus und lief barfuß weiter.

Noch war ich beim überlegen, ob ich seinem Beispiel folgen sollte, da wurde ich förmlich vom vor mir liegendem Anblick überrollt, und verzichtete darauf, barfuß weiter zu laufen. Fasziniert blieb ich stehen, völlig überwältigt vom bunten Treiben der Fischer und Händler, dem lauten Geschrei zwischen Fischverkäufern und ihren feilschenden Kunden, eingepackt inmitten einer exotischen Landschaft.

Die letzten herannahenden Oruvas kreuzten noch im Küstenbereich, beladen mit mehr oder weniger guten Fangergebnissen. Ihre an den Auslegerkanus befestigten, aufgeblähten Segel, leuchteten in allen Farben. Ein erstklassiges Fotomotiv, begehrt und vom Feinsten. Mit gerafften Segeln schossen die anlandenden, schmalen Kanus die letzten Meter über knirschenden, kratzenden Sand hinweg. Sie schoben sich, leicht seitwärts neigend zwischen die schon angedockten Boote und kamen zum Stehen.

Augenblicklich wurden die ankommenden Oruvas von Familienangehörigen der Eigentümer umringt, und der gesamte Fang in Körbe, Eimer oder Schubkarren umgeladen. Eilig schaffte man den übernommenen Fisch zum etwa 100 Meter vom Ufer entfernt liegenden Markt und begann sofort mit dem Verkauf. Lautstark die Ware anpreisend, war man immer darauf bedacht, den Nachbarstand zu übertönen.

Langsam lief ich Marco hinterher. Den Uferstreifen entlang bummelnd, verfolgte ich mit Interesse die Arbeit der Fischer. Ab und zu half ich auch mal beim Ausladen oder Festzurren ihrer angelandeten Boote. Überall wurde ich freundlich akzeptiert und belächelt. Wahrscheinlich war ich heute der einzige Tourist der hier auftauchte und fotografierend ihre Arbeit begleitete.

Mal hier und dort ein Foto schießend, stand ich immer im Fokus ihrer Blicke, wahrscheinlich nicht daran gewöhnt, dass ein Tourist sich so für ihre Arbeit interessieren konnte. Was noch ungewöhnlicher erschien, war den Leuten meine Hilfe beim Ausladen und Festzurren.

Auch Marco fand es etwas seltsam, mit Hand anzulegen. Doch plötzlich entdeckte er einen Bekannten beim Stranden seines Ausleger-Bootes. Seine Meinung ändernd blieb er stehen und teilte mir mit:

„Schau dich weiter um. Ich bleibe erst mal hier, helfe einem Freund meiner Familie. Wir treffen uns nachher schon irgendwo am Strand. Verlaufen kann man sich hier garantiert nicht".

Er wandte sich einem gerade angelandeten Oruvas mit gelbgrüner Segelfläche entgegen, und half dem Bekannten beim Ausladen seines Bootes. Einer mit Fischkisten bepackten Schubkarre ausweichend, signalisierte ich Marco mein Einverständnis und erkundete dann neugierig den restlichen Strandabschnitt.

Zwischen all den angelandeten Oruvas, mit ihren am Mast zusammengerafften, bunten Segeln und den anliegenden größeren Katamaran-Booten, herrschten hektische Betriebsamkeit und ein chaotisches Durcheinander, wie auf einem orientalischen Basar. Man schleppte Fische zu den Verkaufsständen, reparierte und reinigte Boote oder hielt nach vollbrachter Arbeit ein wohlverdientes Schläfchen im Schatten aufgestellter Sonnenschirme.

Vom Markt kommend bummelten Ortsansässige am Ufer entlang, immer den Familienclan im Schlepptau. Man unterhielt sich mit ankommenden Fischern, feilschte mit Marktfrauen den Verkaufspreis herunter oder stand den hin und her eilenden Lastträgern einfach nur im Wege. Dies schien hier niemand zu stören.

Irgendwann kam ich am Ende der Bootsanlegestellen an und wechselte hinüber zum Marktareal. Ein dominierender Geruch von Fisch und nichtdeutbaren Gewürzmischungen lag in der Luft, war kaum auseinander zu halten.

Langsam schob ich mich an den unzähligen Verkaufsständen und den vollgepackten Präsentationstischen vorüber, die den Weg von einem bis zum anderen Ende des Areals markierten. Schon nach wenigen Metern überlagerte ein penetranter Fischgeruch mein Nasenbereich, der von Stand zu Stand in unterschiedlicher Intensität über mich hinwegrollte, und alle Geruchsnerven lahm zu legen drohte. Bei Mittagstemperaturen um die 40 Grad - eigentlich kein Wunder. Die Ware lagerte zwar im Schatten von Schirmen, Palmdächern oder Schutzplanen, blieb aber ohne Kühlung, war somit der alles überlagernden Hitze ausgeliefert.

Daher musste der Verkauf sehr schnell abgewickelt werden. Alle umliegenden Hotels, Restaurants und alle fischverarbeitenden Betriebe, erwarben sofort von den am frühen Morgen einfahrenden Booten ihren Tagebedarf an frischem Fang beim Anlanden. Auf und unter zerstampftem Trockeneis gelagert, folgte so schnell wie möglich die Zufuhr zur weiteren Verarbeitung.

Frischer und schneller ging es nun wirklich nicht. Vom Fang direkt auf den Tisch – ein idealer Lebensmittelkreislauf. Hier war der Wunsch nach gutem Appetit keine Floskel, sondern ein servierter Leckerbissen.

An den Marktständen entlangbummelnd, entdeckte ich seltsam aussehende Fische in allen Farben und Größen. Ich bestaunte Exemplare mit exotischem Aussehen, die ich in solcher Vielfalt noch nie zu Gesicht bekommen hatte. Sogar ein zwei Meter langer Hai war darunter, ein Prachtexemplar. Einen Auslagentisch für sich allein beanspruchend, standen dort einige Käufer drum herum, lautstark miteinander diskutierend. Unter- und überbietend wurde versucht, einen guten Verkaufspreis auszuhandeln.

So etwas zog sich naturgemäß in die Länge. Wie erwartet, wurde keine Übereinkunft erzielt. Unter anderen Umständen wäre ich bis zum Verkaufsabschluss dort geblieben, doch der alles überlagernde Geruch beflügelte mein Schritttempo. Das hatte zur Folge, dass der Markt schon nach einer halben Stunde hinter mir lag.

Endlich konnte ich wieder richtig durchatmen. Eine heiße, aber vom Gestank befreite Meeresbrise, war für mich ein willkommenes Erfrischungsgeschenk des Himmels. Mein flatterndes, durchnässtes T-Shirt vom Körper abhaltend, steuerte ich quer durch den aufgeheizten Sand hindurch, zum Ufer runter. Wie abgesprochen wurde ich dort von Marco erwartet. Im

Fischmarkt in Negombo

Zimtkanal

Schatten des entladenen Bootes kam sein Kopf zum Vorschein. Sich langsam erhebend, bemerkte er grinsend:

„Na, du rümpfst ja so deine Nase. War der Fischgeruch zu streng?"

„Sag mal", antwortete ich ihm, ohne auf seine Bemerkung einzugehen.

„Was machen die Händler eigentlich mit dem nichtverkauften Fisch? Der wird doch nicht etwa weggeworfen, oder?"

„Um Gottes Willen nein! Was man bei dieser Wärme nicht binnen einer Stunde verkauft, wird abgeholt und in einem Gebäude am Ende der Marktstraße weiter verarbeitet. Dort wird der Fisch ausgenommen, gesalzen, nach draußen geschafft und auf einer mit Folien ausgelegten Fläche verteilt. Den Rest erledigt die heiße Mittagsonne. Sie entzieht das Wasser und trocknet den Fisch völlig aus. Dadurch wird er haltbar. Komm, wir schauen uns das mal an".

Wir umrundeten das Areal, ohne sich den geruchsintensiven Marktständen allzu sehr zu nähern. Tatsächlich entdeckten wir hinter dem Verarbeitungsgebäude drei große, mit Folien überzogene Flächen, bestückt mit eng aneinander gelegten Fischhälften, die mehr oder weniger in der Sonne dampften. Diese Trockenstation wurde von zwei älteren Damen aufmerksam bewacht. Sie pilgerten zwischen den Flächen hin und her und verscheuchten dort auftauchenden Vögel mit laut klappernden Handrasseln und imitierten Schussgeräuschen, zusammenschlagender Topfdeckel.

Wie ich leicht belustigt feststellen konnte, war es für beide Damen ein aufreibender Vollzeit-Job. Während ich ihre Bemühungen verfolgte, die Tiere fern zu halten, wurde ich erstmals auf die große Vogelansammlung am Strand, im Hafen und im Marktbereich aufmerksam. Dolen, Krähen, schwarze Rabenvögel und andere, mir unbekannte Arten, drehten hoch über uns ihre Runden, oder postierten sich auf Booten, Laufstegen, Strommasten und anderen Beobachtungspunkten, jederzeit bereit zum Zuschlagen. Eigentlich war nichts Besonderes dran an diesem Verhalten, keine Kriegserklärung wie im Film: a la Alfred

Hitchcock, (die Vögel). Wo Fisch gefangen, verkauft oder verarbeitet wurde, war natürlich auch die Vogelwelt anzutreffen.

„Schau mal!" Marco blieb stehen und wies zum Fischmarkt hin. „Jeder Stand dort hat seinen Wächter".

Tatsächlich. Auf dem höchsten Punkt jeder Hütte, auf allen Sonnenschirmspitzen oder schattenspendenden Querwänden, saß einer dieser gefiederten Räuber und hatte den jeweiligen, unter seinen Füßen liegenden Stand voll im Visier. Scheinbar gelangweilt und völlig teilnahmslos saßen die schlauen Vögel bewegungslos dort oben, als könnten sie kein Wässerchen trüben, ohne irgendwie aufzufallen. Sie wurden akzeptiert und gehörten einfach dazu. Ganz schön raffiniert diese einlullende Tour. Doch wehe, sie wurden bedrängt, dann war es mit der Ruhe vorbei.

Jeden dieser Stammplätze verteidigte man mit allen Mitteln, mit List, mit Drohgebärden oder Attacken artigen Angriffsflügen. Neugierig stand ich dort und beobachtete eine Weile diese Überlebenskünstler in Aktion. Ich musste gestehen, so etwas hatte ich bei Vögeln noch nie gesehen. Kam ein anderer Vogel aus Versehen, oder bewusst in die Nähe seiner Marktplatzbude, begann ein Standortkampf über den Köpfen der Fischverkäufer mit aller Härte, dass die Federn nur so stiebten. Der Sieger nahm den alten, oder neueroberten Platz in Besitz und krächzte dem Fliehenden lautstark hinterher.

Diesen Sitzplatz mit allen Mitteln zu verteidigen, konnte man verstehen. Hier bekam der oben Sitzende immer etwas ab, ein Nahrungsüberschuss wie im Märchenland. Verließ ein Verkäufer, aus welchen Gründen auch immer, für kurze Zeit seinen mit Fisch aufgefüllten Tisch, wurde der scheinbar vor sich hindösende Vogel schlagartig putzmunter. Er äugte dem Weggehenden informativ hinterher, als warte er auf den richtigen Augenblick zum Zuschlagen. Kam dann dieser, folgte ein blitzartiger Sturzflug nach unten, mitten rein in den Korb voller Fische, ein Schlaraffenland für hungrige Vögel.

Den ersten besten greifen, und weg? Von wegen! Erst der zweite oder dritte Fisch schien seinem Geschmack zu entsprechen. Die Anderen warf er beiseite und verschwand mit einem auserwählten, etwa 20 cm langen Prachtstück.

„Ganz schön schlau, diese Bande", warf Marco ein.

„Das dürfte für heute reichen", erwiderte ich, und registrierte dabei ein Rumpeln und Knurren in meiner Magengegend. Ein Blick zur Uhr brachte Aufklärung, denn die Mittagszeit war schon um etliches überschritten, und mein leerer Magen begann zu rebellieren.

„Marco", fuhr ich fort. „Der Vogel hat zu fressen, auch wir gehen jetzt was essen! Wie denkst du darüber?" Ich musste lachen, da mir der Reim so rausrutschte, passend zur Situation.

Marco, der das gar nicht mitbekam, sah ebenfalls zur Uhr und nickte. „In Ordnung. Komm, ich zeige dir ein Strandlokal. Dort kann man hervorragend essen."

Zwei Stunden später endete unser Negombo-Ausflug. Marcos Restauranttipp war ein Volltreffer. Natürlich bestellten wir Fisch. Was sollte man sonst auch essen, an solch einem Ort. Mit einem Kescher bewaffnet, durfte ich unser, zurzeit noch in einem Wasserbecken herum schwimmendes Mittagessen, selbst aussuchen und einfangen. Bei über 20 dort zwischengeparkten Mahlzeiten, wurde die Wahl zur Qual. Doch irgendwann hatte ich es geschafft, und mein Spitzenkandidat zappelte im Netz. Stolz überreichte ich dem Koch mein Prachtexemplar, der damit sofort im Küchenbereich verschwand.

Nun mussten wir warten. Uns blieb nichts weiter übrig. Lange Weile kam nicht auf, da wir im Schattenbereich einer ums Restaurant herumführenden Terrasse Platz fanden, gleich neben der belebten Strandpromenade. Da gab es immer etwas zu sehen, war immer was los. Endlich hatte die fast einstündige Wartezeit ein Ende.

Als der Fang uns serviert wurde, riss ich beide Augen auf beim Anblick der Mahlzeit. Sollte das alles für uns sein? Der Fisch lagerte gebraten und unzerteilt als Ganzes in einer etwa 70 cm langen Gondel aus Edelstahl. Auf Natur- und Gemüsereis gebettet, wurde er mit verschiedenen Salatbeilagen serviert. Damit nicht genug. Als zusätzliche Sättigungsbeilage wurde noch eine Schüssel mit Bratkartoffeln und ein Korb mit mehreren Brotsorten gereicht. Auf dem zur Ablage dienenden Beistelltisch standen zu allem Überfluss ein überquellender Obstteller und eine Schokopudding-Nachspeise.

Dieses Essen werde ich so schnell nicht vergessen. Es war einfach köstlich und viel zu viel für zwei Personen. Bei aller Liebe, wir schafften nur mit Mühe und Not gerade mal die Hälfte von allem. Mir lief heute noch das Wasser im Mund zusammen, wenn ich nur daran dachte.

Unser Heimweg führte uns diesmal nicht durchs Stadtzentrum, sondern durch die vorgelagerten Villenviertel, die sich weit auseinander zogen. Hier standen schneeweiße Steingebäude inmitten großer, mit Mauern umgebener Vorgärten, zwischen weitläufigen Parkanlagen und den sich endlos ausdehnenden Palmenhainen. Säulenbestückte Kolonialbauten lagen neben neu errichteten Bungalow-Siedlungen, und den im Sonnenlicht glänzenden Marmorpalästen zwischen landestypischen Holzhäusern. Hier war die Heimat der Reichen und Schönen, ein Paradies für wenige. Der Kontrast zur Altstadt hätte größer nicht sein können.

Nach dieser ausgezeichneten Mahlzeit im Hafen, beschlossen wir auf Schusters Rappen den Heimweg auf verschlungenen Parallelwegen zur Küstenstraße anzutreten. Wir verzichteten diesmal auf eine Tuk-Tuk-Fahrt zum Hotel. Außerdem hatte Marco sich darauf versteift, mir sein zu Hause zu zeigen und bei dieser Gelegenheit seiner Familie vorzustellen. Meine Versuche, ihm dies auszureden liefen ins Leere.

„Das ist doch für dich nur ein kurzer Umweg. Wir wohnen gerade mal 10 Minuten vom Hotel entfernt. Außerdem habe ich deinen Besuch für heute angekündigt. Okay", wiederholte er mehrmals, meine Zustimmung erwartend.

Mich auf irgendeiner Art und Weise herumzuzeigen, war eigentlich nicht mein Ding. In einer anders gelagerten Situation würde ich dies ablehnen. Doch hier? Auch er hatte einen freien Tag geopfert, um mir sein Negombo zu zeigen. Da konnte ich nun wirklich nicht ablehnen, zumal ich auf sein zu Hause neugierig wurde.

„Na ja", willigte ich schließlich ein. „Du hast mich überzeugt. Ich komme mit."

Damit war das Thema vom Tisch. Marco hatte sein Ziel durchgesetzt, und ich meine Ruhe.

Zum Glück schlängelte sich der Weg zwischen Schatten spendenden Kokosnuss-Plantagen hindurch, immer der parallellaufenden Küstenstraße folgend. Hier empfand ich die Nachmittagshitze noch drückender als im Stadtzentrum, da die kühlende Meeresbrise fehlte und die hohe Luftfeuchtigkeit mein Schweißausstoß beträchtlich erhöhte. Nun gut, daran konnte ich nichts ändern.

Nur die unterschiedlichen Körperreaktionen, bei Marco und mir, fand ich ungerecht. Er blieb trocken. Kein einziger Schweiß-Tropfen war ihm entwichen, während mein Flüssigkeitsverlust die 2-Liter Grenze längst überschritten hatte. Einfach weiter laufen, nicht daran denken. Das war das Einzige, was man machen konnte.

So zielstrebig, wie wir vorwärts eilten, war der Stadtrand bald erreicht. Immer öfter passierten wir kleine Häuschen am Straßenrand, deren Bewohner uns verwundert hinterher starrten, als wären wir zwei versprengte Landstreicher, die man beobachten müsste. Wahrscheinlich war für sie ein eingeweichter Ausländer, der im Hinterland zwischen ihren Häusern herumspazierte, ein doch recht seltsamer Anblick.

Ab und zu kannte man Marco und suchte das Gespräch. Nach einer ausgiebigen Begrüßung der anwesenden Familie, folgte stets eine Einladung zum Tee. Wahrscheinlich ein alter Brauch, ein Ritual der Gastfreundschaft, dem man sich nicht entziehen sollte. Doch heute fehlte uns dazu die nötige Zeit. Marco blieb nichts weiter übrig, als ihre Einladung wortreich abzulehnen, was ihm gar nicht so recht behagte, da Gastfreundschaft hier einen hohen Stellenwert besaß.

Von nun an vermied er alle Gespräche mit Bekannten. Nur ein kurzes „Hallo" ausstoßend, entkam er mit erhöhter Schrittgeschwindigkeit, allen weiteren Einladungen.

„Noch 10 Minuten, dann sind wir zu Hause." Marco deutete nach vorn und fuhr fort:

„Am Hotel sind wir schon vorüber. Das ging schneller als ich dachte."

So kam es dann auch. Schon kurz darauf überquerten wir die vor uns aufkreuzende Küstenstraße und folgten den dahinter weiterführenden Weg. Um uns herum tauchten immer mehr Gehöfte auf mit mehr oder weniger großen, eingezäunten Gartenanlagen.

Es war kein Dorf, wie ich es mir vorstellte, mit zentralem Ortskern und drum herum postierten Gebäuden. Die Gehöfte lagen weit verstreut auseinander, irgendwie planlos in die Gegend gepflanzt, ohne System und Straßenanbindung.

Ab und zu trafen wir freundlich grüßende Einwohner, die uns neugierig beobachteten. Hier kannte jeder jeden, darin war ich mir sicher. Ein Tourist, der in dieser abgelegenen Siedlung auftauchte, war ein bestimmt ungewöhnlicher und nicht alltäglicher Anblick. Es dauerte einige Zeit, diese uns begleitenden Blicke einfach zu ignorieren, und höflich grüßend weiter zu laufen.

Dann war es so weit. Marco verließ den schmalen Trampelpfad und wies auf ein vor ihm liegendes Grundstück hin.

„Mein zu Hause", verkündete er stolz und betrat einen schmalen Kiesweg, der einem Bach folgend am Garteneingang endete. Wir standen vor einer schmiedeeisernen Tür, reichlich verziert mit eingearbeiteten Schlangenmotiven und einer aufgehenden Sonne im Mittelpunkt. Das dahinter liegende Grundstück mit Häuschen war nur teilweise einsehbar, da es sich weit nach allen Seiten ausdehnte.

In Deutschland würde man es Datsche nennen, ein mit mehreren Zimmern ausgestatteter und seitwärts erweiterter Flachbau aus Holz und Stein. Die quietschende Eingangstür aufstoßend, war Marco nicht mehr zu bremsen. Laut nach Vater und Mutter rufend, eilte er in langen Sprüngen dem Häuschen entgegen.

Während er nach drinnen verschwand, staunte ich nicht schlecht über das eingezäunte Grundstück, dessen Größe mich überraschte, bestückt mit Kokos- und Zierpalmen und dem hindurchfließenden Bach, mit einer darüber hinweg führenden Brücke.

Dank reichlicher Wasserzuführung war hier eine blühende Tropenlandschaft entstanden, ein Garten Eden, im wahrsten Sinne des Wortes. Die Natur schien zu explodieren, war unerschöpflich in ihrer Vielfalt. Ein Meer von Farben und Gerüchen überlagerten alle anderen Wahrnehmungen und Empfindungen, reizten die Sinne und fesselten regelrecht jeden Betrachter. Wohin man auch blickte, man entdeckte blühende Hecken und Sträucher, und die wunderschönsten Blumen und Blüten in allen Größen und Varianten.

Von dieser Schönheit förmlich überrumpelt, stand ich immer noch unentschlossen am Garteneingang, als Marco, mit seiner Familie im Schlepptau, außerhalb des Bungalows auftauchte und mir zurief: „Komm doch rein! Auf was wartest du? Ich möchte dir meine Familie vorstellen."

Von allen herzlich begrüßt, musste ich viele Hände schütteln. Vater und Mutter, ältere und jüngere Geschwister standen Spalier, während Marco mit der englischen Übersetzung, der mitteilsamen Gesellschaft, kaum hinterherkam. Seit Mitte der fünfziger Jahre war Singhalesisch die akzeptierte Staatssprache, die ich natürlich nicht verstand.

„Das sind noch nicht alle", kommentierte Marco beim Hineingehen, meinen erstaunt wirkenden Blick, Richtung Großfamilie.

„Drinnen wartet Opa im Wohnzimmer. Ihm fällt das Laufen schwer."

Ich begann nachzuzählen. Das waren ja acht Personen, die sich den Bungalow teilen mussten. Mein Gott, was für ein Gedränge. Ich war immer noch beim überlegen, wie so etwas funktionieren könnte, da erreichten wir das Wohnzimmer, mit dem im Schaukelstuhl sitzenden Opa.

Er wäre 90 Jahre alt, erwähnte Marco so nebenbei. Eigentlich sei er noch ganz gut beisammen, nur das Gedächtnis ließe so langsam nach, was für dieses hohe Alter aber ganz normal sei. Das fand ich auch, zumal er wesentlich jünger aussah als 90.

Mir wurde ein Platz angeboten, Opa genau gegenüber. Bevor ich im breiten, mit Folie überzogenen Ledersessel abtauchen konnte, wurde die Schutzhülle entfernt und der Sessel zur Benutzung frei gegeben. Das passierte mit großer Wahrscheinlichkeit nur an Feiertagen oder zu besonderen Anlässen.

Solch ähnliches Verhaltensmuster war bis in die 60 er Jahre hinein auch in Deutschland üblich. Auch dort wurde die sogenannte gute Stube nur an Feiertagen entstaubt und zur Benutzung frei gegeben. In der übrigen Zeit blieb der Raum verschlossen, um Möbel, Teppich und Sessel zu schonen.

Während Marco mir eine eiskalte Cola servierte, verteilten sich die anderen Familienmitglieder irgendwo im Zimmer, um nichts zu verpassen. Die Temperatur hier drinnen war gleich hoch und schweißtreibend wie außerhalb. Da kam die Cola gerade recht, eine willkommene Abkühlung. Alle sahen zu und schienen sich zu freuen, dass es mir mundete.

Marcos großer Bruder verschwand im Nebenzimmer und brachte kurz darauf einen großen, noch eingewickelten Standfußventilator herein geschleppt. Diesen postierte er kurz entschlossen, mitten im Zimmer neben Opas Schaukelstuhl, mir direkt gegenüber. Die Folie wurde entfernt und der Ventilator sicherlich zum ersten Mal in Betrieb genommen. Auf höchster Leistungsstufe eingestellt, wurde ich vom starken Luftstrom fast weggeblasen, der zwar mein feuchtes T-Shirt entwässerte, mir aber auch ein steifes Genick bescheren konnte. Als hätte er meine Gedanken erraten, drosselte Marco den Ventilator auf eine erträgliche Stufe.

Völlig überraschend begann Opa, der mich bislang unablässig lächelnd anstarrte, auf mich einzureden. Ich verstand natürlich kein Wort, und Marco musste alles übersetzen. Einmal die Verbindung hergestellt, wollte er sehr viel wissen.

Den ersten und zweiten Weltkrieg hatte er erlebt, konnte sich daran gut erinnern. Auch der „Kalte Krieg" nach 45 war ihm ein Begriff, aber dort schwammen schon viele Zeitabläufe und Zusammenhänge durcheinander. Deutschland war für ihn ein unbekanntes Land, lag irgendwo in Europa und war außerdem im zweiten Weltkrieg ein Feind Englands. Ja, daran konnte er sich noch genau erinnern. Er selbst diente der englischen Kolonialmacht bis zur Unabhängigkeit im Jahre 48. Er war einer von vier angestellten Gärtnern beim britischen Gouverneur, im Fort-Viertel Colombos.

Jetzt im Nachhinein konnte ich sein gärtnerisches Talent zuordnen, dass jeder beim Betreten seines Grundstücks betrachten konnte.

Berlin, der Hauptstadtname Deutschlands war ihm bekannt. Doch wo lag Deutschland, zwischen welchen Ländern? Hier blieb seine Orientierung auf der Strecke. Doch bevor er die Lage der europäischen Staaten völlig durcheinander wirbeln konnte, erhielt er die nötige Unterstützung. Marcos kleiner Bruder erschien mit einem Schulatlas, und zeigte Opa auf einer Europakarte Berlin und Deutschland.

Mit einem „Aha" kommentierte er den geographischen Hinweis und betrachtete grübelnd die daneben abgebildete Weltkarte.

„So weit weg", brabbelte er kopfschüttelnd vor sich hin. „Und trotzdem kommst du uns hier besuchen?"

Sicherlich für ihn nur schwer nachvollziehbar, schloss er den Schulatlas, sah mich wieder lächelnd an und beendete das Gespräch.

Mir war es irgendwie Recht, denn ich wollte den Besuch nicht unnötig ausdehnen. Eine zweite Cola hatte ich schon abgelehnt, denn solch ein Getränk war für diese Familie ein Luxusartikel, den man als Durstlöscher oder nur mal so zum Austrinken gedacht, sich eigentlich nicht leisten konnte.

Hier war das Geld sowieso knapp bemessen. Nur Marco und seine große Schwester hatten Arbeit. Alle acht Personen lebten vom Geld der Beiden. Da wurde jede Rupie dreimal herum gedreht, bevor man sie ausgab. Trotz aller Armut war die Gastfreundschaft ein Bedürfnis, das hoch im Kurs stand, auch wenn man es sich nicht leisten konnte.

Mein Entschluss zu gehen stand endgültig fest, als Marco mir anbot zum Abendessen zu bleiben. Ich schüttelte energisch den Kopf, stand langsam auf und stellte die immer noch in den Händen haltende Cola-Flasche zurück auf die Ablage.

„Um Gottes Willen Marco, nein! Ich muss los. Es wird schon dunkel. Und nochmals vielen Dank für deine Einladung. Sag das bitte deinen Eltern."

Marco postierte nach meiner Verabschiedung nochmals alle Familienmitglieder, draußen auf der Terrasse, zum

Erinnerungsfoto. Davon ließ er sich nicht abbringen. Nur Opa blieb im Schaukelstuhl sitzen. Lächelnd verfolgte er unseren Abgang und Marcos Aktivitäten auf der Terrasse, den Schulatlas dabei immer noch im Arm haltend. Garantiert war er noch etwas durcheinander. Man bekam ja nun auch nicht jeden Tag Besuch vom anderen Ende der Welt.

Nach mehreren Fotoaufnahmen war es dann so weit. Marco brachte mich zurück auf die am Ort vorüberführende Küstenstraße, um sich dort zu verabschieden.

„Hat es dir denn gefallen?" Wollte er wissen.

„Aber natürlich, Marco. Hab Dank für deine Mühe. Es war für mich sehr interessant."

Der Abend war schon weit fortgeschritten, die Sonne verschwunden und eine schnell heraufziehende Dämmerung kroch über alles hinweg. Auch das Wetter hatte sich verändert. Dunkle Wolkenbänke schoben sich am Horizont übereinander, begleitet vom heftigen Wetterleuchten, den ersten Anzeichen eines herannahenden Gewitters.

„Jetzt muss ich mich aber beeilen, Marco. Es wird ungemütlich."

Ein erstes über uns hinwegziehendes Donnergrummeln beschleunigte den Aufbruch. Marco hatte die Länge meines Rückweges richtig eingeschätzt. Kräftig ausschreitend, immer der Küstenstraße folgend, erreichte ich mein Hotel nach zehn Minuten.

Genau zur rechten Zeit, denn jetzt öffnete der Himmel all seine Schleusen gleichzeitig. Wie ein herabstürzender Wasserfall pladderte der Regen über alles hinweg. Die Sichtweite betrug höchstens zwei Meter. Aufflammende Blitze schossen wild flackernd durcheinander und krachende Donnerschläge übertönten alle anderen Geräusche. Die Dame vom Rezeptionstresen sah ängstlich nach draußen, war garantiert kein Freund von Blitz und Donner.

Irgendwie war ich heute geschafft vom ganztägigen Ausflug, wollte eigentlich jetzt nur meine Ruhe haben. Doch um Schlafen zu gehen, war ich noch viel zu aufgekratzt. Das klappte bei mir nicht auf Bestellung. Da das Gewitter genauso schnell verschwand, wie es auftauchte, beschloss ich am späten Abend den Strand aufzusuchen und ein wenig zu Schwimmen.

Und dann forderte mein vollgepackter Tagesablauf doch noch seinen Tribut, denn beim anschließenden Dösen im Strandkorb schlief ich doch tatsächlich ein. Erst gegen Mitternacht wurde ich munter, als ein Hotelangestellter laut pfeifend vorüber zog, beim Einsammeln der verstreut herum stehenden Liegestühle. Gähnend rappelte ich mich aus meiner Liegeposition nach oben, grüßte den verdutzt dreinblickenden Angestellten mit „Hallo", und marschierte zurück aufs Zimmer, den unterbrochenen Schlaf fortzusetzen.

Die nächsten Tage vergingen wie im Fluge. Leider waren sie die Letzten hier in Sri Lanka. Da gab es nichts dran zu drehen, denn jeder Urlaub endete irgendwann, leider immer viel zu schnell. Doch da war auch die andere Seite. Viel durfte ich sehen und erleben in den letzten drei Wochen. Für mich blieb dieser, mitten im Tropenparadies stattfindende Urlaub etwas Besonderes, ein einmaliges und immer im Gedächtnis haften bleibendes Erlebnis.

Auch die gastfreundlichen Menschen gehörten dazu, immer höflich, hilfsbereit und nett. Dank Marco bekam ich so etwas wie Familienanschluss, für mich eine ganz besondere Ehre. Natürlich ließ ich es mir nicht nehmen, an einem Abend nochmals bei der Familie aufzukreuzen, bewaffnet mit Gebäck, einer Coca-Cola-Kiste und zehn Flaschen Bier. Mir verschlug es die Sprache, wie sehr man sich über solche Kleinigkeiten freuen konnte. Opa geriet ganz aus dem Häuschen, verließ sogar seinen geliebten Schaukelstuhl, um mir seinen Garten zu zeigen. Unglaublich, das werde ich nie vergessen.

Auch Knolle, unseren Reiseleiter traf ich am Vorabend meines Rückflugs noch einmal im Hotel, in Begleitung einer neu angekommenen Familie, wahrscheinliche Teilnehmer seiner demnächst anstehenden Rundreise. Damals stand für mich fest, dieser Sri Lanka-Besuch war nicht der Letzte. Irgendwann wollte ich wieder kommen. So war es zumindest geplant.

Doch dann kam der 20. Dezember 2004, beendete schlagartig alle Träume und Vorhaben. Ein gewaltiges Seebeben vor Sumatra löste einen Tot bringenden Tsunami aus, der auch an Sri Lankas Küsten alles zertrümmerte und mehreren Zehntausend Einwohnern das Leben kostete. Im Nachhinein kann ich es immer noch nicht so richtig fassen, was dort wahrscheinlich ablief.

Was wurde verschont am Küstenstreifen? Gab es das Fischerdorf noch? Lebte Marco und seine Familie noch, oder waren sie alle umgekommen?

Ich kann es nicht beantworten. Ganze Dörfer waren verschwunden, wurden einfach weggeschwemmt. Sogar der alte Kolonialzug, den ich bei einer Fahrt von Colombo nach Galle lieben lernte, wurde vom Tsunami einfach von den Gleisen gerissen und weggespült. Einfach grauenhaft.

Ganz bewusst war ich dort nie wieder hingeflogen. Die schönen Erinnerungen an den damaligen Aufenthalt wollte ich dadurch bewahren und erhalten. Sie lebten in mir weiter. Dies konnte mir auch kein Tsunami nehmen.

Irgendwann wird die Insel mit ihren leidgeprüften, freundlichen Menschen darüber hinweg kommen, denn Sri Lanka war und bleibt ein Paradies, mitten im Indischen Ozean.

Wächter der Schuhe / Der Zahntempel in Kandy

Im Land der Götter und Rubine
(1998)

Entführt auf Buddhas Insel
der Götter und Rubine,
öffne ich die Tür in Colombo
und lande im Gewimmel der Lastenträger,
Händler und Käufer.
Eingepackt im chaotischen Verkehr,
entwirren sich Autos,
Radfahrer und Ochsenkarren,
fließen ab im Strom der Bewegung.

Einem Silberband ähnelnd,
teilt ein Zimtkanal den Dschungel,
und in Negombos Lagunen
zappeln die Fische in den Netzen.
In den Biergärten kreisen die Arak-Flaschen,
und die abgefüllten Touristen
schwanken wie die Stelzenfischer im Wind,
und ihre Gesänge
zerreißen den Schleier der Nacht.

Mit ihren aufgeblähten bunten Segeln
fliegen alle Oruwas dem Hafen entgegen.
Markt und Menschen kommen in Bewegung,
und die Käufer der Ware
feilschen lautstark mit den Händlern,
deren Auslagen in der Sonne verdampfen.
Fischgeruch verstopft die Nasen,
während Dolen und Krähen
in aller Ruhe auf Beute lauern.

Dem Küstenstreifen folgend,
schnauft eine alte Lok aus vergangenen Zeiten,
verbindet Colombo mit Galle.
Durch fensterlose Sitzabteile
ziehen alle Gerüche der Welt nach draußen,
und die Verkäufer von Nüssen und Suppen
schwanken im Takt der gewellten Schienen,
und ein Lächeln eilt ihnen voran,
von Waggon zu Waggon.

An den Hängen des Paradieses
schmiegt sich Nuwara-Eliya,
die Stadt über den Wolken.
„Sadhu, sadhu – heilig, heilig“, rufen die Pilger,
verneigen sich beim Glockenklang
und umrunden Buddhas Fußabdruck.
Adam's- Peak erstrahlt im Sonnenlicht,
und die Gebete der Pilger
versickern im Morgennebel.

Von den Wänden herab,
schauen die Wolkenmädchen von Sigiriya
auf durchschwitzte Besucher,
und ein kühler Wind erfrischt die erhitzten Gemüter
auf dem Plateau in der Höhe.
Die Blicke aller Anwesenden
saugen sich fest an den endlosen Weiten
des Dschungels,
und trinken die Ruhe des Augenblicks.

Horten Plains - am Ende der Welt,
stürzen die Wände Tausend Meter in die Tiefe.
Täler und Schluchten, Ströme und Wasserfälle
verschwimmen ineinander,
und eine Vielfalt von Farben und Gerüchen
umnebeln und betören die Sinne.
Man wünscht sich hier die Zeit festzubinden,
und wenn es denn ginge,
den Augenblick für die Ewigkeit einzufrieren.

Durch Reisterrassen und Teeplantagen
führt der Weg nach Ratnapura.
Hoch oben im Berg
steht Buddha auf breitem Sockel,
und beobachtet das Treiben zu seinen Füßen.
Man durchwühlt die Berge
auf der Suche nach den Tränen der Götter.
Saphire und Smaragde verschwinden
in den Taschen der Händler und Touristen.

Geschmückt ziehen heilige Elefanten
vom Zahntempel kommend,
zehn Tage und Nächte durch Kandys Straßen,
und die Gesänge der Pilger
schallen endlos durch den Ort.
Nördlich von Hambantota
kasteien sich strenggläubige Hindus,
hängen sich auf an Haken,
und laufen im Trance über glühende Kohlen.

An zahlreichen Straßensperren
werden Tamilen auf den Kopf gestellt,
und die Verbindungsbusse zuckeln weiter
Richtung Safari.
Dort klauen die Affen mit Vorliebe
die Mützen der Touristen.
Alle werden im Jeep in- und auseinandergeschüttelt,
währenddessen verschwinden in allen Kameras
jede Menge Büffel, Elefanten und ganze Landschaften.

Überall erwacht das Leben.
Es leuchten die bunten Segel der Katamarane,
und die Boote verschwinden
hinter dem Rand des Ozeans.
Kokos-Palmen fangen den Wind ein,
und feinkörniger Sand zerfließt unter den Füßen
sonnenhungriger Touristen.
Mit weitem Sprung tauche ich ein hinter den Wellen,
und angenehme 28 Grad tragen mich davon.

Alle Zeit hat mal ein Ende,
und die Urlaubsuhr läuft ab.
Ein letzter Blick von oben
auf ein immer kleiner werdendes Paradies,
bis es im Nichts verschwindet.
Am Ende bleibt nur die Erinnerung
fest in mir verankert.
Eine Dämonenmaske fliegt mit mir heim,
und im Koffer klappern drei Arak-Flaschen.

Venezuela
(1999)

Venezuela war das erste Land Südamerikas, das ich 1999 bei einer Rundreise kennen lernen durfte. Dieses Land, das sich zwischen Kolumbien, Brasilien, Guyana und dem Meer ausdehnte, war viermal so groß wie Deutschland, und wurde 1498 von Christoph Kolumbus auf seiner dritten Fahrt entdeckt. Alonso de Ojeda und Amerigo Vespuca tauften das Land Veneciola, Klein-Venedig, als sie die verzweigte Flusslandschaft am Maracaibo-See sahen.

Christoph Kolumbus, der sich spanisch Cristobal Colan nannte, schrieb damals über Venezuela:

„Ich stelle fest, dass die Welt nicht so rund ist, wie sie beschrieben wird, sondern die Form einer Birne hat, oder wie ein runder Ball, an dem eine Frauenbrust aufgesetzt wurde, und die Brustwarze wäre dann das höchste und dem Himmel am nächstliegende Teil."

Dies notierte er in seiner „Carta a los Reyes" am 31. August 1499 an die Katholischen Könige Isabelle von Kastilien und Ferdinand von Aragon, und fuhr voller Überzeugung fort:

„Ich glaube, dass sich dort das Paradies befindet."

Das war natürlich von ihm eine sehr eigenwillige Auslegung, da er für diese Behauptung, die Erde sei rund, keinen Scheiterhaufen mehr befürchten brauchte. Allerdings kam seine zweite Feststellung, er sei im Paradies gelandet, den Tatsachen sehr nahe.

Bis heute profitiert Venezuela vom Charme des Unbekannten, alles eingebettet in einer grandiosen Naturkulisse. Beim Besucher fest im Kopf verankert, dominiert das Bild vom Traumland in der Karibik, mit all den luxuriösen Sandstränden, den wiegenden Palmenhainen, dem warmen Wasser in schillerndem Türkis und Smaragd und einem immerwährenden Sonnenschein. Ein ständig verfügbarer Cocktail aus exotischen Menschen, ihrer Musik, endlose Korallenriffe, Blumenpracht, bunte Fische und Vögel, und ein exquisiter Rum wird vom angereisten Besucher erwartet, und zum größten Teil auch so bedient.

143

Kilometerlange weiße Sandstrände auf der Insel Margarita

Kakteenfelder bis zum Strand

Deutsches Restaurant auf der Insel Margarita

Die besten Voraussetzungen für diese Vorgaben findet man hauptsächlich an der fast 3 000 Kilometer langen Karibikküste und auf den dort vorgelagerten Inseln. Das alles macht Venezuela zum Strandparadies mit ausgezeichneten Segelrevieren und Tauchgründen, sowie besten Möglichkeiten zum Hochsee-Angeln.

Allerdings hat Venezuela noch viel mehr im Repertoire als diese exotischen Küstenlandschaften. Hier versammeln sich die gegensätzlichsten Bilder und Zeiten, die sich zu einem spannungsreichen Urlaub zusammenfügen lassen. Haben Küstenorte wie Coro, Maracaibo und Cumana eine fast 500-jährige Karriere an Entdeckungsgeschichte und Geschichten hinter sich, gibt es Gebiete, die noch gänzlich unbesiedelt, und andere die erst seit 50 Jahren missioniert sind.

In einem facettenreichen Prisma fügen sich die heißen Stürme Coros, die bleierne Schwüle Maracaibos, die eisigen Gipfelwinde der Anden auf dem 5 007 Meter hohen Pico Bolivar, die taufeuchten Regenwälder und die frischen Savannen zusammen. Hier findet jeder sein persönliches Abenteuer, ohne auf einen gewissen Komfort verzichten zu müssen.

Meine Rundreise ins Landesinnere begann auf der wunderschönen Karibikinsel Margarita, eingebettet im 3-wöchigen Aufenthalt. Nach einer Eingewöhnungswoche wurde ich dort abgeholt und in einer riesigen Stretch-Limousine zu unserem Treffpunkthotel der Inselhauptstadt Porlamar gefahren.

Zum Rundreisebeginn traf sich unsere kleine Gruppe am nächsten Morgen beim Frühstück mit dem Tour Begleiter. Ich konnte es kaum glauben, die gesamte Gruppe bestand aus drei Personen plus Reiseleiter. Einfach fantastisch! Mit so wenigen Leuten war dies eine ideale Voraussetzung für eine erlebnisreiche Rundreise.

Nach dem Airport-Transfer und dem 2-stündigen Flug zum Festland nach Carupano, folgte die Anschlussfahrt nach Hato Rio de Agua. Dort besuchten wir eine Büffelfarm, mitten in der zurzeit überschwemmten Savanne. Nach dem Mittagessen stand der Besuch einer Kakao Plantage auf der Hazienda Agua Santa auf dem Programm. Hier erhielten wir einen Einblick in die alten

Büffelfarm mit Rundhüttenunterstände

Vorsicht – zwei Meter langer Waran im Gebüsch

Verarbeitungstechniken der Kakaoproduktion. Zum Tagesabschluss erwartete uns Playa Pui-Pui, eine Traumlandschaft an der Karibik-Küste. Nach ausgiebigem Baden übernachteten wir in geräumigen Bungalows, direkt am Strand liegend, sehr einsam und weit weg vom Massentourismus.

Am nächsten Tag stand die Besichtigung der einzigartigen Guacharo- Höhle in Caripe auf dem Programm. Dort angekommen staunten wir nicht schlecht über das freundliche Klima mit den immerwährenden etwa 20 Grad warmen Temperaturen im immergrünen Talkessel dieses Ortes. Ein Paradies für Europäische Auswanderer und Zufluchtsort für dort überwinternde Rentner.

Die Guacharos waren Fettvögel, die diese Höhle bewohnten, genau wie ihre Mitbewohner die Fledermäuse, die am späten Abend ausschwärmten um Nahrung zu besorgen.

Als dann abends Tausende dieser Tiere über uns hinwegsegelten, wurde uns schlagartig klar, warum unser Reiseleiter den Regenschirm mitgenommen hatte. Für uns blieb nur die Hoffnung, sowenig wie möglich vom herabregnenden Kotabwurf getroffen zu werden. Ein wahrhaft teuflisches Spiel, ohne die Trefferquote vorhersagen zu können. Wir nahmen es mit Humor, da wir am Ergebnis ja sowieso nichts ändern konnten. Bei mir landeten fünf oder sechs Treffer, so genau konnte ich mich nicht mehr daran erinnern. Ein Gaudi für alle, war es aber auf jeden Fall.

Richtig interessant wurde es aber erst im Innern der Höhle. Die dort vorhandenen wunderschönen Tropfsteinformationen wurden erstmals von Alexander von Humboldt wissenschaftlich erforscht. Da die Höhle sich aus zwei getrennten Bereichen zusammenfügte, mussten wir einen sehr engen natürlichen Durchgang passieren, um vom ersten in den zweiten Teil zu gelangen.

Alle beleibteren Damen und Herren einer uns folgenden Reisegruppe wurden aussortiert, um nicht Gefahr zu laufen, dort stecken zu bleiben. Ein amüsanter Vorgang für alle, die weiter gehen konnten. Doch für alle Aussortierten war es ein äußerst peinlicher Augenblick, zumal einige diesen sichtbaren Zustand nicht wahrhaben wollten, und den Durchgang mit vergeblichen

Versuchen blockierten. Das darauf einsetzende Gelächter fanden diese Damen und Herren gar nicht lustig.

Abendessen und Übernachtung fanden wir im Hotel Berlin Caripe, als Gäste einer Deutschen Auswanderer-Familie. Am darauf folgenden Morgen ging es weiter, per Van über Maturen, in die Orinoco Delta Region. Im kleinen Hafen von Boca de Uracoa erwarteten uns zwei Motorboote. Nach einer dreistündigen Fahrt erreichten wir unser Dschungelcamp, mitten im Delta-Gebiet, weit entfernt von jeglicher Zivilisation.

Als Gäste der Warao-Indianer blieben wir dort drei Tage, unternahmen Kanuausflüge auf den Seitenarmen des Orinoco, gingen mit den Indianern auf Fischfang und Pirsch und staunten über die Vielfältigkeit von Flora und Fauna in unmittelbarer Umgebung des Camps.

Nach diesen unvergesslichen drei Tagen und anschließender Rückfahrt nach Boca de Uracoa, erfolgte ein weiterer Transfer zum naheliegenden Dschungel-Airport und dem Weiterflug nach Canaima. Der sich dort ausdehnende gleichnamige Nationalpark strotzte nur so mit seiner Pracht an Wasserfällen, Flüssen und den schroff empor schießenden Tafelbergen, inmitten unberührter Natur.

Ein Rundflug mit einer alten, sehr kleinen Propellermaschine, hin zum höchsten Wasserfall der Welt, dem 1 000 Meter in die Tiefe stürzenden Angelfall, war angemeldet und inklusive. Wem bei diesem Flug nicht übel wurde, erhielt die Möglichkeit, dem Piloten in seiner Kabine über die Schulter zu zuschauen, um dessen Flugkünste zwischen den Schluchten der hochaufschießenden Tafelberge, unter und über den Wolken, und beim Rundflug am Angelfall zu bewundern.

Zwischen vielen einmalig schönen Fotos, die ich dort vorn bekommen konnte, beäugte ich immer wieder misstrauisch ein vor meinen Augen vibrierendes Armaturenbrett und die von altersschwachen Rahmen eingefassten Sichtscheiben, die notdürftig mit Klebeband verbunden, am Herausfallen gehindert wurden. Das alles war nichts für schwache Nerven. Blieb aber ein einmaliges Erlebnis für alle, die daran teilnahmen.

Flug zum Angelfall vorn im Cockpit

Geisterflug zwischen den Tafelbergen

Nach dem Angel-Flug, einer Wasserfallhintergehung und einem ausgedehnten Dschungelspaziergang endete am nächsten Tag diese unvergessliche Rundreise mit dem Rückflug nach Porlamar und einer noch ausstehenden weiteren Badeurlaubswoche auf der Trauminsel Margarita.

Diese kurze Zusammenfassung der abgelaufenen Rundreise stelle ich nur mit dem Ziel vorweg, dort einen Platz für die beiden folgenden Geschichten zu markieren, um diese vom restlichen Geschehen losgelöst erzählen zu können, ohne auf Zusammenhänge achten zu müssen.

Hinterm Wasserfall

Den Schwung der Anfahrt nutzend, trieb unser Kahn mit abgestelltem Motor auf den vor uns liegenden Uferstreifen zu. Ein aufgeschreckter Ara verließ sein Platz im Geäst eines abgestorbenen Baumriesen und verschwand laut kreischend im Blätterwald am gegenüberliegenden Berghang.

Knirschend schob sich das klobig aussehende, umfunktionierte Ruderboot in den flachen, leicht rötlich schimmernden, feinkörnigen Sand hinein und kam zum Stehen. Den Außenbordmotor nach innen klappend, sprang der hinten stehende Bootsführer ins flache Wasser, stapfte nach vorn, zog dabei den Kahn noch etwas weiter auf den Sandstreifen zu und forderte uns auf:

„Alle aussteigen. Wir sind angekommen."

Dabei versuchte er, soweit wie es ihm möglich war, das schwankende Boot mit beiden Händen in eine ruhigere Lage zu bringen, zumindest so lange, bis die Letzten der zehn Insassen trockenen Fußes das Ufer erreichten.

Da ich vorn im Boot meinen Platz gefunden hatte, war ich der Erste am Ufer und beobachtete die Ausschiffung der beiden zusammengepackten Reisegruppen. Der uns vom örtlichen Veranstalter zugeteilte Bootsführer, war gleichzeitig unser Tour Führer beim heutigen Ausflug.

Mit einer am Boot befestigten Wäscheleine im Arm, stapfte er am Uferstreifen entlang und zurrte das Boot in fünf Meter Entfernung an einem halbverkrüppelten Baumstamm fest, und überprüfte mit ruckartigen Zugbewegungen die Stabilität seiner Arbeit. Zufrieden gestellt, kam er zu uns rüber, den wohltuenden Schatten einer überhängenden Baumkrone suchend.

Er war ein junger Mann, der seine Herkunft nicht verleugnen konnte. Braungebrannt, mit den typischen Gesichtsmerkmalen eines Indios ausgestattet, stammte er von einem der vielen noch im Landesinnern existierenden Ureinwohnerstämmen ab. Zum großen Teil lebten diese Volksgruppen in abgeschotteten Reservaten, vom Tourismus ausgeschlossen und für alle Besucher gesperrt.

Natürlich gab es auch Ausnahmen, wie hier in Canaima und in verschiedenen anderen Orten. Das war so gewollt, um die Ureinwohner nicht zu überrollen oder gar zu vertreiben.

Sanfter Tourismus – hieß das Zauberwort. Damit hatte man sich angefreundet und es funktionierte wunderbar. Nutznießer waren eigentlich beide Seiten. Die Indios fanden Arbeit, ein willkommenes Zubrot für ihre Familien, und die Besucher benötigten die Indianer als sachkundige Führer, ein Muss in dieser Wildnis.

Der etwa dreißig Meter breite Sandstreifen am Seeufer endete vor einer vom Dschungel überwucherten, steil nach oben führenden Bergwand. Von hier aus wand sich der einer Lagunenlandschaft ähnlnde, halbseitig eingeschlossene See, zwischen aufragenden Felswänden und flachen Sandstränden hindurch, während seltsam geformte Kumuluswolken im Spiegelbild der Wasseroberfläche vorüberzogen.

„Wer baden gehen möchte, kann es jetzt machen. Eine halbe Stunde müsste dafür reichen. Dann geht's weiter, " rief der Bootsführer uns zu, und wies auf ein schattiges Plätzchen unter einer tief herabhängenden Baumkrone hin.

152

Dschungelhotel in Canaima

Boot bei den Wasserfällen

153

„Dort warte ich auf euch." Sich auf einem umgestürzten Baumstamm gemütlich machend, beobachtete er unseren Sturmlauf zum Wasser. Im Eiltempo wurden die wenigen, eigentlich nur als Sonnenschutz gedachten Sachen abgestreift. Im Laufschritt stürzten alle, mit oder ohne Badehose, rein ins hoch aufspritzende Vergnügen.

Zum Glück befanden wir uns in der Wildnis, weit weg von eventuell lästig werdenden Zuschauern. Somit blieb den Nackedeis allerhand Ärger erspart, denn ganz ohne herum zu laufen war in Venezuela nicht gestattet. Daran sollte man sich eigentlich halten. Na ja, hier und heute, das war mal eine Ausnahme.

Tief war der See nicht. Fünfzig Meter vom Ufer entfernt, genoss ich auf Zehenspitzen stehend die wohltuende Abkühlung, mit freier Panorama-Sicht nach allen Seiten.

Was war das für ein paradiesischer Anblick, diese von der Natur erschaffene Kulisse. Von den Wassermassen regelrecht zerrissen, grenzten drei Seiten des Sees an gewaltige, zerklüftete Bergmassive, in deren Mitte Gischt spuckende Wasserfälle, an steilen Felswänden nach unten donnerten.

Es war der weitverzweigte Rio Carrao, der oberhalb der Abbruchkante, breitgefächert seinen Weg nach unten fand. Diese grandiose Show tobender Naturgewalten, eingepackt im blühenden Tropenparadies, faszinierte mich derart, dass ich auf Zehenspitzen stehend dort ausharrte und nicht genug bekommen konnte beim Anblick dieser Szenerie.

Wohin diese Wassermassen verschwanden, war von hier aus nicht einsehbar. Sicherlich lag irgendwo am Ende des Sees ein hindurchführendes Tal, das den Abfluss garantierte. Dort wurde er bestimmt wieder ein ruhig dahinfließendes Gewässer, ein Fluss wie jeder andere. Nur hier am Rande der Lagune offenbarte er dem Betrachter sein anderes Gesicht, ein tobender, alles mit sich reißender Rio Carrao, der Gischt Wolken speiend auf drei Seiten herabstürzte. Kein Wunder, dass bei diesem einmaligen Naturspektakel die uns gewährte halbe Stunde wie im Fluge verging.

„Kommt aus dem Wasser raus! Wir wollen weiter."

Unser örtlicher Reisebegleiter zu den Wasserfällen

Erst diese Aufforderung vom Reiseleiter, an Land zu kommen, beendete abrupt meine Betrachtungen. Mit etwas Wehmut im Blick schwamm ich langsam zurück zum Ufer.

Dort angekommen, begann nach einer Kurzinformation zum hier nicht erlaubten Nacktbaden, der zweite Teil unserer Lagunenwanderung. Nur zum Schwimmen waren wir ja nicht angelandet, dass man in diesem wasserreichen Gebiet von Canaima überall haben konnte. Nein, uns stand etwas ganz anderes bevor, ein spannendes Abenteuer der besonderen Art, eine Hintergehung des Salto Sapo, einer der vier herabdonnernden Wasserfälle.

Das war wirklich etwas Außergewöhnliches, denn wo konnte man schon hinter einem Wasserfall entlang laufen, während dieser über uns hinweg donnerte. Hier benötigte man allerhand Mut und Überwindung, dem schmalen aus der Felswand herausgehauenen Weg zu folgen, der schon nach wenigen Metern von einer schäumenden Wasserwand verschluckt wurde.

Da wir den gleichen Weg nicht zurückkehren würden, bat uns der Indio-Führer, alles bei ihm abzugeben, dass nicht nass werden durfte. Alle unsere Kameras und Kleidungsstücke verschwanden in einem wasserdichten, verschließbaren Plastiksack, den er huckepack voran trug.

In einer Reihe einordnend, folgten wir dem schmalen Pfad, nur mit Schuhen und dem Nötigsten bekleidet. Der verschwand steil nach oben führend, hinter hohem Buschwerk und herausragenden Felswänden. Aufgesaugt vom wildwuchernden, dichtbewachsenen Pflanzenteppich eines intaktem Regenwaldes, verebbte das bislang hörbare Tosen der Wasserfälle, wurde von der uns umgebenden Geräuschkulisse problemlos überlagert.

Der steile Aufstieg und die damit verbundene Kletterei über Wurzeln und abschüssigen Geröllfeldern hinweg, vernichteten in wenigen Augenblicken den beim Baden im See aufgenommenen Erfrischungseffekt.

Wie sollte es anders sein bei solchen Anstrengungen. Der Schweiß lief mal wieder in Strömen. Schneller als gedacht endete allerdings der aufwärts führende Pfad an einem nach links abweichenden Knüppeldamm, der seitlich im dunkelgrünen Pflanzengewirr verschwand.

Nun ging es schneller voran. Die Steigung schien überwunden. Der Weg führte sogar wieder abwärts. Irgendwo vor uns lag der Wasserfall, dem wir langsam entgegenliefen. Nun wurde auch das Tosen des Flusses wieder lauter, je weiter wir uns dem Ort näherten.

Dann zerriss der grüne Vorhang, gab den Blick frei auf das Ziel unserer Mühe. Etwa auf halber Höhe des herabstürzenden Wasserfalls endete der eng zusammengefügte Knüppeldamm nur wenige Meter vor dem lautstarken Getöse.

„So Freunde, seid ihr bereit?"

Mit erhobenem Arm nach vorn deutend, markierte der Indioführer den Weg und bat uns, ihm zu folgen.

„Und noch etwas Wichtiges", verkündete er leicht schmunzelnd. „Geht hintereinander, bleibt in einer Reihe. Wer hier abstürzt, den finden wir nicht wieder."

Für ängstliche Naturen war diese Bemerkung ein nicht gerade Mut machender Spruch, zwar scherzhaft gemeint, aber mit nagender Wirkung auf unseren zur Schau gestellten Optimismus. Natürlich war allen bewusst, passieren konnte normaler Weise nichts. Wir waren ja nicht die Ersten, die dort durchzogen.

Ein Restrisiko gab es überall. Etwas Mut und Überwindung wurden schon abverlangt, diesem schmalen Pfad zu folgen, den der Erbauer in jahrelanger Arbeit durch den Felsen getrieben hatte, unmittelbar hinter den herabstürzenden Fluten entlang.

Für die zahlreichen Besucher dieser Mutprobe wurde an besonders kritischen Stellen der Weg durch ein dort an der Wasserseite entlangführendes Seil abgesichert, das gleichzeitig als Führungshilfe im Gischt Nebel diente.

„Na dann hinein ins Vergnügen", meldete sich nochmals unser Indio-Führer, nur wenige Meter vorm Eingang.

„Ich schätze, ihr werdet ein neues Gefühl kennen lernen, eine einzigartige Erfahrung machen. Im Moment unter den Fluten, wird sich bei euch ein fast hypnotischer Reiz entfalten, ein so nicht gekanntes Gefühl der Abgeschlossenheit und des ausgeliefert zu sein, entwickeln."

Dschungelairport mit Graspiste

Seine letzten Worte waren nur noch teilweise verständlich, wurden förmlich aufgesaugt vom Rauschen und Tosen der abstürzenden Wassermassen.

Mit gemischten Gefühlen folgten wir langsam und vorsichtig dem voranschreitenden Indio, um es genauer auszudrücken, dessen Beinen. Sein restlicher Körper verschwand fast vollständig hinter dem geschulterten Plastiksack, mit all unseren Sachen, die hoffentlich trockenen Fußes auf der anderen Seite ankommen würden.

Immer darauf achtend, auf dem schmierigen Steinweg nicht auszurutschen, ging es Meter für Meter voran. Klatschend pladderte der erste Wasserguss über uns hinweg. Ab sofort war jeder mit sich selbst beschäftigt, riskierte höchstens einen kurzen Blick Richtung Vordermann. Alles andere wurde zur Nebensache.

Zurechtfinden und zurechtkommen musste hierbei jeder für sich allein, ohne Wenn und Aber. Mit einem mulmigen Gefühl in der Magengegend folgte ich Schritt für Schritt dem vor mir im Dunstschleier langsam verschwindenden Weg. Eine für mich unwirkliche, vertrackte Situation, der ich mich stellen musste, da ein anderer Weg nicht existierte.

Die Waschküche um uns herum wurde zur dichten Nebelwand, dämpfte sogar ein wenig das fauchende Getöse der herabstürzenden Wassermassen. Mein pulsierender Herzschlag trieb den Lebenssaft mit steigender Intensität durch Adern und Venen, zog laut pochend durch Körper und Geist, zumindest in meiner Einbildung.

Ein Stück vom Weg, und meine sich vorsichtig vorwärts schiebenden Füße, waren im Umfeld das einzig Sichtbare. Alles andere verschwand im Nichts. Fest mit der linken Hand das Führungsseil umklammert, suchte ich mit der Anderen den glitschigen Fels abtastend, nach greifbaren Vorsprüngen zum Abstützen. Fand man Halt an abstehenden Verwerfungen, vermittelte es ein Gefühl von Sicherheit.

Zumal auf der anderen Seite ein unsichtbarer Abgrund lauernd darauf wartete, mich mit hinunter zu reißen. Dort verschwand das Wasser gurgelnd und donnernd in einer fauchenden Gischt Wolke. Der Eingang zur Hölle, wäre die zutreffendste Bezeichnung dafür.

Doch es sollte noch ungemütlicher werden. Ich hätte es nicht für möglich gehalten, aber das Schlimmste stand mir noch bevor. Der schmale Pfad folgte der im weiten Bogen nach rechts abdrehenden Felswand und verschwand nun endgültig unter den alles verschüttenden Wassermassen.

Trotz des Getöses vernahm ich laut kreischende Schreie, die nur wenige Meter vor mir, aus der gischt schäumenden Wand herausdrangen. Mit geschlossenen Augen konnte ich ja sowieso nichts sehen, aber alle anderen Wahrnehmungen wurden penibel registriert.

Sicherlich war dieser Schrei ein Versuch, den dort situationsbedingt aufgeladenen Adrenalinspiegel zu drücken, und dieses aufkommende Gefühl des: „ Ich bin dem ausgeliefert", entgegenzuwirken und eine innere Spannung abzubauen. Immer nach dem Motto:

„Nur richtig laut schreien, und du fühlst dich wie neu geboren."
Hoffentlich ging das gut, denn Schreien war nicht mein Ding. Na dann, ab und hinein in den Schlamassel. Mir blieb sowieso nichts anderes übrig. Mit vollgepumpter Lunge, und einem kurzen Orientierungsblick nach beiden Seiten, begann der Weg ins Ungewisse. Dankbar das seitwärts angebrachte Führungsseil ergreifend, folgte ich blindlings dessen Verlauf und wurde nach zwei drei Metern vom nassen Inferno förmlich aufgesaugt. Nun blieb mir nur noch die Hoffnung, irgendwie schadlos auf der anderen Seite anzukommen.

Flatternd klatschten herabstürzende Wasserbänke auf Kopf und Körper, mit ausdauerndem Versuch, alles nach unten mitzureißen. Im Moment der äußersten Anspannung kämpfte ich mit dem Gefühl inneren Leere und aufkommender Panik, dieser Situation hilflos ausgeliefert zu sein. Doch dann wurde der herausgeforderte Wille plötzlich zum Motor meiner Entscheidung. Mich vorantreibend, begann der Versuch, so schnell wie möglich dort durchzukommen.

Mehrmals nach Luft schnappend, hielt ich den Kopf schräg nach unten geneigt, da nur in dieser Stellung versucht werden konnte, meine Lunge mit Sauerstoff anzureichern, ohne überflüssige

Wasserzugaben. Hierbei wurden Sekunden und Minuten zur Ewigkeit.

Irgendwann war es dann doch geschafft, der dickste Schlamassel lag hinter mir. Die vordem als geschlossenen Block wahrgenommenen, herabstürzenden Wassermassen, zerfransten mehr und mehr, wurden dünner und nicht mehr so mitreizend. Den aufrechten Gang konnte ich nun wieder einnehmen. Gott sei Dank, der schlimmste Abschnitt lag hinter mir.

Zwar war die Hand vor Augen immer noch nicht richtig zu orten, aber ausreichend Luft zu holen war wieder möglich. Mit vollgepumpter Lunge und mit neuer Energie versorgt, folgte ich dem Führungsseil Meter für Meter, Richtung Ausgang.

Schon nach kurzer Zeit verschwand die uns umfließende Nebelwand, und der Rest des Weges lag sichtbar vor unseren Füßen. Eine hoch über uns hinausragende Felsformation war dafür verantwortlich. Nach und nach kamen alle zum Vorschein, wurden vom Indio-Führer mit all unseren Sachen im schützenden Plastiksack erwartet.

Stolz wie Oskar zogen wir nach der Wasserfallhintergehung vorüber, alle mit bestandener Mutprobe der nicht alltäglichen Art. Hier wurden wir vorgeführt, verspürten am eigenen Leib, dass es gar nicht so einfach war, seinen inneren Schweinehund zu bekämpfen und den eigenen Schatten zu überspringen.

Nur fünfzig Meter weiter, endete der Pfad auf einer vorgelagerten, nahe der Felswand liegenden Plattform, die problemlos und trockenen Fußes erreicht werden konnte. Nun waren wir endgültig jenseits des Wasserfalls angelangt und platzierten uns geschafft, aber glücklich auf riesigen, übereinander geschobenen Steinblöcken, mit glattpoliertem Marmorprofil.

Etwas ungläubig betrachteten wir die Wegstrecke noch einmal aus der jetzigen Perspektive. Wir konnten es immer noch nicht so richtig fassen, dass hinter dieser speienden Wasserwand unser absolvierter Fußmarsch entlang geführt hatte.

Jeder hing jetzt seinen Gedanken nach. Wortlos und zufrieden lagen wir verstreut auf den Felsblöcken herum, wurden von der Sonne getrocknet und blinzelten dabei Richtung Wasserfall. Donnernd bahnte sich dieser wie eh und je den Weg nach unten.

Plötzlich überspannte ein farbintensiver Regenbogen, der nicht schöner hätte sein können, die Dschungel-, Wasser- und Bergkulisse. Gespeist vom Dunstschleier aufschäumender Gischt-Wolken, mitten aus dem kochenden Schlund emporsteigend, verwandelte er das Areal in eine zauberhafte Traumkulisse – einfach fantastisch!

Es gab Augenblicke im Leben, die behält man ewig im Gedächtnis. Dies war hier so einer. Man möchte die Zeit anhalten und einfach liegen bleiben. Das war leider nicht möglich. Mir blieb also nur die Erinnerung und Hoffnung, irgendwann mal wieder am Rio Carrao vorbei zu kommen - einfach nur hier zu liegen und zu träumen.

Die Affenbande

Ungewöhnlich abrupt endete, meine viel zu kurz geratene Nachtruhe, von einer Sekunde zur Nächsten. Wodurch mein Schlaf unterbrochen wurde, konnte ich im Augenblick nicht so richtig zuordnen. Doch irgendetwas nicht Alltägliches musste passiert sein. Dafür fand ich im Moment keine andere Erklärung. Vom Verstand her ließ sich auch nichts machen, da ich noch viel zu müde drein schaute und mein Bedürfnis, aufzustehen, sich eher mit der gegenteiligen Null-Bock-Variante arrangieren würde.

Trotz allem siegte die Neugier und im Zeitlupentempo öffnete ich etwas unwillig beide Augen. Noch halb schlafend schielte ich über die bis zur Nasenspitze hochgezogene Bettdecke hinweg, hin zur gegenüber liegenden Wand. Von dort aus wanderte mein Blick langsam durchs Zimmer, soweit ich es von hier aus erfassen konnte.

Da ich nicht wusste, was ich suchen sollte, konnte ich auch nichts Ungewöhnliches entdecken. Mein Koffer, mit all den ausgepackten Sachen, das aufgehängte Handtuch mit der daneben platzierten Badehose und die abgelegte Fotoausrüstung im

Eckschrank, befanden sich noch genau dort, wo sie am gestrigen Abend abgelegt wurden. Hier schien alles in Ordnung zu sein.

Was sollte ich machen, so früh am Morgen? Nochmals einschlafen würde nicht funktionieren. Also beendete ich meine sowieso schon unterbrochene Nachtruhe und rappelte mich langsam aufwärts. Mein Bettzeug mit den Füßen nach vorn schiebend, streckte ich mich nach allen Seiten, um Körper und Geist langsam auf Trapp zu bringen. Da der Schlaf nicht auf Knopfdruck weichen wollte, protestierte mein Körper mit Gähn Attacken und einem flauen Gefühl in der Magengegend.

Für mich war es eigentlich noch viel zu früh um aufzustehen, denn der junge Morgen zeigte die 6. Stunde, und die Schatten der Nacht wichen zögernd den ersten schrägen Sonnenstrahlen. Diese durchschnitten flimmernd die riesigen Baumkronen, attackierten den unterhalb herumwabernden Bodennebel und beschleunigten dessen Auflösung.

Umgeben von einer undurchdringlichen Dschungelwand, lag unser Camp mitten im Orinoco-Delta, am Ufer einer der vielen Seitenarme. Die mit Knüppelholzpfade verbundenen Rundhütten standen ziemlich weit auseinander, garantierten den Gästen eine so gewollte Abgeschiedenheit.

An diesem Morgen registrierte ich eine unnatürlich wirkende Stille, eingeschlossen von einer, in der alles eingebettet zu liegenden Ruhezone. Die typisch nächtlichen Dschungelgeräusche waren verebbt, und die bei Tageslicht agierende Tierwelt schien noch zu schlafen. Ich zumindest empfand es so, immer noch im Halbdunkel des Zimmers, mitten im Bett sitzend.

Unerbittlich zogen die Bilder des gestrigen Abends fast detailgetreu durch den Kopf, blockierten alle anderen Erinnerungen. Immer wieder die gleichen Szenen. Mein Gott, was für ein Saufgelage. Zumindest war es dahingehend ausgeartet.

Keiner suchte und fand ein Ende. Soweit wollte es eigentlich niemand kommen lassen. Eine optimale Stimmung und eine mit eiskalten Getränken bestückte Tropenbar, war für uns im Dschungel-Camp ein willkommener Tagesausklang. Irgendwann war es dann zu spät, da beim reichlichen Alkoholgenuss der klare

163

Bootstour auf dem Orinoco

Eingang zum Dschungelcamp

Auf dem Orinoco

Alle Wege führen zum Wasser

Indianerkinder am Bootssteg

Ein Ameisenbär beim Frühstück

Sachverstand langsam kapitulierte und im fortgeschrittenen Stadium völlig abhandenkam.

Trotz allem konnte ich aus dem, so nicht geplanten Ablauf, doch noch eine positive Seite herausfiltern. Die gesamte Gruppe, und zwar alle ohne Ausnahme, war daran beteiligt. Gemeinsam wurde einer über den Durst gekippt, folglich saßen nun alle im selben Boot. Niemand von uns konnte am heutigen Morgen den anderen schief anblicken, oder hinterhältig über den Suff Abend lästern. Zusammen traten wir dort an und gemeinsam gingen wir am Ende unter.

„Brr. Pfui Teufel!"

Welche weisen Erkenntnisse am frühen Morgen. Schon der Gedanke an den gestrigen Abend schuf mir eine Gänsehaut und ein undefinierbares Magengrummeln drang nach draußen. Die vielen mir gemixte Rumgetränke zu zählen, scheiterten schon im Versuch. Ich verzichtete auf Vollständigkeit, da meine Erinnerung am späten Abend irgendwann verschwamm und aussetzte. Wozu sollte das Ganze auch gut sein, ändern würde es ja doch nichts an der Situation.

Allerdings wurde ich von einer positiven Reaktion meines Körpers überrascht. Mein ansonsten, nach einer durchzechten Nacht auftretender Brummschädel, schien zu streiken. Mein Kopf war und blieb zu meiner Freude, gänzlich frei von nagelbrettähnlichen Stößen, bohrhammerähnlichen Schmerzgeräuschen und all den anderen Begleiterscheinungen einer Suff Nacht. Zum Glück – kann ich da nur betonen, denn auf diesen Monstercocktail konnte ich liebend gern verzichten.

Dieses mit Beiwerk zusammengemixte Mischmasch-Gesöff aus Rum, Eis, Cola, und Zitrone, war eigentlich ein sehr schmackhaftes Bargetränk, das uns in unbegrenzter Menge zur Verfügung stand.

Anfangs verfolgte ich noch neugierig den rituellen Mixprozess hinterm Tresen, kam dabei aber zu keiner aussagekräftigen Mengenanalyse. Hier kannte man keine Füllstriche, keine festgeschriebenen Regeln über die prozentuale Aufteilung der ins Glas zu kommenden Auffüllanteile. Sagen wir mal so, man nahm es nicht so genau bei der Abfüllung. Niemand störte sich daran, oder widersprach der freigiebigen Zusammenführung, wenn der prozentuale Rumanteil im Laufe der Nacht sich nahe an die Fünfzig-Prozent-Marke heranschob.

Zum Glück erinnerte ich mich noch rechtzeitig an eine alte Faustregel beim Konsum alkoholischer Getränke, die unbedingt eingehalten werden sollte.

„Bleibe wenn es möglich ist bei einer Sorte, ansonsten erwartet dich am nächsten Morgen eine böse Überraschung."

Da hier in Venezuela das einheimische Polar-Bier ausgezeichnet schmeckte, lockte die Versuchung, sich zusätzlich einige schmackhafte Mix-Getränke, als willkommene Abwechslung zu gönnen, ohne an die kommende, tuckernde Suff Birne zu denken, welche gratis mitgeliefert wurde.

Meinerseits war es eine gute Entscheidung, nur bei den Rum-Varianten zu bleiben und aufs Bier zu verzichten. Mein Kopf blieb so einigermaßen störungsfrei. Wie alle anderen den Abend überstanden hatten, würde sich nachher beim Frühstück offenbaren. Das gab es allerdings erst in zwei Stunden.

Immer noch im Bett sitzend, beschloss ich nun endgültig aufzustehen, da meine Grübelei über den nicht bestellten Weckdienst zu keinem Ergebnis führte. Also, raus aus den Federn! Doch Vorsicht! Hier im Dschungel musste man einige Grundregeln beachten, um einigermaßen gefahrlos den Tag zu überstehen.

Um auf der sicheren Seite zu sein, schüttelte ich immer T-Shirt und Hose vor dem Anziehen kräftig hin und her, und klopfte beide Schuhe mehrmals auf den Holzfußboden, um alle unerwünschten Gäste aus den Sachen zu vertreiben. Man musste damit rechnen, das ab und zu kleine Schlangen, Skorpione, alle Arten von Spinnen und Kriechtieren, diese dort abgelegten Textilien, Schuhe und offenstehenden Taschen, unwiderstehlich anziehend fanden, und sich nachts dort einnisteten. Um sicher zu gehen, wurde das morgendliche Ausschütteln der Sachen ein notwendiges Ritual, um böse Zwischenfälle zu vermeiden.

Heute war alles in Ordnung, kein Untermieter saß in meinen Socken. Im abgetrennten Bereich der rustikal eingerichteten Unterkunft lag der sanitäre Bereich mit Toilette und einer

169

Waschvorrichtung. Hier war alles sehr einfach und zweckgebunden ausgestattet. Spiegel und Wasserhahn mit Auffangbecken, zählten schon zur Luxuseinrichtung. Das vom Seitenarm des Orinoco abgezapfte Wasser versickerte nach dem Verbrauch, zwei Meter hinterm Häuschen im Untergrund, wurde somit dem Fluss wieder zugeführt.

Unser Camp lag weit von der sogenannten Zivilisation entfernt, mitten im Orinoco-Delta. Wir waren ohne Wenn und Aber, einer unbekannten Welt und einer ungewohnten Situation ausgeliefert. Als akzeptierte und willkommen geheißene Gäste beim Stamm der Warao-Indianer, wurde uns für mehrere Tage die Erlaubnis erteilt, sich in der Dorfgemeinschaft aufzuhalten. Am Alltag teilnehmen zu dürfen, war ein Privileg, das nur wenigen Touristen gewährt wurde. Mit dem Kanu durch endlose Wasserarme des Orinoco zu paddeln, sein Abendessen selbst zu angeln, dem feuerroten Sonnenuntergang im Delta mitzuerleben oder die im Camp auftauchenden Tiere zu beobachten, wurde für uns zum großen Abenteuer, ein Erlebnispool voller Erinnerungen.

Schon lange vor Reiseantritt beschäftigte ich mich ausführlich mit dem Rio Orinoco. Er war Venezuelas größter und längster Strom. Der 2140 Kilometer lange Fluss legte etwa ¾ seines Weges zum Atlantischen Ozean durch Venezuela, und ¼ durch Kolumbien zurück. Er bot ein sehr seltenes Naturphänomen, die Bifurkation (Gabelung). Dies bedeutete, dass ein Arm des Orinoco, der Casiquiare, bei hohem Wasserstand in den Rio Negro floss.

Dieser mündete wiederum in den mächtigen Amazonas. Somit floss ein Teil des Wassers aus der Orinoco-Quelle nicht durch das Venezuelanische Orinoco-Delta in den Atlantik.

Schon die Anreise zur Dschungel – Siedlung war ein beeindruckendes Erlebnis. Am Rande des Reservates, vom kleinen Örtchen Tucupita aus, ging es nur noch mit Booten voran. Hier in dieser letzten Handelsstation endeten alle Straßen am Wasser.

Von nun an dem Bootsführer ausgeliefert, mussten wir seinem Orientierungssinn vertrauen, der uns schon nach wenigen Minuten abhandenkam. Eigentlich kein Wunder bei diesem endlosen Durcheinander sich kreuzender Wasserwege, Inseln und dunkelgrünen Dschungelufern. Hier beförderte der Orinoco auf 37 Wegen sein Wasser ins Meer, verteilt auf einer Fläche, etwa so groß wie Holland. Wie ein Spinnennetz verbanden unzählige Kanäle, größere Seen und schmale Durchfahrten diese Wasserwege miteinander, teilweise vom Dschungel überwuchert.

Wer hier überlaben wollte, der musste sich den Gegebenheiten anpassen, wie die Indianer, die schon seit Urzeiten hier siedelten. Sie nannten sich Waraoas – die Kanumenschen. Etwa 15000 dieser Ureinwohner lebten verteilt in diesem riesigen Deltagebiet, verbunden mit den Sitten und Bräuchen ihrer Ahnen. Das alleinige Recht, alle wichtigen Entscheidungen zu fällen, besaß hier nur der Stammeshäuptling. Nur er entschied, wer ihr Territorium betreten durfte, und wer nicht.

Auch unsere kleine Reisegruppe unterlag diesen Bestimmungen und benötigte sein Einverständnis. Um diese etwas langwierigen und ständig wiederkehrenden Formalitäten zu beschleunigen, wurden vom Reiseveranstalter und dem Warao-Stamm, ein zum beiderseitigem Nutzen ausgehandelter Vertrag abgeschlossen, der für alle Besucher galt, und eingehalten werden musste. Für uns bedeutete das, sich den Weg freizukaufen mit haltbaren Grundnahrungsmitteln, wie Reis, Nudeln oder Konserven. Diese Eintrittsnaturalien erwarben wir für wenig Geld im Dschungelstädtchen Tucupita. Beim Eintreffen im Camp überreichten wir alles gemeinsam dem Dorfvorstand. Jetzt durften wir bleiben, wurden offiziell willkommen geheißen und vom gesamten Indio-Dorf akzeptiert.

Beim Betreten des Bootssteges wurden wir sofort von einigen Indianerkindern umringt, die aufgeregt darauf lauerten, die mitgebrachten Süßigkeiten entgegenzunehmen. Mit strahlenden Augen stopfte man alles blitzschnell in bereitgehaltene Taschen und Beutel. Am Ende der Aktion verschwand man irgendwo im weitläufigen Camp, oder paddelte zufrieden im Kanu davon.

Großes Aufsehen erregte ein an Menschen gewöhnter Ameisenbär, der im angrenzenden Gastraumbereich auftauchte. Mit seinen an den Vorderfüßen hervortretenden, mächtigen, sichelförmigen Grabkrallen, tapste er etwas ungeschickt auf den Holzplanken entlang, uns entgegen. Zum allgemeinen Gaudi schnüffelte er mit seiner langen röhrenförmigen Schnauze an den Beinen der Neuankömmlinge herum, ließ sich davon absolut nicht abbringen.

Was allen sehr viel Spaß bereitete, versetzte zwei Damen in Angst und Schrecken. So schnell es ging entzogen sich beide dem neugierig herumtapsenden Schnüffler. Fluchtartig verschwand man im angrenzenden Bereich, und beobachteten aus sicherer Entfernung den weiteren Ablauf.

Umgeben von Wasser und Dschungel, gehörten Boote und Kanus zur Grundausstattung des Camps, und aller hier im Dorf ansässigen Warao-Indianer.

Um sichere Touren und Ausflüge auf den weitverzweigten Seitenarmen des Orinoco durchzuführen, wurden uns einheimische, sachkundige Bootsführer zur Seite gestellt. Auf den eingeplanten Tagesausflügen erkundeten wir im Kanu die verwirrende Struktur des riesigen Orinoco-Deltas, organisierten Dschungelwanderungen, versuchten Piranhas zu angeln, besuchten andere Dorfgemeinschaften oder beobachteten die uns umgebende exotische Flora und Fauna.

Hier im Rio Orinoco waren sie zu Hause, die in vielen Schauermärchen beschriebenen Piranhas. Beim Versuch diese zu fangen, fraßen sie nur geschickt den Köder ab, ohne anzubeißen. Angeln macht eigentlich Spaß, aber nicht, wenn nach zwei Stunden nur eine einzige Piranha am Haken hing. Das war eine entmutigende Fangquote.

Etwas entschädigt wurden wir am späten Nachmittag durch Flussdelfine, die nur wenige Meter seitwärts, an den Booten vorüberzogen, und die letzten Fische aus unserer Nähe vertrieben. Die Hauptunterscheidungsmerkmale der Fluss- zu den Meeresdelfinen lagen in der markanten Kopfform und ihrer rosaroten Färbung. Nach dem Abzug, der in Gruppenformation aus dem Wasser springenden Tiere, endete der Angelausflug mit der Rückfahrt zum Camp.

Unsere Unterkünfte, kleine, runde, mit Palmblättern gedeckte Blockhütten, standen inmitten einer wunderschön gestalteten und gepflegten Parkanlage. Weit auseinandergezogen, verteilten sie sich auf einem etwa hundert Meter breiten Uferstreifen, bis zum Rio Orinoco hinunter.

Mit Knüppelholz errichtete Laufstege verbanden alle Blockhütten mit der Empfangshalle und dem übers Ufer hinaus ragenden Bootssteg. Zahlreiche, über Wasserkanäle hinwegführende Bogenbrücken, verkürzten die Verbindungswege untereinander.

Vom Fluss aus betrachtet, bildete der wild nach oben wuchernde Dschungel, eine natürliche, nach drei Seiten absperrende Camp Grenze. Riesige, über alles hinwegragende Baumkronen, warfen lange Schatten über Parkanlagen und Uferrand hinaus. Kein Weg führte dorthinein. Das Gewirr der aufstrebenden Pflanzenwelt bildeten eine schier undurchdringliche Mauer, ein Schutzschild gegen unerwünschte Eindringlinge.

Hier, im Camp der kurzen Wege, endeten diese alle am Bootssteg. Nur von hier aus war es möglich, die nähere Umgebung mit dem Kanu zu erkunden, oder weiterführende Tagesausflüge zu organisieren.

Ja, all dies konnte man machen, dazu musste ich aber nun wirklich erst mal aufstehen. Gähnend hatte ich mich nochmals am Bettrand niedergelassen, rang immer noch mit dem inneren Schweinehund, der weiterschlafen wollte. Doch dann überwog endgültig die Neugier auf den anbrechenden Tag. Ich ignorierte den Drang nach Schlaf, stand kurz entschlossen auf und vollzog meine Katzenwäsche mit aufgewärmten Orinoco-Wasser, gespendet aus dem aufgefüllten Speicher hinterm Haus.

„Oh je, dass wird heute wieder heiß", brabbelte ich beim Anziehen Richtung Zimmerdecke, und beobachtete einen etwa fünf Zentimeter langen schwarzen Käfer, der durch die entstandene Vibration meiner Schritte, fluchtartig im Holz- und Blattgefüge der Dachkonstruktion verschwand.

Kaum war ich reingeschlüpft in T-Shirt und Hose, protestierte mein Körper mit einsetzendem Schweißausbruch und aufkommendem Unwohlsein, gegen diese Verpackung. So eine Reaktion hatte ich fast erwartet, denn im Zimmer regte sich kein Lüftchen. Es war heiß und unangenehm stickig, kaum auszuhalten.

173

Man musste es ja auch nicht! Nur raus aus der Bude, so schnell wie möglich. Am schönsten war es jetzt sicherlich unten am Fluss. Dort am Ufer konnte man es aushalten, zumal am frühen Morgen ein einsetzender Sonnenaufgang den Ort zu verzaubern schien, und ein nie versiegender, vom Wasser herüber ziehender Luftstrom, für nötige Kühlung sorgte.

Mein Fotoapparat greifend, wurde zur unbewussten Reflexbewegung, da ich diesen ständig mitführte. Mich dem Ausgang zuwendend, verließ ich den stickig aufgeheizten Rundbau. Tief durchatmend trat ich nach draußen, die Tür hinter mir zuziehend.

Schade, den unmittelbaren Sonnenaufgang hatte ich verpasst, eine Folge des gestrigen Suff-Abends. Da ließ sich nichts mehr dran ändern. Hundertprozentig war ich heute nicht der einzige mit Startschwierigkeiten. Das änderte allerdings auch nichts an der momentanen Situation.

Ein langsam aufsteigender Sonnenball und deren goldgelbe Strahlen überfluteten die grüne Dschungelwand und fanden flackernden Durchlass durch die in östlicher Richtung aufragenden Baumriesen. Sich im Wasser des vorüberziehenden Orinoco brechend, wurden daraus glitzernde Diamantenströme.

Ein Produkt der Nacht, ein vom nahen Fluss-Ufer eingestreuter Bodennebel, hing wabernd zwischen den herausragenden Sträuchern und Büschen, um sich dann doch den täglichen Auflösungsritualen zu beugen und nach und nach im Nichts zu verschwinden.

Zur gleichen Zeit, als ich das Zimmer verließ, nach draußen trat und die Tür ins Schloss fiel, brach über mir in den weitverzweigten Baumkronen ein Höllenspektakel los. Die ansonsten himmlische morgendliche Ruhe endete von einer Sekunde zur nächsten. Ein zänkisches Brüllen und Kreischen donnerten über das gesamte Camp hinweg. Schwärme von aufgescheuchten Vögeln verließen fluchtartig ihr Nachtlager in den näherliegenden Büschen und Bäumen, und flatterten panikartig nach allen Seiten auseinander.

Auch ich wurde ein Opfer meiner Abwehr-Gene, fuhr zusammen und verharrte bewegungslos vor der Tür. Um die

Verursacher des Spektakels zu entdecken, lenkte ich den suchenden Blick Richtung Dschungelwand und wurde fündig, genau über meiner Hütte. Dort fand ich die Verursacher im Geäst einer weitverzweigten Baumkrone herumtoben.

Eine große Gruppe Brüllaffen hangelte dort hektisch von Ast zu Ast. Durch irgendetwas in helle Aufregung versetzt, sprangen und wirbelten die Tiere durcheinander, ohne meiner Anwesenheit die geringste Aufmerksamkeit zu schenken. Ihr rot- bis dunkelbraunes Fell leuchtete kurzeitig auf im grünen Blätterwald, um gleich darauf genauso schnell im Dickicht der Baumkronen zu verschwinden. Nur ihr Gebrüll war nicht zu überhören, überlagerte alle anderen Geräusche mit einer immensen Lautstärke.

Blattwerk und abgerissene Zweige rieselten abwärts, während weit herausragende und etwas stabiler wirkende Äste, als Start- und Landepunkt, als Wippe oder anderweitig genutzt wurden, nur dem Ziel dienend, so schnell wie möglich voran zu kommen.

Fasziniert von diesem grandiosen Spektakel, verharrte ich bewegungslos vor meiner Hütte. Neugierig geworden, verfolgte ich den weiteren Ablauf. War dieser lautstarke Aufzug der Grund meiner vorzeitig beendeten Nachtruhe? So war es sicherlich abgelaufen. Wer konnte schon weiterschlafen bei diesem Gebrüll.

Eine Steigerungsform dieses momentanen lautstarken Affentheaters hätte ich mir nicht vorstellen können, doch genau das passierte in diesem Moment.

Eine zweite Gruppe Brüllaffen, irgendwo da draußen im Dschungel anwesend, antwortete auf dieses Geschrei mit gleichbleibender Ausdauer, und löste damit wütende Reaktionen aus. Mit dem Brüllen markierten vor allem die Männchen ihren momentanen Besitzanspruch, drohten damit anderen Gruppen, hier ja nicht aufzukreuzen. In der Regel funktionierte dieses Warnsystem. Man ging sich einfach aus dem Weg, und vermied damit auszutragende Revierkämpfe.

Über mir im Geäst lief die Affenbande noch einmal zur Höchstform auf. Hektisch hangelten sie sich hoch und runter, rissen Zweige und Blattwerk von den Ästen, jagten durch zusammenhängende Baumkronen und schleuderten dem unsichtbaren Rivalen, wütende Brüllattacken entgegen. Dieser

Im Restaurant

Der Suff-Abend kann beginnen

zeigte sich letztendlich davon beeindruckt, und verzichtete auf weitere provokative Antworten. Langsam beruhigte sich die Situation in den umliegenden Baumkronen. Abrupt verstummte das Geschrei. Fast lautlos verschwand die Affenbande im dichten Blätterwald. Was zurück blieb, waren abgerissene Zweige und verstreut herumliegendes Blattwerk.

Eigentlich müsste ich diesen Störenfrieden dankbar sein. Sie hatten es geschafft, meine Nachtruhe vorzeitig zu beenden. Als Entschädigung für diesen nicht erwünschten Weckdienst, durfte ich, dem Zufall sei Dank, an einem zeremoniellen Revierkampf teilnehmen.

Unbewusst starrte ich immer noch nach oben, obwohl es dort nichts Aufregendes mehr zu sehen gab.

„Guten Morgen. Was war das denn für ein Getöse? Da fliegen einem ja die Ohren weg."

Diese nachbarschaftliche Begrüßungsansprache schallte mir vom Häuschen nebenan entgegen. Ein älteres Ehepaar kam in diesem Moment aus der Eingangstür hervor, sicherlich ebenfalls aufgeschreckt vom Gebrüll in den Baumkronen. Beide zu mir heran tretend, starrten sie gleichfalls nach oben. Der alte Herr, noch im Morgenmantel eingehüllt, postierte seine aufnahmefähige Videokamera auf Augenhöhe, ohne den Startvorgang auszulösen. Die Affen waren leider verschwunden.

„Hallo", grüßte ich zurück, und wand mich dem Ehepaar entgegen.

„Das waren Brüllaffen. Eine tolle Vorstellung. So was erlebt man nicht jeden Tag. Die vorüberziehende Affenhorde wurde von einem sich nähernden Rivalen herausgefordert. Mit Gebrüll und kampfbereitem Getöse, verteidigten sie ihr Revier, ohne auf meine Anwesenheit weiter zu achten.

„Brüllaffen! Dieser Name ist zutreffend." Verstehend nickte mein Nachbar und fuhr fort:

„Dieses Brüllen fährt einem ja durch Mark und Knochen. Leider sind alle verschwunden. Das ist mehr als ärgerlich. Ich hätte gern ein paar Aufnahmen mitgenommen. Na ja, da kann man halt nichts dran ändern. Wer zu spät kommt, hat das Nachsehen."

177

Beide warfen eine letzten Blich auf die nun affenfreie Zone, und zogen es vor, wieder in ihrer Rundhütte zu verschwinden. Und genau in diesem Moment wurde mir meine eigene Untätigkeit bewusst.

Auch ich alter Trottel hatte kein Foto geschossen. Abgelenkt und fasziniert vom hektischen Treiben, vergab ich diese einmalige Gelegenheit, einige Aufnahmen von diesen Krawallbrüdern zu bekommen. Ärgerlich betrachtete ich den Fotoapparat in meiner linken Hand, der dafür allerdings nichts konnte. Die Schuld lag ganz allein bei mir, denn solch eine Gelegenheit bekam man nur einmal geboten, den abgelaufenen Affenzirkus aus nächster Nähe festzuhalten. Na ja, vorbei war vorbei. Sich jetzt noch darüber ärgern, änderte auch nichts an der Sache.

Der Tag hatte ja noch nicht mal richtig begonnen, da lief mein innerer Motor schon zur Höchstform auf. Lange Weile brauchte hier niemand zu schieben, war im Dschungel ein absolutes Fremdwort. Im Minutentakt entdeckte man etwas Neues, geschah etwas Unvorhergesehenes. Alle mussten damit rechnen, hinter jeder Wegbiegung eine Situation vorzufinden, die niemand vorausgesehen hatte.

Nach den stickig-heißen Temperaturen im Innern der Rundhütten, lagen diese hier draußen bei angenehmen 20 Grad, die allerdings im weiteren Tagesverlauf nur eine Richtung bevorzugte, unaufhaltsam nach oben.

Den Bungalow-Schlüssel wegsteckend, schlenderte ich langsam zum Hauptgebäude rüber. Dieses aus Naturhölzern errichtete Bauwerk lag mitten im Camp, zentral gelegen, direkt am Ufer. Nur hier konnten Besucherboote anlanden oder abfahren.

Um dort eine natürliche Gebäudebelüftung zu gewährleisten, standen drei Seiten offen. Nur eine einzige Trennwand, verbunden mit der Dachkonstruktion, teilte den Grundriss in verschiedene Bereiche auf. Zwei Drittel der Fläche fielen auf ein der Situation angepasstes Open-Air-Restaurant, einem angrenzenden Küchenbereich und einer langgezogenen Getränkebar, mit all den Kühlboxen und Gefrierschränken. Für die stets begrenzte Anzahl anwesender Gäste, war die Platzaufteilung völlig ausreichend.

178

Im Dorf der Warao-Indianer

Kinder beim Fischfang

179

Um den Betrieb am Laufen zu halten, benötigte man die im Dorf lebenden Indianer für alle anfallenden Arbeiten. Nach und nach wurden sie angelernt und später für spezielle Tätigkeiten eingesetzt. Für die Dorfgemeinschaft war der anfallende Verdienst ein willkommenes Zubrot. Da die Bar nur abends öffnete, bestand tagsüber die Möglichkeit, sich mit alkoholfreien Getränken zu versorgen. Die entstandene Rechnung konnte man später begleichen.

Mit gemischten Gefühlen betrachtete ich das am Tresen herunterhängende Angebotsschild, mit all den Rum- und Mixgetränken. Ohne dem ausweichen zu können, zog der gestrige Abend nochmals vorüber. Allein der Gedanke an die nicht enden wollende Rumverkostung, aktivierte sofort eine Abwehrhaltung dem Getränkeangebot gegenüber. Der über allem noch lagernde Alkoholgeruch traktierte augenblicklich meine Geruchsnerven.

„Pfui Teufel! – Wie konnte ich nur?"

Wo war meine Erinnerung abgeblieben? Hatte ich die Getränkekarte mit all den Mix-Varianten ein- oder zweimal, hoch und runter getrunken, ohne zu merken, wie teuflisch diese wohlschmeckenden Mixtouren wirken würden? Die Erinnerung daran war wie weggespült. Der Rum hatte alles mitgenommen.

Ein durchdringend lautes Krächzen, drang seitwärts vom Open-Air-Restaurant kommend, zu mir herüber, beendete meine tiefsinnige Grübelei über den gestrigen Suff Abend und zog mich zurück in die Gegenwart. Da ich diesen krächzenden Schrei bestens kannte, entdeckte ich den Verursacher, ohne lange Suchaktion.

„Na Hallo, wo kommst du denn her?", rief ich ihm entgegen.

„Bist du nicht mein kleiner Schreihals von gestern Nachmittag?"

Erfreut über dieses Zusammentreffen, betrachtete ich den wunderschönen, farbenprächtigen, fast einen Meter langen Ara. Halb von einer Sitz-Bankreihe verdeckt, kreuzte er im Mittelgang auf und watschelte zielstrebig in meine Richtung.

Bestens dafür geeignet, im Geäst der Baumkronen herum zu turnen, waren ihm die langen, halbrunden Krallen auf dem glatten Steinfußboden allerdings mehr hinderlich als nützlich.

Da ich sein ausgewähltes Ziel darstellte, ging ich ihm entgegen, kniete nieder und streckte ihm meinen angewinkelten Unterarm entgegen. Als hätte er nur darauf gewartet, nahm er ihn ohne zu zögern in Besitz und kreischte mir dabei mehrmals lautstark entgegen. Dies war seine spezielle Art, mich zu begrüßen, um sich dann zielstrebig weiter nach oben zu hangeln, bis rauf auf meine Schulter. Was für ein Prachtexemplar dieser Ara, und so zutraulich.

Kaum zu glauben, wir kannten uns erst seit gestern Nachmittag. Ich nutzte natürlich die Gelegenheit, mich mit ihm im Restaurant anzufreunden. Und wie es aussah, funktionierte es. Er selbst hatte mich auserwählt, kam genau wie heute zielstrebig zu mir rüber gewatschelt. Ohne sich von irgendjemand ablenken zu lassen, suchte und blieb er etwa eine Stunde in meiner Nähe. Sicherlich war auch eine frische Ananas, die zerstückelt und in Scheiben zerteil mein Nachmittagsmenü darstellte, ein verlockendes Angebot. Ohne zu zögern nahm er die Einladung an. Von dieser gemeinsamen Mahlzeit geködert, reichte ein anschließend 10-minütiges Kopfkraulen aus, um Freundschaft zu schließen.

Dieses herrliche Tier war in Freiheit aufgewachsen. Es gehörte niemand, war genauso Gast im Camp wie alle anderen Besucher. Der Ara kam und ging, je nach Lust und Laune. Er suchte sich Freunde unter den Touristen aus, oder verschwand augenblicklich im Dschungel, wenn ihm der Rummel zu viel wurde.

„Das tut gut, nicht war mein kleiner Schreihals?"

Vorsichtig kraulte ich mit gefühlvoll kreisenden Fingerspitzen, Hals und Kopf des Tieres. Dem Ara schien dies ausgezeichnet gut zu gefallen, denn er neigte den Kopf nach unten, schloss seine Augen und sträubte sein buntes Gefieder reflexartig nach allen Seiten auseinander. Liebevoll betrachtete ich den in dieser Stellung ausharrenden, gewichtigen Ara auf meiner linken Schulter. Sich mir so auszuliefern, war ein Vertrauensbeweis der besonderen Art. Ein Vogel schloss nur dann seine Augen, wenn er sich in solch einer Situation absolut sicher fühlte.

„So mein Großer, dass war's für heute."

Ich beendete meine Kopfmassage und ging dann runter in Hockstellung, ihn abzusetzen.

Dem Ameisenbär gefällt die Massage

Mein Freund der Ara

„Das soll ja nicht in Arbeit ausarten, nicht war mein Liebling?"

Doch jeder Versuch lief ins Leere, meine Schulter zu verlassen. Es schien ihm nicht zuzusagen, den Logenplatz freiwillig aufzugeben. Es dauerte fast fünf Minuten, bis ich es geschafft hatte, den Ara auf einer Stuhllehne zu postieren. Mit lautem Kreischen missbilligte er diese Aktion.

„Nun hör schon auf zu Krackelen, du alter Schreihals", versuchte ich beruhigend auf ihn einzureden.

„Ich komme ja wieder."

Doch keine noch so wohlgemeinte Zurede veränderte seine zornige Stimmung. Wie konnte ich es auch wagen, ihn dort abzusetzen, und so ein genüssliches Kopfkraulen einfach zu beenden. Immer noch laute Schreie ausstoßend, zog er es vor, unser Zusammentreffen abzubrechen und verschwand kurzentschlossen im angrenzenden Dschungel, der zwei Seiten des Gebäudes einschloss.

„Na dann tschüss bis morgen", rief ich hinterher. Gleichzeitig angelte ich eine Flasche Tonic-Wasser aus dem seitwärts stehendem Eisfach der improvisierten Getränke-Bar. Vom Ara verlassen, folgte ich den mitten im Restaurant beginnenden und bis zum Wasser führenden Holzsteg. Von hier aus zog sich ein schlangenförmig hin und her windender Weg quer durchs Parkgelände. Immer dem Ufer-Verlauf folgend, überwand er kunstvoll errichtete Brücken und einige, über den Orinoco-River hinwegragende Aussichtspunkte.

Der mit Knüppelholz ausgelegte Pfad endete abrupt an den Begrenzungsseiten des Camps, versperrt von wildwuchernden Dschungelwänden, deren aufstrebende Auswüchse weit übers Ufer hinaus, bis ins Wasser reichten.

Mitten auf einer bogenförmig geschwungenen Brückenkonstruktion fand ich ein schattiges Plätzchen. Mich dort niederlassend, genoss ich die morgendliche Stille. Nur ein leises Plätschern des vorüberziehenden Orinoco-River verschmolz mit dem einschläfernden Rauschen der gewaltigen Urwaldriesen. Auseinanderstrebende Baumkronen spendeten weit über den Uferrand hinaus den erwünschten Schatten. Die durchs dichte Blätterdach hindurchblinkende Morgensonne fand nur wenige

Im Langhaus der Dorfgemeinschaft

Alte Jagd-Waffen der Indianer

184

Im Orinoco-Delta

Ein dichter Wasserpflanzen-Teppich behindert den Fischfang
der Warao-Indianer

185

Lücken im Geäst. Trotz allem zerstäubten die nur spärlich unten ankommenden Sonnenstrahlen die letzten sich in Auflösung befindlichen Nebelschwaden, und verwandelten beim Aufeinandertreffen den durchscheinenden Orinoco-River, in eine glitzernde Projektionsfläche.

Was für eine Naturkulisse. Ohne Regung saß ich mucksmäuschen-still auf dem Brückenbogen und beobachtete den zeitlos vorüberziehenden Orinoco.

Neugierig registrierte ich die unterschiedlichsten Dschungelgeräusche, einer im Verborgenen agierenden Tierwelt, in näherer und weiterer Umgebung.

Doch plötzlich wurde ich durch ein knackendes Geräusch aufgeschreckt. Direkt über mir rumorte es im Blätterwald. Ein abgeworfener, vertrockneter Ast landete direkt vor meinen Füßen. Ein kurzer Blick nach oben, und ich lokalisierte den Störenfried. Im Geäst turnte ein farbenprächtiger Dschungelbewohner, ein ausgewachsener Tukan herum, der argwöhnisch zu mir runterschielte.

Mit seinem übergroßen, gelbschwarz gestreiften Schnabel und dem kleinen in keinem Verhältnis dazu stehenden blaugezeichneten Kopf, mit weißgelb gemusterter Halspartie, leuchtete er hervor, wie ein bunter Farbtupfer im dominierenden Grün der Umgebung. Misstrauisch beäugte er meine Anwesenheit, sicherlich davon überrascht, mich hier vorzufinden. Da er sich mit meiner Gesellschaft nicht so richtig anfreunden konnte, zog er es vor, genauso schnell zu verschwinden, wie sein plötzliches Auftauchen.

Was war doch dieser Tukan für ein seltsam geformtes Tier. Wie war es nur möglich, mit diesem riesigen Schnabel zu fliegen? Der wog sicherlich mehr als der gesamte Rest des Tieres. Wenn ich es nicht selbst beobachtet hätte, konnte man daran zweifeln.

Kaum war der Tukan verschwunden, tauchten wie aus dem Nichts kommend, Hunderte bunte, handflächengroße Falter auf. Auf der Suche nach süßen Nektar, rumflatterten sie die in voller Blüte stehenden Sträucher, Büsche und Hecken. Dieser, von der Natur inszenierte gemeinsame Aufbruch nach beendeter Nachtruhe, war für mich ein verwirrendes und gleichzeitig wunderschönes Schauspiel – ein Privileg für mich, inmitten dieser tanzenden Schmetterlinge zu liegen und alles hautnah beobachten zu können.

Durch ein plätscherndes Geräusch abgelenkt, schweifte mein Blick zum Orinoco-River hinüber. Ein im Wasser treibender, vertrockneter Baumstamm schrammte leicht die vordersten, tief in den Grund gerammten Holzpfeiler der Brückenkonstruktion. Durch den hervorgerufenen Aufprall änderte sich die Zielrichtung und der Stamm wurde vom Sog des Stromes erfasst und weitergeleitet. Sich taumelnd um die eigene Achse drehend, ragten einige herausstehende Äste himmelwärts und verschwanden nach wenigen Minuten hinter einer, weit ins Wasser hineinreichenden Ufervegetation.

Dieser träge dahingleitende Orinoco-River, mit den zahlreichen an der Oberfläche dahintreibenden, losgerissenen Wasserpflanzen, war ein Blickfang für Besucher und ein Ort der Ruhe und des Friedens.

Doch in letzter Zeit wurden die vom Fischfang lebenden Indianer, diese dickfleischigen, unentwegt dem Ozean zuziehenden Pflanzenbüsche, zum wachsenden Problem. Diese explosionsartige Vermehrung der buschartigen Wasserpflanzen, verhinderte besonders in den Seiten-, und Verbindungskanälen, den Schiffsverkehr aller Motorboote und Kanus. Es wurde immer schwieriger dort einzudringen, forderte vom Bootsführer Kraft und Geschicklichkeit, um dort nicht stecken zu bleiben.

Für uns Touristen war dieser grüne, geschlossene Pflanzenteppich eine besondere Attraktion, inmitten explodierender Flore und Fauna. Für die im Schutzgebiet lebenden Warao-Indianer wurde allerdings dieser Wildwuchs zur lebensbedrohlichen Herausforderung.

Ihre Fischfangquote verringerte sich dramatisch, mit gleichzeitig ansteigender Abhängigkeit von anderen Ernährungsquellen. Fieberhaft war man nun auf der Suche nach einer artgerechten Problemlösung. Bislang leider erfolglos.

Hoffentlich griff man nicht zur „Chemischen Keule", um Abhilfe zu schaffen. Die Folge solcher Aktion wäre unverantwortlich, für die hier lebenden Warao-Indianer und einer noch halbwegs intakten Dschungellandschaft. Hier konnte man nur hoffen, dass uns diese einmalige Naturkulisse erhalten blieb. Vertrauen wir dem Sprichwort: „Die Hoffnung stirbt zuletzt."

Noch blieb mir eine Stunde Zeit, bis zum Beginn des gemeinsamen Frühstücks, vorausgesetzt, den anderen Teilnehmern der gestrigen Getränkeverkostung war der Wille dazu nicht abhandengekommen. Der gestrige Suff Abend hatte garantiert seine Spuren hinterlassen, bei einem mehr, beim anderen weniger. Ich war wirklich gespannt auf unser verkatertes Zusammentreffen.

Den breitrissigen Holzstamm der Brückenkonstruktion als Rückenlehne nutzend, genoss ich die Stille des Augenblicks, hier am Ort der Ruhe und des Friedens. Fast geräuschlos zog der Orinoco vorüber, ein Postkartenmotiv voller Leben und natürlicher Schönheit.

Ab und zu drangen klatschende Geräusche fliegender Fische herüber, welche unweit vom Ufer aus dem Wasser schossen, im hohen Bogen durch die Luft segelten, und nach kurzem Pflug von der Erdanziehung eingefangen, wieder im Fluss verschwanden.

Im wogenden Gefühl der inneren Ruhe, schloss ich meine Augen, lauschte dem monotonen Rauschen der sich über mir ausbreitenden Urwaldriesen, und dem beruhigenden Plätschern des unter mir hinwegziehenden Orinoco-Rivers. Fast unbemerkt wurde irgendwann die mir umgebende Geräuschkulisse leiser, immer leiser, bis sie völlig versiegte.

Ohne es zu wollen war ich eingeschlummert. Misstrauisch beäugte mich ein vorüberfliegender Ara. Er zog es vor, schnellstmöglich in einer gegenüber liegenden Baumkrone zu verschwinden. Nur den nektarsuchenden Faltern war meine Anwesenheit völlig egal. Wie eh und je, zog es sie flatternd von Blüte zu Blüte. Wie immer begrüßten sie den erwachenden Morgen, mit ihrer tanzenden Schmetterlingsshow.

Malaysia
2006

Auf dem 1998 eröffneten „Kuala Lumpur - International Airport", einem der modernsten Flughäfen der Welt, begann im Herbst 2001 mein Malaysia-Urlaub mit einem 2-stündigen Zwischenaufenthalt, den ich dort nutzen musste, um den etwas außerhalb liegenden Inland-Airport rechtzeitig zu erreichen.

Mein momentanes Endziel in Malaysia lag etwa 1000 km entfernt auf der Insel Borneo, im Bundesstaat Sabah. Das Land war zweigeteilt: Westmalaysia war eine 750 km lange Halbinsel, eingebettet zwischen Thailand und Singapur, während Ostmalaysia mit den beiden Bundesstaaten Sawarak und Sabah die Ostküste Borneos belegte.

Mein 2-stündiger Inlandflug endete auf dem Airport Kota Kinabalu, Sabahs Hauptstadt, gleichzeitig Treffpunkt unserer kleinen Reisegesellschaft, mit dem für Borneo eingesetztem Reiseleiter. Acht Tage Zeit standen uns zur Verfügung, die beiden Bundesstaaten näher kennen zu lernen. Größere Entfernungen wurden hier generell mit dem Flugzeug überbrückt, da die nötigen Straßenverbindungen nicht vorhanden waren.

Uns begeisterte im zweitgrößten Bundesstaat Malaysias besonders eine grandiose Natur mit ihrer extrem vielfältigen Vegetation rund um den höchsten Gipfel Südostasiens, dem 4 101 Meter hohen Mont Kinabalu, dem urwüchsigen Urwald im Danum Valley und der einzigartigen Tierwelt in den Reservaten: Den Nasenaffen, den Orang-Utans, den verschiedensten Nashornvögeln und den hier anlandenden Riesenschildkröten.

Der eingeplante Tagesausflug zum mitten im Dschungel liegenden Orang Utan – Auswilderungszentrum in Sepilok war für alle ein unvergessliches Erlebnis. Gegründet wurde die Station 1964. Hier lernten junge aufgefundene Orang Utan-Waisen wieder ein Leben in freier Wildbahn kennen.

Auf einer tief im Dschungel versteckten und hier errichteten Plattform, konnten wir das Affentheater der täglichen Fütterungszeremonie beobachten und fotografieren. Auf angebrachten Info-Schildern wurden die Besucher darauf aufmerksam gemacht, dass einige Orang Utans in unsere Nähe kommen und sich brennend für nachlässig festgehaltene Kameras und Handtaschen interessieren könnten. Ein eventuell dadurch eintretender Schaden würde nicht ersetzt werden. Doch heute passierte nichts. Niemand kam etwas abhanden. Wir alle waren von diesen Begegnungen in unmittelbare Nähe begeistert und vom nicht enden wollenden Spaß und Gaudi.

Nur hier auf Borneo und auf der Nachbar-Insel Sumatra, lebten die einzigen Primaten außerhalb Afrikas. Waldmenschen nannte man die, vom Aussterben bedrohten rothaarigen Orang Utans, in der Landessprache der Einheimischen.

Nur ein Kind bekamen Orang Utan-Mütter, dass sie fünf bis neun Jahre lang aufzogen, ohne eine neue Bindung einzugehen. Wurde diese abhängige Beziehung von Mutter und Kind durch Holzfäller oder Bauern gestört, kam es manchmal zur panischen Flucht und die Mutter ließ ihr Kind allein zurück. Diese so aufgefundenen Waisen, so wollte es das Gesetz, wurden in Auswilderungszentren abgeliefert und einer Ersatzmutter zugeführt.

In Sepilok entdeckten die Affenkinder durch Nachahmung der Älteren, was zum Überleben in freier Natur wichtig war. Kein leichtes Spiel, weder für sie noch für die menschlichen Lehrer, denn gefangene Tiere waren meistens verhaltensgestört, konnten weder Lager bauen noch Nahrung finden. Es wird sieben bis neun Jahre dauern, bis ein Orang Utan wieder das ist, was er seinem malaysischen Namen nach sein sollte, ein Mensch des Urwaldes. Das Ziel der Auswilderung war erreicht, wenn die Orang Utans nicht mehr auf die Fütterungen angewiesen waren.

Doch leider gab es auch eine andere Version, eine grausam perverse Realität. Viele dieser aufgefundenen Affenbabys wurden nach Taiwan verkauft, für bis zu 50 000 US-$ pro Stück. Dort hielt man sie als Haustiere, ein verhängnisvoller Schwachsinn, der abscheulicher nicht hätte sein können.

Borneos Dschungellandschaft

Hütten aus Bambusstangen errichtet

Schrumpfköpfe der getöteten Feinde hängen in den Hütten der Ureinwohner in Netzbeuteln an der Decke

In den Baumkronen der Urwaldriesen

193

Irgendwann ist es dann zu spät, und die letzten Orang Utans werden in freier Natur verschwinden und sind nur noch im Zoo zu besichtigen. So stirbt ein Stück Natur nach dem anderen. Was soll man da machen? Die Gier nach Geld tötet alle Wünsche. Vielleicht kann ich später mal sagen, ich hatte noch das Glück, die letzten Orang Utans in freier Natur beobachten zu können, welch perverse Vorstellung.

Die Zeit ging rasend schnell vorüber. Wie vereinbart, flogen wir Mitte der Woche nach Kuching, Sawaraks Hauptstadt, mit eingeschlossener Zwischenlandung in Brunei.

Dieser Bundesstaat war mit seinen 125 000 Quadratkilometern nur ein wenig kleiner als gesamt West-Malaysia, wo allerdings zehnmal mehr Einwohner lebten als in Sawarak, wo sich die 1,6 Millionen Menschen in den Städten der Küstenregion konzentrierten. Im Herzen Borneos, nahe der Grenze zum südlichen Kalimantan (Indonesien), zogen nur noch einige Tausend Penan, als Jäger und Sammler durch die endlosen Urwälder. Die meisten der dort ansässigen Volksgruppen wurden indes sesshaft, und wohnten in sogenannten Langhäusern an Flüssen.

Wie im benachbarten Sabah war die ehemalige Kopfjagd abgeschafft wurden, zumindest dem Gesetz nach. Alle Dayak-Stämme pflegten früher die Kopfjagd als Bestandteil der Mannbarkeitsrituale und Bedingung für Heiratsfähigkeit. Mit der Erbeutung eines feindlichen Kopfes – so die bevorzugte Interpretation – sollten die Dayak versucht haben, sich die guten Eigenschaften des Getöteten, Stärke, Tapferkeit und Ansehen anzueignen. Die anfallenden Köpfe wurden im Rahmen eines feierlichen Rituals getrocknet und die Schrumpfschädel in Bündeln in dem Barok, dem runden Kopf Haus aufbewahrt.

Auch heute noch pflegt ein Großteil der Iban (Rund ein Drittel der Bevölkerung), nach wie vor eine spirituelle Beziehung zu den Ahnen und der Natur.

Und genau dorthin führte uns ein Tagesausflug, zu den Ureinwohnern Borneos, den ehemaligen Kopfjägern. Die dort immer noch bevorzugte Dorf Form war das auf Pfählen errichtete Langhaus. Bis zu Zwanzig Familien lebten in diesen riesigen

Pfahlbauten am Flussufer auf engsten Raum zusammen. Dort diente die außen herumführende Veranda dem Trocknen von Pfefferkörnern und Kleidern – die innere überdachte Veranda war Treffpunkt und Arbeitsplatz. Hier lagerten auch die teuren Bootsmotoren und die von den Ahnen auf der Kopfjagd erbeuteten Schrumpfschädel.

Auf Nachfrage wurde uns mitgeteilt, dass in den letzten hundert Jahren keine neuen Schädel mehr zugesteuert wurden. Unser Reiseleiter berichtete uns allerdings später etwas von geköpften Japanern, deren Schädel dort oben seit dem Zweiten Weltkrieg baumeln würden. Na ja, man konnte es Glauben oder sein lassen. Gefühlsmäßig waren die dort oben baumelnden Schädel garantiert keine Hundert Jahre alt.

Nach einem 2-tägigen Aufenthalt bei den Kopfjägern verließen wir Borneo, flogen zurück mit einer kleinen Propellermaschine nach Kuala Lumpur, um nun von dort aus die eingeplante Rundreise auf der westmalaysischen Halbinsel fortzusetzen.

Meine folgende Kurzgeschichte handelte vom Besuch des Taman-Negara-Parks, im ältesten, intakten Regenwald der Erde, eine der größten Attraktionen für Naturfreunde auf der malaysischen Halbinsel. Der 4 343 qkm große Nationalpark war über 130 Millionen Jahre alt und damit älter als die Urwaldgebiete Afrikas und Südamerikas. Ausgangspunkt für Wanderungen war das Park Headquarter in Kuala Tahan.

Um dorthin zu gelangen, stand uns eine 3-stündige Bootsfahrt bevor. An der Anlegestelle erhielten wir auch die Genehmigung für den Parkbesuch. Zu den eindrucksvollen Erlebnissen während der Bootstour gehörte eine Wanderung über den neu angelegten Canopy-Walk in der Nähe des Park-Hauptquartiers.

In über 20 Meter Höhe wurden diese geknüpften Hängebrücken ohne Nägel oder Schrauben zusammengebaut und zwischen den Bäumen aufgespannt. Über ein Kilometer war bereits installiert und an einer Verlängerung wurde gearbeitet. Von hier aus hatte man einen herrlichen Rundblick über den Dschungel, runter bis zum Flussufer. Überrascht wurden wir von einer vorüberziehenden Affentruppe, die Warnrufe ausstoßend, schleunigst das Weite suchte.

Der Petrona Twin Towers mit 451 Meter Höhe

Kuala Lumpur von oben

Am Fuße des Towers

Fischerdorf – Besuch

Garküche am Straßenrand – Reis in Bambusröhren

Sultan – Residenz

Markthallenbesuch (Drei Etagen übereinander)

Dem Besuch einer Orang Asli Gemeinschaft ging nochmals eine längere Bootstour voraus. Ihre Heimat war der Urwald. Hier lebten sie seit Jahrtausenden. Orang Asli (ursprüngliche Menschen), war die Sammelbezeichnung einer Vielzahl von Ethnien, die vielerorts auf der Halbinsel noch als Halbnomaden herumzogen. Unter ihnen waren die den Negritos zugeordneten Semang die älteste Gruppe der Orang Asli. In Malaysia lebten nur noch etwa 2 000 von ihnen. Sie waren höchst demokratisch organisiert und besaßen einen gewählten Anführer, der jederzeit abgesetzt werden konnte. Sie teilten die Jagdbeute oder sonstige Nahrung in ihrer Gruppe auf, die aus einzelnen Familienverbänden, aber nicht mehr als 30 Personen zählten.

Ihr einziger Besitz waren Obstbäume, deren Früchte aufgeteilt wurden und die bekannten Blasrohre für die Jagd. Diese äußerst gefährlichen Waffen maßen gut zwei Meter in der Länge, bestanden aus zwei ineinander geschobenen Bambusrohren. Mit Gift aus Baumsäften und mit Wespen- oder Schlangengift angereichert, bestrichen die Orang Asli die Pfeile und töteten damit Affen, Vögel, Wildkatzen und Wildschweine.

Mit den sesshaften Malaien hatten sie ein distanziertes Handelssystem aufgebaut. Sie deponierten Waldprodukte (Honig, Harz, Früchte, Wurzeln) in Siedlungsnähe, und nahmen Tage später an derselben Stelle die Tauschwaren (Messer, Salz, Tabak, Schmuckperlen) in Empfang.

Die Orang Asli, weitgehend noch ein Naturvolk in schwindender Natur, glaubten traditionell an deren Geister. Sie lebten nach bestimmten Gesetzen und Tabus, die alle den Einklang mit der Umwelt regelten. Ein 2-stündiger Aufenthalt in solch einer Dorfgemeinschaft war für uns ein einmaliges Erlebnis.

Wie schon angedeutet schloss sich nach dem Orang Asli – Siedlungsbesuch eine Dschungelwanderung an, die mein Vorverständnis für solche Aktionen empfindlich ins Wanken brachte.

Der ewige Reinfall

Immer den Vordermann vor Augen, schob ich, nichtwissend wie der Untergrund reagierte, vorsichtig einen Fuß vor den anderen. Nur langsam kamen wir voran. Noch immer befanden wir uns auf dem leicht ansteigenden Uferstreifen, dessen rasenüberwucherter Boden wie ein vollgesaugter Schwamm, uns Schritt für Schritt ein schmatzendes Gluckern entgegensandte.

Unser kleines Wandergrüppchen setzte sich aus ganzen acht Personen zusammen, den Reiseleiter inbegriffen. Bei seiner vorangegangenen Frage, wer denn eine Dschungelwanderung mitmachen möchte, zogen es vier unserer Gruppe vor, am Ufer zurückzubleiben. Man war der Meinung, hier gäbe es auch viel zu erkunden, und wolle auf unsere Rückkehr warten. Wider besseren Wissens ignorierte ich den inneren Drang, ebenfalls hier unten zu bleiben und auf den Dschungelbesuch zu verzichten. So wurde ich wieder mal Opfer meiner eigenen Neugierde, ohne Rückzugsmöglichkeit.

Während wir einem unbekannten Ziel entgegenzogen, wünschte man uns, hinterhältig grinsend, viel Erfolg und Spaß beim Wandern. Oh diese glücklichen, vorausdenkenden und zurückgebliebenen Vier. Eine Vorahnung des Kommenden muss sie dazu gebracht haben, diesen Ausflug nicht anzutreten.

All diese Gedanken verfolgten und ärgerten mich später maßlos, als ich tief im Schlamm steckend, vollständig ihre passive Haltung zur Dschungelwanderung nachvollziehen konnte.

Doch noch war es nicht so weit. Gemächlich langsam ging es voran, und der körperliche Einsatz blieb im erträglichen Rahmen. Doch je tiefer wir am Uferstreifen eindrangen, umso schwieriger gestaltete sich das Vorankommen und das schwül-warme Waschküchenklima nagte mit Beharrlichkeit am Willen, sich diesen wachsenden Anstrengungen weiter auszusetzen. Doch hatten wir uns nun mal zu diesem Ausflug entschieden, ohne

Wenn und Aber, mussten allerdings darauf achten, den aufgedrehten Kreislauf nicht zu überfordern.

Unbeeindruckt von all diesen auf uns einwirkenden, situationsbedingten Unannehmlichkeiten, marschierte unser Reiseleiter als erster voran, kräftig seine Machete schwingend. Eingekesselt von einem zwei Meter hohen Schilfgürtel und einer wildwuchernden Dschungelwand umgeben, bahnte er einen Weg vom Uferstreifen weg, zum aufsteigenden Berghang hinüber. Gepeinigt von Tausenden Mücken, deren Willkommensstaffeln uns voller Vorfreude umschwärmten, folgten wir so schnell wir konnten dem Pfad des voraneilenden Wegbereiters.

Hier im noch fast unberührten Teil Borneos, wurden wir Dank der unmittelbaren Äquatornähe zum Spielball extremer Lebensbedingungen, mitten im Paradies voller Schönheit, aber auch gnadenloser Brutalität, ohne Wenn und Aber.

Schon nach wenigen Minuten und etwa 200 Meter bewältigter Wegstrecke, strömte der Schweiß bei mir aus allen Poren, folgte dem Gesetz der Erdanziehung und bahnte sich den Weg nach unten. Wie ein vollgesaugter Schwamm klebte mein T-Shirt am Körper, hing herunter wie ein nasser Sack und unterm Cape staute sich die Hitze wie im Backofen.

Je weiter wir uns vom Ufer entfernten, verschwand der Schilfgürtel so nach und nach. Der vom Unkraut und rankendem Buschwerk befreite Weg schlängelte sich, immer steiler aufwärts führend, dem vor uns hochschießenden Berghang entgegen. Die dortigen Baumbestände mit den riesigen ineinander verschlungenen Baumkronen, versprachen etwas Kühlung.

Fast senkrecht stand die Sonne über uns, brannte sich durch die bodennahen Luftschichten, deren aufgeheizte Luftwirbel, die Umgebung in eine flimmernde Fata Morgana verwandelte.

Den Versuch, meine Schweißausbrüche mit Papiertaschentücher etwas zu regulieren, hatte ich längst aufgegeben. Ein sinnloses Unterfangen. Also lasse ich der Natur freien Lauf. Was sollte ich auch machen? Ändern konnte ich daran nichts. Durchgeweicht bis auf die Socken, war mir das jetzt sowieso völlig egal, da ich mich dem Dschungel ausgeliefert fühlte. Der modernde Boden wurde immer schmieriger und der Morast haltige Untergrund saugte sich

202

Ausgangspunkt der Bootstour

Besuch einer Dorfgemeinschaft der Orang Asli (Halbnomaden)

Wir werden schon erwartet

Die Männer sind auf Jagd

Nur Frauen und Kinder sind im Dorf

205

fest an den Profilsohlen unserer Wanderschuhe. Als wenn das nicht schon genug wäre, stürzten beim Verdrängen des hoch hinauswuchernden Busch- und Baumbestandes, unablässig herabrinnende Wasserströme über uns herunter, ein Resultat des letzten Regengusses.

Wir alle richteten unsere Blicke aufmerksam nach unten, immer darauf gefasst, ein unvorhergesehenes Hindernis auszuweichen, eine Zielsetzung mit fragwürdigem Ausgang. Dabei umrundeten wir staunend und neugierig die Stämme gewaltiger Urwaldriesen, die vor uns auftauchten und den Weg versperrten. Zum ersten Mal in meinem Leben stand ich vor solch riesigen Bäumen. Mit geschätzten 10 bis 14 Metern Stammumfang durchbrachen sie die unteren Dschungelschichten und strebten bis zu 40 Meter Höhe dem dort oben vorherrschenden Sonnenschein entgegen. Ein paar erklärende Worte, ein kurzer Foto-Stopp und schon ging es weiter, einem Ziel entgegen, das nur unser Reiseleiter kannte, der immer noch die Machete schwingend vorauseilte.

Die Grüne Wand vor uns wurde immer undurchdringlicher und der Anstieg immer steiler. Vom Vordermann abgestreifte, zurückschnellende Zweige, flogen uns um die Ohren und dornenbesetzte Buschranken verhakten sich in Hosen und Umhängen, falls man dorthinein geriet. Bei diesem glitschigen Waldboden war äußerste Vorsicht geboten, soweit man den Zustand einschätzen konnte.

Wenn man der Meinung war, man stände auf einem festen, stabilen Untergrund, war es zweimal die richtige Entscheidung. Doch dann geschah das, was eigentlich nicht geschehen sollte. Beim dritten Versuch dort Fuß zu fassen, setzte sich blitzschnell der dort betretene Untergrund in Bewegung. Ehe man so richtig begriff was los war, schoss man wie ein Surfer im Wellental nach unten. Man griff erschrocken nach allem, um dem Einhalt zu gebieten.

Da schien ein dicker Ast die Lösung zu sein, den Abgang abzufedern. Ich griff zu, um mich festzuklammern. Doch was war das? Ich konnte es kaum glauben. Welche hinterlistige Täuschung. Dieser sogenannte stabile, festsitzende Ast war alles andere als ein Rettungsanker. Der feste Griff von mir hatte zur Folge, das wir ab jetzt gemeinsam den Weg nach unten fortsetzten mussten, bis eine herausragende Wurzel dem Ganzen ein unrühmliches Ende bereitete und ich im abschüssigen Gestrüpp landete. Nach der Rutschpartie hatte meine arme Hose alle Bestandteile des Waldbodens in sich aufgesaugt. Ich nahm es von der lustigen Seite. Ab sofort konnte ich alle Schlammlöcher bedenkenlos durchwaten, denn zu versauen gab es ja nichts mehr.

Doch wie es nun mal so war, irgendwann endete der Aufstieg am Ziel unserer Mühe, oben auf dem Gipfel. Nach zweistündiger Strapaze lag das Ziel vor uns, eine mit Felsbrocken überlagerte, baumfreie Bergspitze. Hier wurden wir für unsern mühevollen Aufstieg mit einem spektakulären Ausblick über den vor uns liegenden, bis zum Horizont reichenden Dschungel entschädigt.

Halbwegs erschöpft und immer noch nach Luft hechelnd besetzten wir die abgerundeten, glatten Felsquader für eine gute halbe Stunde. Eine fast gespenstische Stille lag über dem Plateau, ließ alle Gespräche verstummen. Nur der Wind strich über uns hinweg, umströmte den Berggipfel und verfing sich im grünen Blätterdach der um uns herum abfallenden Dschungelwand, soweit der Blick es uns ermöglichte.

„Na dann wollen wir mal wieder."

Seine Machete greifend erhob sich unser Reiseleiter und deutete Richtung Abhang.

„Jetzt geht es wieder hinunter."

Etwas unwillig folgten wir dieser Aufforderung, ließen nochmals die Bilder auf uns einwirken und folgten dem vorauseilenden Reiseleiter im Gänsemarsch. Den baumfreien Gipfel hinter uns lassend verschwanden wir schon nach kurzer Zeit im auswuchernden Dickicht einer mehrere Meter hohen Blätterwand.

Wer nun angenommen hatte, der Abstieg würde uns etwas leichter fallen, sich weniger schwierig gestalten als der Aufstieg, wurde schnell von der Realität eingeholt.

Mit Entsetzen stellten wir fest, dass der sogenannte leichtere Weg nach unten, eine wesentlich nervenaufreibendere und strapaziösere Angelegenheit werden sollte, deren Ablauf wir uns so bestimmt nicht vorgestellt hatten. Unabhängig von nach uns hackenden widerlich langen Dornen im vorüberziehenden

Buschwerk, wurde der immer steiler werdende Abstieg zur Rennstrecke mit Sog nach unten. Wer hier ins Laufen kam war schon so gut wie erledigt, denn anhalten oder seitlich auszuweichen konnte man nur mit etwas Glück in den seltensten Fällen.

Reihenweise verhedderten wir uns im Gebüsch, oder rutschten auf allen Vieren dem Vordermann in die Beine, mit einem ungewollten Domino-Effekt. Selbst kam man zum Stehen, aber der Andere wurde zum Spielball der Situation.

Sich darüber aufzuregen hatte natürlich keinen Sinn. Ändern konnten wir an dieser misslichen Situation im Moment sowieso nichts, denn überall lauerte das Unvorhergesehene. Es kam uns so vor, als wollte dieser schmierige Waldboden uns demütigen, wo er nur konnte.

Doch irgendwann lag dieser Abstieg hinter uns. Urplötzlich lichtete sich die grüne Strauch- und Heckenwand und die ersehnte Uferregion tauchte vor uns auf.

Gott sei Dank – geschafft. Uns allen war die Erleichterung anzumerken. Das Ziel und Ende aller Mühen vor Augen kam unsere verloren gegangene Energie zurück und mit doppelter Geschwindigkeit strebten wir dem Uferstreifen entgegen.

Ich selbst schwor mir zum x-ten Male nie wieder so eine Tour mitzumachen. Wenn da nur das Wörtchen wenn nicht wäre. Immer wieder fiel ich auf diese Art von Erkundungsausflügen herein, obwohl ich ganz genau wusste, was da mal wieder passieren würde. Das Resultat meiner angeborenen Neugierde, war wie immer, ein ewiger Reinfall.

Am Boot angekommen, wurden wir von den Anderen schon erwartet. Man musterte uns grinsend von oben bis unten. Im Blitzlichtgewitter ihrer Kameras fühlten wir uns wie Hauptdarsteller in einem Abenteuerfilm, kurz nach den Dreharbeiten. Auch die hämischen und spöttischen Bemerkungen der Zurückgebliebenen, über unsere lädierte und vom Dschungel dekorierten Kleidung, überstanden wir heldenhaft, ohne die Lästereien zu kommentieren.

Am Uferrand niederlassend, war jetzt jeder mit sich selbst beschäftigt und versuchte, soweit wie möglich, seine eingesauten

Reiseleiter auf Borneo

Das Ufer naht – und damit die Dschungelwanderung

Der Gipfelmarsch beginnt

Uralter Baumbestand

Zurück im Urwaldhotel

Klamotten einigermaßen auf Vordermann zu bringen. Das war gar nicht so einfach, bei dieser intensiven Verunreinigung.

Es war sicherlich ein höchst amüsanter Anblick den wir im Moment abgaben - ein am Ufer sitzendes Häuflein versprengter Waldmenschen. Alle Farben der Umgebung hatten sich auf uns abgelagert. Ein Dschungelkämpfer hätte seine Tarnung nicht besser inszenieren können.

Nur noch teilweise die gewaltigen Baumkronen überwindend, stand die Sonne schon ziemlich schräg am Himmel. Ihre Strahlen verfingen sich im wiegenden Schilfgürtel der angrenzenden Uferböschung. Ihre hin und her flackernden Schatten mahnten zum baldigen Aufbruch. Unaufhaltsam näherte sich der scheidende Tag dem anbrechenden Abend. Trotz allem benötigten wir noch eine gute halbe Stunde, unsere unfreiwillige Putz- und Säuberungsaktion abzuschließen, in den beiden Motorbooten Platz zu nehmen und die Küste der Strapazen zu verlassen.

Laut heulten die Motoren auf, drückten die Boote tief nach unten. Wir schossen voran, einen langen Wasserwirbel hinter uns herziehend. Entspannt verfolgten wir die dahinfliegenden Uferstreifen mit den riesigen weit übers Wasser hinausragenden Baumkronen, inmitten endloswuchernder Dschungelvegetation. Der Tagesausflug lag nun mehr oder weniger hinter uns.

Klatschend schlugen die Boote auf, beim anfallenden Wellengang. Hochaufspritzende Wasserfontänen schossen in versprühender Gischt-Form über uns hinweg, zwangen uns zu ständigen Ausweichmanövern, um einigermaßen trocken zu bleiben.

Bei diesem vorbeugenden Auf und Ab und Hin und Her, übersah man ein paar kleine Dschungelbewohner, deren Anhänglichkeit uns im wahrsten Sinne des Wortes anhaftete, und ein heilloses Durcheinander hervorrief.

„Mein Gott, was ist denn das?"

Erschrocken sprang meine Sitznachbarin nach oben, schleuderte ihre ausgezogenen Wanderschuhe mit einer reflexartigen Bewegung in die andere Bootsecke und wies auf ihre beiden Füße. Diese waren mit einigen Blutegeln bestückt. Was für

Prachtexemplare! Vollgesaugt, hingen sie an den Waden der entsetzten Dame, rechts und links herunter.

„Das kann doch nicht wahr sein!"

Blitzschnell riss sie die vollgesaugten Wadenbeißer von ihren Füßen und schleuderte die Egel ins vorüberschießende Wasser.

Jetzt kam Bewegung in die Boote. Aufmerksam geworden, begannen alle ihren Körper nach den unwillkommenen Saugern abzusuchen. Die Trefferquote war entsprechend hoch. Nur unser Reiseleiter und eine am Ufer verbliebene Dame wurden von den Egeln ignoriert. Alle anderen entdeckten ihre wohlgenährten Untermieter an den verschiedensten Stellen. In den Schuhen, am Oberkörper, an den Armen, am Bauch und in der Hose fanden diese Sauger ihre Blutkonserven.

Ich entdeckte drei dieser anhänglichen Tierchen, vollgesaugt am Strumpfrand, unterm Hosenbein. Zwei von ihnen konnte ich problemlos loslösen, doch der Dritte hatte sich voll im Fuß verhakt und war nur mit roher Kraft wegzureißen, was äußerst schmerzhaft ablief, und der Blutabfluss nur mit Mull und Pflaster gestoppt werden konnte.

Ohne dass jemand etwas bemerkt hätte, waren diese kleinen Tierchen beim Wandern und sogar am Ufer, über uns hergefallen. Am Anfang nur drei bis zehn Millimeter groß, wuchsen sie beim Saugen auf fette fünf bis zehn Zentimeter Länge, vollgepumpt mit dem Blut ihrer Opfer.

Hektisch entfernten wir uns gegenseitig diese Plagegeister, säuberten die zum Teil blutverschmierten Hände im verbeiziehenden Wasser und hatten damit nun doch noch ein gemeinsames Erlebnis, wir die Wandergruppe und die am Ufer zurückgebliebenen vier Dschungelwegverweigerer.

Uns war die Zeit davongerannt. Jetzt wollten wir nur noch nach Hause. Vor uns lag eine zweistündige Bootsfahrt, zurück zur gemütlichen Lodge am anderen Ende des Sees. Langsam entzog sich die glutrote Abendsonne unseren Blicken und verschwand hinter der Dschungelwand. Ihre letzten durchsickernden Strahlen flimmerten im aufspritzenden Wasser beider Boote in allen Regenbogenfarben.

Nach der aufregenden Egel-Beseitigung breitete sich in den beiden Booten eine wundersame Stille aus. Keiner sprach ein Wort. Alle waren mit sich selbst beschäftigt, die vielfältigen Erlebnisse und Eindrücke des Tages zu verarbeiten. Das einzige Geräusch in dieser stimmungsvollen Abendkulisse waren die beiden brummenden Motoren und das klatschende Wasser beim Aufprall der dahinrasenden Boote.

Mexiko - 2003

Mexiko ist ein Land der Extreme, mit vielen Gesichtern und einer einzigartigen Mischung von Kulturen und Landschaften. Moderne Landwirtschaft trifft auf präkolumbische Ackerbaumethoden während die alte Geschichte nirgendwo sonst in Amerika so unentwirrbar mit magischen Ritualen und modernem Alltag verwoben ist.

Etwa 100 Millionen Einwohner drängen sich zwischen der 3149 Kilometer langen Grenze zu den USA und den Regenwäldern an den Ufern des Usomacinta-Flusses, der Grenze zu Guatemala. Im stärker industrialisierten Norden leben mehr Weiße; die Indios bewohnen dagegen vorwiegend ländliche Regionen im Süden.

Fast 90% der Mexikaner bekennen sich zum Katholizismus, der allerdings vorchristliche Elemente aufgenommen hat. Am meisten verehrt, vor allem von den Armen, wird die Jungfrau von Guadalupe. Landespatronin und als solche neben Armee und Präsident die dritte unantastbare Institution des Landes.

Mexiko verfügt über ein reiches Kulturerbe, gehört zu den drei artenreichsten Ländern der Welt mit mehr als 30 000 Pflanzenarten, fast 450 verschiedenen Säugetieren und über 1 000 Vogelarten – von denen viele ausschließlich nur in Mexiko vorkommen, ein Paradies für Naturforscher.

Die Küsten Mexikos haben eine Gesamtlänge von mehr als zehn tausend Kilometern. Auf der Pazifik- Seite gibt es viele Vorgebirge und Inseln, während auf der atlantischen Seite Sandstrände vorherrschen.

Die Geschichte Mexikos begann mit dem Zusammenprall zweier Kulturen nach der Unterwerfung der Azteken durch die Spanier 1521. In den folgenden Jahrhunderten verschmolzen die alten indianischen Zivilisationen mit der europäischen – katholischen Kultur Spaniens. Nachdem Mexiko im 19. Jahrhundert die Unabhängigkeit erworben hatte, begann es eine eigene Identität zu entwickeln.

Mein Wunschziel im Jahre 2003 war die Halbinsel Yucatan im Golf von Mexiko. Ausschlaggebend für diese Standortwahl waren die faszinierenden Ruinen der Maya-Städte und die weißen Sandstrände der Karibik, oft als Riviera Maya bezeichnet. Für mich ein absolutes Traumziel mit besten Möglichkeiten zum Relaxen und mit einigen Rundreisen die kulturelle Vielfalt der Yucatan-Halbinsel kennen zu lernen. Hier findet man einige der schönsten archäologischen Stätten Amerikas, darunter die einmaligen Anlagen von Chichen Itza und Uxmal und weniger bekannte Stätten wie Coba, Edzna, Tulum und Ekbalam.

Zum Teil völlig unberührt ist das Landesinnere von Dschungel bedeckt. Die schönsten Strände Mexikos liegen an der Ostküste der Riviera Maya, Anlaufstelle vieler Touristen. Wer Tauchen möchte, besucht die vorgelagerten Inseln Cozumel und Isla Mujeres und erkundet die herrlichen Korallenbänke des Großen Mesoamerikanischen Riffs, des zweitlängsten der Welt. Des Weiteren lohnen Tagesausflüge nach Campeche, Merida, Valladolid und Izamal um die sehr gut erhaltene Kolonialarchitektur sich anzuschauen.

Heutzutage ist Erdöl die Haupteinnahmequelle der Halbinsel, gefolgt vom Tourismus. Im ständig wachsenden Zentrum steht Cancun. In den Dörfern im Landesinneren geht das Leben zumeist weiter, wie es war. Hier stehen die palmblattgedeckten Hütten der Maya, die sich ihre Sprache und ihre Bräuche bewahrt hatten.

Mein Wunschprogramm, soviel wie möglich von diesem faszinierenden Land kennen und verstehen zu lernen, begann in der Nähe Cancuns, in einem kleinen Hotel direkt am kilometerlangen Karibikstrand. Viele Ausflüge und zwei 3-Tagestouren wurden hier zusammengestellt um die interessantesten Kulturdenkmäler der alten Maya-Stätte kennen zu lernen.

Um mich nicht zu verzetteln bei der Vielfalt der Möglichkeiten, berichte ich in der folgenden Erzählung nur vom Besuch, der am besten erhaltenen Maya-Stätte Yucatans, vom ehemaligen Machtzentrum der Maya, mit dem damals mehr als 35 000 Einwohner zählendem Ort: Chichen Itza.

Im Land der Maya

Mittendrin im weitläufigen Gelände von Chichen Itza betrachtete ich staunend die vierundzwanzig Meter hohe Pyramide El Castillo. Was für ein Anblick. Ich stand seitwärts, am Fuße einer der vier Treppenaufgänge, kam mich dabei klein und unbedeutend vor, sicherlich ein vom Baumeister gewollter Effekt, um die Größe der Götter eindrucksvoll darzustellen.

Langsam wanderte mein Blick aufwärts, hoch zur Spitze der Pyramide. Dort schob sich der Tempel des Kukulcan, ein quadratisch errichtetes Gebäude, nach oben.

Vor einer Glasvitrine, im Schatten einer alten Eichenkrone, übermittelte uns unser örtlicher Reiseleiter die nötigen Informationen zu diesem Bauwerk.

Kaum zu glauben, dass dieses etwa im Jahr 800 unserer Zeitrechnung errichtete Gebäude, all die Jahrhunderte so makellos überstanden hatte. Wenn sich dann doch einmal irgendwo kleinere Verfallschäden zeigten, wurden diese fachmännisch mit passendem Naturstein ausgebessert. So dokumentierte man allen Besuchern anschaulich die hervorragende Baukunst der alten Maya.

Um das gesamte Chichen Itza Gelände einmal von oben zu betrachten musste man wohl oder übel auf eine der verstreut liegenden Pyramiden hinaufsteigen, denn hier unten war das riesige Areal nicht zu überschauen. Um die Sache nicht ewig zu verschieben, beschloss ich den Aufstieg auf El Castillo sofort anzutreten. Noch war ich frisch bei Kräften und voller Tatendrang, da der Besichtigungsrundgang gerade erst begonnen hatte. Noch stand die Sonne nicht im Zenit, warf noch längere Schatten und an der Tagestemperatur von 40 Grad fehlte auch noch etwas. Also gute Voraussetzungen, um den Aufstieg anzugehen.

Alle, bis auf zwei ältere Damen unserer Gruppe, stellten sich der Herausforderung, begaben sich zur Nordtreppe und wir überwanden gemeinsam die ersten Höhenmeter.

Einige stürzten sich förmlich auf die Treppenstufen, konnten nicht schnell genug nach oben kommen. Ob dieses Tempo unter

Im Naturreservat „Xel Ha"

In Uxmal - Pyramide des Wahrsagers

Ballspielplatz mit rituellen Charakter

Taubenschlag

Im Garten dahinter

Auf der anderen Seite

Steil nach oben

221

diesen Umständen eine gute Entscheidung war, wagte ich zu bezweifeln. Ich sollte Recht behalten.

Ich begann mein Aufstieg in aller Ruhe, ganz langsam, Stufe für Stufe arbeitete ich mich nach oben. Auch mit diesem Tempo war es im wahrsten Sinne des Wortes ein schweißtreibendes Unterfangen. Schon nach zehnminütiger Kletterei und 30 erklommenen Stufen, hingen Bleigewichte an meinen Füßen und mein T-Shirt hätte ich auswringen können.

Eigentlich kein Wunder bei diesen Stufen, doppelt so hoch wie gewöhnlich. Bei etwa 50 cm Tritthöhe wurde die Beinmuskulatur mächtig strapaziert und mein Kreislauf kam ganz schön auf Touren. Beim Blick nach oben wurde mir klar, auf was ich mich da eingelassen hatte. Irgendwo, weit über mir lag mein Ziel und ich befand mich mittendrin, auf halber Höhe. Die Stufen vor meiner Nase, naja das war ja gerade noch so in Ordnung. Doch beim Blick nach unten, zum Fuß der Pyramide, wurde einem so richtig übel.

Einige meiner Reisegruppe, die vor mir den Aufstieg begannen, warfen auf halber Höhe, völlig geschafft das Handtuch. Rückwärts bewegend, kam man auf allen Vieren kriechend mir entgegen.

Na also! Ich hatte es doch geahnt. Wer mit solch einem Tempo dort hinauf wollte, wie diese Optimisten, musste ja mit diesem Resultat rechnen.

Unten wurden sie dann auch noch hämisch grinsend von den beiden zurückgebliebenen Damen empfangen. Ein peinlicher Rückzug mit Lehreffekt. Auch etwas Positives konnte man dem Abgang entnehmen. Jetzt kannte jeder seine physische Belastbarkeitsgrenze.

Meine kurze Verschnaufpause beendend, zog es mich weiter nach oben, jeweils die nächsten zwei Treppenstufen vor Augen, immer weiter. Irgendwann, ich konnte es kaum fassen, verschwand die letzte Stufe. Ich hatte es geschafft, war angekommen, und war stolz, den inneren Schweinehund überwunden zu haben.

Nun stand ich genau vor dem Tempeleingang, eingerahmt von zwei Schlangensäulen. Was für eine grandiose Aussicht, einfach fantastisch. Wer den Aufstieg ausgelassen hatte, dem war garantiert einer der Höhepunkte beim Chichen Itza - Besuch entgangen.

Unten am Fuße der Pyramide lag das Gelände irgendwie im Windschatten. Doch hier oben umspielte ein frischer Luftzug den Kukulcan – Tempel, kühlte und trocknete so langsam mein durchnässtes T-Shirt, während mein Blick über die riesige Anlage hinwegwanderte. Überall schimmerten Bauwerke zwischen vorgelagerten grünen, oder blattlosem Baum- und Strauchwuchs hindurch, verbunden mit einem kilometerlangen Straßennetz, unterbrochen von verdorrten, riesigen Freilandflächen.

Nur von hier oben war es möglich die gewaltigen Ausmaße von Chichen Itza zu überblicken, die Lage der anderen Tempel, Pyramiden, Kult- und Sportstätten zu orten und deren Lage sich einzuprägen. Sie war die am besten erhaltene Maya-Stätte der Yucatan-Halbinsel, vergleichbar mit der alten Inka-Festung Machu Picchu in den peruanischen Anden. Diese El-Castillo (Burg), auf der ich mich jetzt befand, beeindruckte durch seine geometrische Schönheit.

Die Pyramide wurde damals nach astronomischen Gesichtspunkten angelegt. Einer quadratischen Grundfläche folgend, verkörperte jede ihrer vier Treppen eine Himmelsrichtung und beinhaltete im Gesamtkonzept wichtige Maya-Kalenderdaten.

Berühmt wurde El Castillo durch das Phänomen der sogenannten Zeit der Tagundnachtgleiche, welches zwei Mal im Jahr stattfand, im Frühjahr und im Herbst. Dort konnte man eine Woche vor und eine danach ein Spiel von Licht und Schatten beim Sonnenuntergang beobachten. Dieser Effekt erzeugte ein Schattenmuster mit dem Aussehen einer Schlange, die sich allmählich auf der Pyramidentreppe hinunterwand und unten am Treppenbeginn mit zwei riesigen in Stein gehauenen Schlangenköpfen vereinte.

Alle vier Treppen hatten einen Steigungswinkel von genau 45 Grad und enthielten 91 Stufen. Zählte man alle zusammen und rechnete die Tempelplattform mit hinzu, ergab das 365 Stufen und dies entsprach der Tageszahl eines Jahres. Im Innern des Tempels stand oben auf einem Podest ein Chacmool. Dies war eine in Stein gehauene, zurückgelehnte Figur, versehen mit einer auf dem

Der Altar a la Patria besteht aus Darstellungen historischer
Persönlichkeiten & Tierfiguren.
(Unabhängigkeitsdenkmal)

Convento de San Antonio de Padua in Izamal

Durch die in Ocker getünchten Fassaden der Kolonial – Häuser
erzielte Izamal den Beinamen Gelbe Stadt

Unterleib liegenden Platte. Hier wurden wahrscheinlich Opfergaben abgelegt, ein weitverbreitetes Ritual in Zentralmexiko und war in dieser Form in fast allen Maya-Anlagen vorhanden.

Durch die vier Treppen zerschnitten, wurden jeweils neun Meter hohe Stufen, in achtzehn Terrassen aufgeteilt. Dies symbolisierte den Maya-Kalender mit seinen 18 Monaten.

Vom Aufstieg etwas geschlaucht, stand ich nun nach Luft schnappend auf diesem geschichtsträchtigen Boden und beobachtete kurzzeitig die rauf-, und runterkraxelnden Besucher, mit der Kennermine eines Leidensgenossen. Auf der Suche nach einem gemütlichen Sitzplatz, umrundete ich anschließend zweimal die Tempelplattform.

Das war gar nicht so einfach, da alles was einem Sitz ähnelte, schon eingenommen wurde. Schließlich entdeckte ich auf der Schattenseite des Kukulcan-Tempels zwei freigewordene Treppenstufen. Zufrieden nahm ich diese in Beschlag, und genoss die weitläufige Aussicht auf die im Dschungel eingebetteten, weit verstreuten Gebäudeanlagen.

Was mag hier alles abgelaufen sein? Chichen Itza ersttreckte sich über 1547 Hektar und war im eigentlichen als Ruine einer ausgedehnten Stadt zu verstehen. Aus wissenschaftlicher Sicht galt als belegt, dass die Blütezeit der Maya-Stadt zwischen dem 8. Und 11. Jahrhundert stattgefunden hatte. Der Name der Stätte stammte Forschern zufolge aus der Maya-Sprache der Halbinsel Yukatan, und bedeutet sinngemäß übersetzt so viel wie „Am Rande des Brunnens der Itza", wobei „Itza" der Eigenname des Volkes war, welches die Bauwerke errichtete.

Die Meinung, dass auf den Opfertischen auch Menschenopfer gebracht wurden, war aus wissenschaftlicher Sicht eher unwahrscheinlich. Zwar fanden sich innerhalb der Stadt zahlreiche Begräbnisstätten, doch es gab keine Belege für rituelle Morde an Menschen.

Bewohnt wurde die Tempelstadt einst von Priestern aber auch von Regierungsfunktionären. Chichen Itza war damals die Hauptstadt des Maya Reichs. Die Maya existieren heute noch, im Gegensatz zu vielen anderen indigenen Völkern.

El Castillo (Die Burg)

Auf dem Chichen Itza Gelände

Geschafft – oben angekommen

So kommt man rauf…

...und so wieder runter

Hier oben in luftiger Höhe zu sitzen, war für alle Anwesenden etwas Besonderes, ein privilegierter Lohn für die überstandenen Aufstiegsmühen. Ein Sieger-Lächeln lag auf allen Gesichtern, die es geschafft hatten, den inneren Schweinehund zu besiegen und die hinter mir herumführende Pyramidenplattform zu erreichen.

Überall kamen die mitgeführten Kameras zum Einsatz. Das Klicken der Auslöser wurde zum einzig hörbaren Geräusch in einer ansonsten unnatürlichen Stille. Jeder versuchte den momentanen Augenblick abzulichten und für die Ewigkeit festzuhalten. Zumindest für die zurückgebliebenen Nachbarn musste etwas Vorzeigbares zustande kommen, denn da gab es einige, die jedes Jahr „Balkonien" zum Ziel ihrer Träume auserkoren.

Es lag bestimmt nicht am Geld, warum man keine Koffer packte und einfach aus dem Alltagstrott verschwand. Nein, daran lag es nicht. Es war Bequemlichkeit, gepaart mit eingefahrenen sich jahrelang nicht verändernden Gewohnheiten und einer undefinierbaren Angst vor dem Neuen und Unbekannten. Dieses nicht wissen, was passieren würde, erzeugte eine Blockadehaltung gegenüber allen Veränderungen. Da blieb man dann doch lieber zu Hause. Hier wusste man genau, was einem erwartete, ohne große Überraschungen zu erleben.

Ja, was sollte man mit solchen Experten anfangen? Ich wusste es nicht. Jeder musste selbst wissen, wo und wie er leben wollte. Sich den Kopf darüber zu zerbrechen, brachte keinem etwas. Ich selbst könnte so nicht leben. Erst beim Reisen entdeckte man die Schönheit unserer Erde und merkte im Nachhinein, was man alles verpasst hätte, würde man nicht hier gewesen sein.

Das wäre doch wirklich schade, oder? Solch intensive Erlebnisse konnten nicht kompensiert werden durch Bücher oder Filme. Nur die eigene Anwesenheit zählte. Naja, zumindest war das so meine Vorstellung von einer gelungenen Urlaubsreise. Und bislang konnte ich nichts Gegenteiliges feststellen.

Plötzlich wurde ich aus meinen ausschweifenden Betrachtungen ohne Vorwarnung herausgerissen. Ein etwas schwierig einzuordnender sächselnder Dialekt schwappte über meinen jetzigen Treppensitzplatz hinweg und trieb mich nach oben.

„Würden Sie mal ein Foto knipsen, mein Bester, von uns Beide? Meine Frau und ich wollen mal zusammen aufs Bild. Aber nur, wenn Ihnen das keine Mühe macht."

Hinter mir stand ein Ehepaar, dessen Kamera dem Mann vorm Bauch herumbaumelte.

„Warum nicht", antwortete ich etwas amüsiert über die beiden sächsischen Fotofreunde.

Hoch erfreut über meine Zustimmung bekam ich deren Kamera runtergereicht und beide postierten sich sofort vor den Schlangensäulen des Tempeleinganges. Doch dieser Standort war etwas ungeeignet für eine Aufnahme. So konnte ich kein Foto machen, die Sonne kam direkt von vorn.

„So wird das nichts", erklärte ich den Beiden, die etwas irritiert zu mir rüber blickten.

„Kommen Sie nicht klar mit dem Gerät?", wollte man wissen.

„Doch, doch! Daran liegt es nicht. Die Sonne scheint genau in die Kamera. Das kann so nichts werden", erklärte ich den Beiden.

Ich postierte sie in einem anderen Winkel zur Sonneneinstrahlung, schoss die gewünschten Fotos und überreichte ihnen ihre Kamera.

„Dankescheen mein Guter. Dass war aber nett von ihnen." Mit diesen Worten verschwanden Beide im Tempeleingang zwischen den Schlangensäulen.

Da mein Sitzplatz während der Aufnahmen neu besetzt wurde, benutzte ich kurzentschlossen die vor mir liegende Südtreppe, um wieder nach unten zu kommen.

War der Aufstieg schon mühevoll, war der Abgang noch eine Nummer größer. Auf einmal verstand ich die Leute, die auf allen Vieren, rückwärtsgewandt nach unten krochen. Jetzt bekam ich die Gelegenheit, es selbst zu testen. Mein lieber Mann, das war gar nicht so einfach, diese hohen Stufen mit steilem Fallwinkel runterzusteigen, ohne Geländer und Abstützmöglichkeit. Wer hier nicht schwindelfrei war, dem bescherte der Abstieg einen Schweißausbruch nach dem anderen. Aber runter mussten alle, mit oder ohne Probleme. Unten angekommen spürte ich kaum noch meine Muskulatur. Irgendwie hingen Bleigewichte an den Füßen und in den Waden steckten Gummifedern.

Uns blieben zehn Minuten zum Verschnaufen und Regenerieren, dann ging es gemütlich weiter. Um von einem Punkt zum andern zu kommen, mussten teilweise lange Wegstrecken bewältigt werden. Gemeinsam umrundeten wir nochmals die Pyramide El Castillo und zogen weiter, von Bauwerk zu Bauwerk, quer durch Chichen Itza hindurch, immer dem Reiseleiter folgend.

Staunend verharrten wir vor dem Tempel der Krieger, ein beeindruckendes Kunstwerk, errichtet auf einer kleinen Pyramide, geschmückt mit der Darstellung des Regengottes Chac und der gefiederten Schlange Kukulcan, symbolisiert durch die beiden Schlangensäulen am Eingang und ein im Innenraum postiertes Chacmool, mit der Wächterfunktion.

Südlich und östlich des Kriegertempels lag eine ursprünglich mit Holzbalken abgedeckte Säulenhalle, die sogenannte Halle der Tausend Säulen. Sie war überall eingestürzt, weil der Holzunterbau der die Zwischenräume zwischen den Pfeilern überspannte, vermorscht und verfault war.

Die ursprünglich das Dach tragenden Pfeiler aus quadratischen Steinblöcken waren meist allseitig verziert. Sie zeigten Krieger in toltekischer Tracht und Ausrüstung, aufgelockert mit Darstellungen von Schlangen und Vogelmenschen. Mehrere Hundert Meter lang, standen die steinernen Kolonaden auf einer riesigen Fläche, sich in vier Arme gliedernd. Wahrscheinlich wurde das Gebäude als Versammlungsort der Krieger, oder als Markthalle genutzt. Der genaue Verwendungszweck ist bis heute nicht geklärt.

Ein fantastischer Anblick, diese etwa zehn Meter hohen Säulen. Ich durchschritt einige dieser in Zweierreihen postierten Säulenstraßen und fotografierte den Komplex von allen Seiten. Das war eine Meisterleistung der Maya-Baukunst, und gleichzeitig für uns ein begehrtes Fotomotiv.

Unsere kleine Gruppe schwärmte aus und verschwand binnen weniger Minuten hinter all den Steinkolossen. Jeder suchte und fand seinen eigenen Weg. Nach einer halben Stunde wollten wir weiter. Für den Reiseleiter war es gar nicht so einfach, all seine Schäfchen wieder auf dem sehr großen Areal einzusammeln. Nach zwei Umrundungen war die Gruppe vollzählig versammelt und der Spaziergang wurde fortgesetzt.

„Auf geht's", rief unser Reiseleiter, setzte sich an die Spitze der Truppe und streckte dabei eine leere Flasche nach oben, Symbol für den Aufbruch. Nach dem Motto, immer der Flasche hinterher.

Quer durchs Gelände ziehend führte uns der Weg zum Tzompantli, einem Denkmal mit flacher Plattform. Dort befand sich eine in Stein gehauene, seitenbegrenzte Wand der Schädel. Die Plattformwände des Tzompantli enthielten Reliefs mit vier in Holz geschnitzten oder in Stein gehauenen Themen der damaligen Maya-Epoche.

Das primäre Thema war der Menschenschädel selbst. Andere Schnitzarbeiten zeigten Szenen mit dargestellten Opfern; Adler fraßen Menschenherzen und skelettierten Kriegern mit Schildern und Pfeilen. Das eigentliche Tzompantli war ein Gestell aus Holz, auf dem menschliche Schädel aufgereiht waren. Oft wurden sie auch aus Platzmangel aufgestapelt. Viele Menschen wurden vor der Spanischen Eroberung im 16. Jahrhundert den Göttern geopfert. Gefangene Krieger zählten zu den meisten Opfern, deren Schädel ordentlich aufgereiht und zur Schau gestellt wurden. Man fand in einzelnen Tzompantlis in Mexiko bis zu 100 000 Schädel. Im Glauben der Maya und anderer Völker Mittelamerikas kehrten die Geister der Toten jedes Jahr zurück. Damit sie in dieser Nacht ein Gefäß hatten, in dem sie wohnen konnten, bewahrten die Menschen ihre Schädel auf. Der Opferkult erlosch jedoch nach der spanischen Eroberung.

Nicht weit vom Tzompantli entfernt erreichten wir kurze Zeit darauf den Ballspielplatz. Der war im Maya-Gebiet weitverbreitet. Allein auf der Halbinsel Yukatan fand man bisher mehr als 500 von ihnen.

Dieser hier, in Chichen Itza, war wahrscheinlich einer der größten und bedeutendsten seiner Art. Das Spielfeld war 168 x 38 Meter groß, also länger als ein Fußballplatz bei uns. Mauern, mit teilweise bis zu 8 m Höhe, begrenzten das Spielfeld. Das Ballspiel diente dem Sport und der Unterhaltung, hatte aber vor allen Dingen rituellen Charakter.

Die Halle der Tausend Säulen, bestehend aus steinernen
Kolonnaden beiderseits eines riesigen Plaza,
diente möglicherweise als Markt.

Die Spielregeln waren sehr kompliziert. Ein schwerer Gummiball musste von zwei gegnerischen Teams durch ein Steinring befördert werden, der hoch oben an einer Seitenwand des Hofes angebracht war. Dieser Ring diente als Tor, durch den der Ball hindurch musste. Er durfte den Boden nicht berühren, und wurde ohne Hände und Füße zu benutzen, mit Knien, Ellbogen oder den Hüften angenommen und weiterbefördert. Wie beim modernen Fußball entschieden die Treffer über Sieg und Niederlage.

Letztendlich wurde der Mannschaftskapitän der Verlierermannschaft, manche Wissenschaftler gingen davon aus, dass es auch der Kapitän der Siegermannschaft sein konnte, rituell enthauptet. Allerdings war dies ein ehrenvoller Opfertod für die Auserwählten.

Und wieder wies uns die nach oben gestreckte, leere Flasche darauf hin, wir müssen weiter. Zum Glück verschwand die Sonne in diesem Augenblick hinter einer dicken Kumuluswolke. Der Weitermarsch auf der baumlosen, ausgedorrten Arealfläche wurde dadurch etwas angenehmer. Am Grab des Hohepriesters vorbeiziehend, steuerten wir die Chichen Itza Sternwarte an.

Dabei war der wirkliche Zweck dieses so einzigartigen Gebäudes nicht ganz klar, dass es sich um eine Sternwarte handelte. Obwohl die These durch die Tatsache unterstützt wurde, dass seine Kuppel einer Sternwarte von heute glich, auch El Caracol genannt (Die Schnecke), wegen seiner Wendeltreppe im Innern. Dieses Gebäude war ein astronomisches Observatorium. Die Schlitze der Wände entsprachen den Positionen bestimmter Himmelskörper in den entscheidenden Aufzeichnungen im Maya-Kalender. Mit ihren zur damaligen Zeit beachtlichen astronomischen Kenntnissen, konnten sie die Sonnen- und Mondfinsternisse vorhersagen und berechneten, die Umlaufbahnen von Mars und Venus, ohne das ihnen dabei Fernrohr und Instrumente zur Zeitmessung und Berechnung von Winkeln zur Verfügung standen.

Die Sternwarte war Dank der jüngsten Renovierungen in einem sehr guten Zustand. Die Astronomie war in jener Zeit höher entwickelt als im arabischen oder europäischen Raum.

Flugversuche

Mit dem U-Boot ins Korallenriff

Wieder die emporgestreckte Flasche vor Augen ließen wir die Sternwarte rechts liegen und standen kurz danach vor einer Kirche, Iglesia genannt.

Das Gebäude war im Wesentlichen dem Regengott Chac gewidmet, dessen Abbild man in vielen Stuckarbeiten fand. Da in Yukatan sechs Monate lang keinerlei Regen fiel, war diese Gottheit für die Maya von großer Bedeutung. Die Kirche besaß nur einen Einlass in der Westfassade. Mitten im Raum thronte eine Maske des Gottes Chac, der rechts und links von zwei Nischen eingerahmt wurde, die eine jede zwei Figuren enthielt. Dargestellt durch den Krebs, der Muschel, der Schildkröte und dem Eichhörnchen. Sie stellten die vier Bacabs dar, die den Himmel symbolisch an den vier Himmelsrichtungen trugen.

Wenige Meter neben der Iglesia lag das „Nonnenkloster", ein Gebäude, das über Jahre hinweg immer wieder erweitert wurde, bis es diese beeindruckenden Ausmaße von 25 Meter Breite erreicht hatte. Dabei war der größere Hauptbau relativ schlicht gehalten, aber der östliche kleinere Teil dafür reichlich verziert.

Besonders hervorzuheben war das Tor im östlichen Teil. Hier befanden sich unter anderem zwölf Chac-Masken an der Front und an den Ecken. Die Darstellung eines im Schneidersitz hockenden Herrschers, mit aufwendigem Federschmuck ausgestattet, war über der Eingangstür zu bestaunen.

Der Name des Gebäudes beruhte auf einer Fabel der ersten Spanischen Soldaten, die dieses Gebäude sahen. Die Soldaten vermuteten, dass hier Jungfrauen ihr Leben verbrachten, bevor sie geopfert wurden. Das waren allerdings alles nur Vermutungen, da es darüber keine Aufzeichnungen gab. Viele, dieser nach dem damaligen Verständnis der Spanier benannten Gebäude, trugen heute noch diese Namen. Ziemlich irreführend in manchen Fällen.

Zum Abschluss unserer gemeinsamen Erkundungstour besuchten wir noch die Heilige Cenote, einen vom Anblick her erkennbaren Brunnen, mit fast kreisrund und senkrecht abfallenden Wänden.

Über Jahrhunderte weg, verehrten die Mayas den Eingang als Zugang zur Unterwelt, und benutzten diesen natürlichen Brunnen nicht als Trinkwasserreservoir, sondern als Platz von rituellen Opferungen. Man fand hier über fünfzig Skelette und zahlreiche guterhaltene Opfergegenstände teilweise aus Gold und Jade.

„So, alle mal herhören! Der zur Orientierung dienende Rundgang ist hiermit beendet."

Auf einen Baumstumpf kletternd, schwenkte unser Reiseleiter nochmals seine nach oben gestreckte Flasche, und bat lautstark um unsere Aufmerksamkeit.

„Ihr habt jetzt noch Zwei Stunden Zeit, euch persönlich umzuschauen. Wir treffen uns am Eingang vier, dort wo wir reingekommen sind. Verlauft euch nicht im Gelände. Viel Spaß."

Seine, nun nicht mehr benötigte Flasche im Beutel verstauend, sprang er vom Baumstumpf und verschwand hinter einem eingerüsteten Mauervorsprung, auf der gegenüberliegenden Seite des Brunnens.

Als hätten alle darauf gewartet, lief die Gruppe nach allen Seiten auseinander, jeder mit einem anderen Ziel vor Augen. Ohne zu überlegen, marschierte ich zurück zum Palast der Tausend Säulen. Im Schatten der gigantischen, übereinandergestapelten Rundblöcke, trödelte ich langsam durch die sich kreuzenden Säulengänge, bis zum dahinterliegenden Nonnenkloster.

Schade, ein großartiger Tag ging langsam zu Ende. Der Besuch von Chichen Itza, mit seinen imposanten Bauwerken und der alten vergangenen Maya-Kultur, war ein Erlebnis, dass bestimmt noch lange in mir nachwirken wird.

Unweit vom Nonnenkloster entfernt, wand sich der Weg über ein verwittertes Steinplateau hinweg, kreuzte ein mit ausgedörrtem Buschwerk flankierten Hauptweg und endete an einem der vier Ausgänge. Ich war am vereinbarten Treffpunkt unserer kleinen Gruppe angekommen, am Gebäudekomplex mit den Kassenhäuschen und den Ein- und Ausgangssperrvorrichtungen im Durchlassbereich, am Eingang Nummer vier.

Ein kleines Gartenrestaurant, ausgebreitet unter schattenspendenden Baumkronen, zog alle Besucher magisch an, deren Chichen Itza-Besuch hier und heute endete. Mir blieb noch eine Stunde bis zum vereinbarten Treffpunkt, also noch genügend Zeit dort ein schattiges Plätzchen zu suchen und den Tag ausklingen zu lassen. Der war bald gefunden. Zufrieden bestellte ich beim vorübereilenden Kellner ein großes Glas mit frischgepressten Orangensaft, allerdings ohne Eiswürfel, die ich mir vorsichtshalber nicht untermischen lassen wollte.

Die gestressten Beine weit ausgestreckt, genoss ich den Moment der Ruhe. Mein Blick wanderte nochmals über den von hier aus sichtbaren Chichen Itza-Bereich. Von der Abendsonne eingefangen, leuchtete das Areal in unnatürlich wirkenden Farbnuancen. Ein strahlendes El Castillo schob sich dem Himmel entgegen, während die immer länger werdende Schattenwelt zu seinen Füßen den scheidenden Tag ankündigte.

Etwas abgelenkt vom Naturschauspiel wurde ich vom Kellner, der den bestellten Orangensaft servierte, abkassierte, sich fürs Trinkgeld bedankte und zielstrebig im Gebäudetrakt verschwand.

Kaum hatte ich den ersten Schluck des köstlich schmeckenden Orangensaftes voller Andacht genossen, schallten unwiderruflich und unüberhörbar sächsische Laute durch den Garten.

„Schau mal Otto, is da nicht unser Knipser von der Pyramide?"

„Was denn fürn Knipser mein Engelchen?"

„Na sag mal Otto, hast du ein Kurzzeitgedächtnis? Das is doch der nette Mann von der Pyramide – ganz oben, der Fotos von uns gemacht hat."

„Ach den meinste mein Engelchen. Natürlich, da vorn sitzt er ja."

„Na endlich kapierste es, und sag nicht immer Engelchen zu mir! Du weißt ganz genau ich mag das nicht!"

Ich ahnte es schon – meine Ruhe war erst mal vorüber. Einmal entdeckt, hatte man keine Change zu verschwinden. Mein zarter Hoffnungsschimmer, die Beiden würden mich links liegen lassen, erfüllte sich natürlich nicht. Zielstrebig steuerten sie meinen Tisch an, umrundeten dabei einige Sitzbänke und waren hocherfreut mich hier anzutreffen.

„So trifft man sich wieder", rief Engelchen freudestrahlend in meine Richtung.

„Schade, dass der Tag rum iss. Mein Mann und ich sind richtig begeistert von der Anlage der alten Maya. War aber doch ganz schön anstrengend den ganzen Tag rumzulaufen. Finden Sie das nicht auch so?"

Schmunzelnd betrachtete ich die beiden Ankömmlinge, welche laut prustend ihre vollbepackten Rucksäcke abwarfen, mit einem Prospekt sich etwas Kühlung verschafften und nach ihren Getränkeflaschen griffen.

„Naja, wie man es nimmt", antwortete ich der leicht durchnässten Dame.

„Bei dieser Hitze kann man es nur langsam angehen lassen. Es war anstrengend, aber wunderschön. Mir hat es ganz toll gefallen."

Auf einen längeren Plausch eingestellt, wies ich auf die leeren Sitzplätze hin und bat die beiden:

„Setzen sie sich doch bitte zu mir!"

Mit allem hatte ich gerechnet nur nicht mit einer Ablehnung.

„ Ist ja gut jemeint von ihnen, aber das geht leider nich. Wir werden in einer Stunde am Ausgang zwei erwartet."

Sich seiner Frau zuwendend, nahm er ihr die leergetrunkene Getränkeflasche ab und wies mit beiden Händen zum Gaststätteneingang hin, auf dessen Tür die üblichen Toilettensymbole herüber leuchteten.

„Na, was ist los? ", wollte er grinsend wissen.

„Willste nich, oder kannste nich? Vorhin konnste nich schnell genug hier rein kommen. Jetzt biste drinn und nun willste nich!"

Leicht pikiert antwortete Engelchen:

„Nu mach aber mal een Punkt, Otto! Du musst doch dem netten Mann hier nich unsre Probleme offen Tisch packen!"

Sich abwendend brabbelte sie noch vor sich hin: „Ich bin ja schon weg, oller Meckerkopf."

Eilig verschwand sie hinter der Eingangstür und Otte versuchte mir den Zusammenhang zu erläutern.

„Entschuldigen Sie bitte den Auftritt. Das muss ich ihnen erklären. Meine Frau hat Montezumas Rache erwischt. Das is ganz hinterhältig, in so eine Situation zu kommen. Ich habe ihr immer gesagt, iss hier bloß keen Eis und trinke keen Wasser. Nee! In een Ohr rinn und im andern wieder raus. Sie konnte es einfach nich lassen. Hat natürlich ein Eis gegessen und nun hat se den Salat. Dafür kenntse jetzt alle Toiletten offen Jelände."

Sich zum Gaststätteneingang hinwendend, fuhr er fort:
„Ich schau lieber mal nach, wo se bleibt. Für sie alles Gute. Nochmals treffen wir uns bestimmt nicht."
Sich die beide Rucksäcke überhängend, verabschiedete er sich grinsend und verschwand gleichfalls hinter der Pendeltür im Hauptgebäude.
Nun war ich wieder allein mit meinen Gedanken. Zufrieden lehnte ich mich nach hinten, beobachtete die immer länger werdenden Schattenspiele zwischen den Tischreihen und amüsierte mich über ein Spatzengezeter um eine halbe Weißbrotscheibe, während die letzten schrägen Sonnenstrahlen meinen Orangensaft glutrot aufleuchten ließen.

Hallo Madeira
(2003)

Insel der Blumen, oder Eiland des ewigen Frühlings, so bezeichneten dich viele Besucher. Das waren nur einige Versuche, deine natürliche Schönheit zu beschreiben. Einige gingen sogar noch weiter und behaupteten, du könntest nur ein Überbleibsel des sagenhaften Atlantis sein, obwohl dies sehr vage Vermutungen waren.

Warum sollte man sich darüber streiten? Recht hatte eigentlich jeder Einzelne, der seine Insel so vereinnahmte, wie er sie sehen wollte.

Jeder Besucher Madeiras betrachtete seine Urlaubsinsel mit anderen Augen, ausgerichtet auf seine individuellen Vorstellungen. So fand jeder sein Ziel in der Vielfalt der Möglichkeiten, inmitten einer wunderschönen Natur, einem angenehmen Klima und den spektakulären Landschaften.

Der Archipel Madeira gehört geografisch zu Afrika, da er etwa 600 km vor der marokkanischen Grenze liegt, ist jedoch politisch an Europa gebunden. Das Mutterland Portugal ist etwa 900 km entfernt.

Madeira bildet, zusammen mit Porto Santo, sowie einigen weiteren kleinen unbewohnten Inseln, eine Inselgruppe im Atlantik. Das ganze Areal ist im Prinzip ein großes Unterwassergebirge, von dem sich einige Spitzen über die Meeresoberfläche erheben. Während der höchste Gipfel Madeiras, der Pico Ruivo de Santana, gerade mal 1 861 m in die Höhe strebt, fällt die ganze Insel 4 000 m tief in den Atlantischen Ozean hinab.

Von den fünf Inseln des Archipels sind nur zwei besiedelt. Mit 741 Quadratkilometern ist Madeira die größte der Inseln, gefolgt von Porto Santo mit nur 45 Quadratkilometern. Die anderen drei wasserlosen Inseln sind im Südosten Madeiras, vorgelagert und unbedeutend.

Von den 300 000 Einwohnern wohnen etwa 5 000 auf Porto Santo und der Rest auf Madeira. 90% der Bevölkerung lebt auf einem schmalen Streifen der Südküste, der etwas sanfter ins Meer abgleitet. Die Nordküste dagegen ist von Gebirgsstöcken beherrscht, wo Steilküsten teilweise mehrere hundert Meter ins Meer hinabfallen. Dort kleben Fischerdörfer wie Schwalbennester an den Berghängen dieses rauen Küstenstreifens.

Sprichwörtlich gesehen hängen hier unzählige Fotomotive nebeneinander und alle Hobbyfotografen sind nur schwer dazu zu bewegen, wieder in ihre Fahrzeuge einzusteigen und diesen traumhaften Ort zu verlassen.

Im Innern der Insel befinden sich die von Wind, Wetter und Wasserkraft eingeebneten Vulkankegel, zerrissen von tiefen Schluchten und mehreren Hundert Meter tiefen Tälern. Schmale Serpentinenstraßen erschließen das gebirgige Inselinnere, das 1982 zum Nationalpark erklärt wurde.

Schöpfer dieser fantastischen Bergkulisse waren Quellen und Bäche, die in den Höhenlagen der Berge hervortraten, sich einen Weg zum Meer suchten und diesen im Laufe der Zeit immer tiefer in den Fels hinein wuschen. An den Mündungen dieser Ribeiras, wie man die Flüsschen nannte, öffneten sich die Schluchten zu kleinen Buchten. Nur dort konnten sich die Menschen in Meeresnähe ansiedeln. Kein Fleckchen Land war hier unbebaut geblieben. Auf schmalen Terrassen lagen die Bauernhäuser weitverstreut, bis hinauf auf eine Höhe von 500 bis 600 Metern. Das für den Anbau benötigte Wasser erhielt man von den Levadas. Dies waren künstlich angelegte schmale Wasserkanäle, die über Kilometer hinweg das kostbare Nass von der Quelle bis zum Anbaugebiet weiterleiteten.

Schon im 15. Jahrhundert verfügten die Zuckerrohrplantagen über dieses Bewässerungssystem. Im Laufe der Jahrhunderte wurde das Levada-Netz immer weiter ausgebaut. Heute erfreute es vor allem den Wanderer, der entlang steiler Schluchten und Hänge, durch wildromantische Täler hindurch und auf den gutausgebauten Levada-Wegen, die Insel zu Fuß erkunden konnte. Die Wanderungen entlang der Levadas mit ihren manchmal kilometerlangen Wegen, Tunneln und teilweise haarsträubenden Abgründen, waren auf der Welt etwas Einzigartiges.

Eine der schönsten Wanderungen auf Madeira war allerdings kein Levada-Ausflug, sondern eine anspruchsvolle Gipfeltour. Ich schwärme noch heute davon.

Hier führte uns der Wanderweg vom Pico de Arieiro, den mit 1818 Metern dritthöchsten Berg, auf den Pico Ruivo mit seinen 1861 Metern, auf den höchsten Gipfel Madeiras.

Es folgte eine absolut abenteuerliche Tour mit allen Schikanen und Highlights, immer oben auf dem Grad der Gebirgszacken entlang. Ein Weg, der mal in, unter oder über den Wolken, mal mit oder ohne Nebel, sich ständig auf schmalen glitschigen Geröllwegen hinzog, sich in Kurven nach oben wandte, um danach wieder steil nach unten abzufallen. An den Wegrändern rechts und links stürzten die Felsen regelrecht mehrere Hundert Meter in die Tiefe. Ein recht ungemütliches Szenario, eingehüllt in wabernde Wolken- und Nebelbänke.

Ab und zu zerrissen die Wolkenfelder, und mein Blick flog hinab ins Tal. Hier oben auf dem schmalen Kamm kam ich mir klein und unbedeutend vor, inmitten dieser, sich ab und zu vor mir öffnenden Bergkulisse. Schnell den Augenblick ausnutzend, schoss ich einige Fotos, denn schon im nächsten Moment verhüllten über uns hinwegziehende Wolkenbänke die Sicht auf alles um uns herum. Eingepackt in diese Wattekissen, musste ich mich anstrengen, wenigstens die Füße meines Vordermannes zu erkennen.

Hier vom Weg abzukommen hätte fatale Folgen. An besonders heiklen Stellen sicherten dünne Drahtseile den Weg, gaben Halt beim herumkraxeln. Ängstlich klammerten sich einige daran, als würde der Weg unter ihnen im nächsten Augenblick wegbrechen. Nur langsam kamen wir voran, verständlich bei diesen Sichtverhältnissen.

Irgendwann hatten wir den Kamm überwunden. Wir standen vor einem langen Tunnel, in dem knöchelhoch das Wasser stand. Hier mussten wir durch, ob wir wollten oder nicht. Jeder erhielt eine kleine Taschenlampe, um die Tunnelhöhe auszuleuchten und so eine Konfrontation zwischen Kopf und Decke zu vermeiden.

Funchal, die Hauptstadt Madeiras

Madeiras Steilküsten

Es geht steil abwärts, hinein in Nebel- und
Wolkenfelder

Funchal von oben

Jeder Quadratmeter wird genutzt

Auf der anderen Seite der durchwanderten Felswand angekommen, erlebten wir eine Überraschung. Vor einigen Minuten noch in waschküchenähnlichen Verhältnissen herumgekraxelt, wurden wir auf dieser Seite mit einem fantastischen Ausblick entschädigt. Völlig wolkenfrei lag vor uns ein langgezogener Talkessel, dessen Sohle in etwa 500 Metern Tiefe vom Sonnenschein kaum erreicht wurde, eingerahmt von gewaltigen Felsformationen die auf allen Seiten nach oben schossen.

Und genau dorthin führte unser Wanderweg, mitten hinein in die Wand. Auf etwa 300 Meter Höhe wand sich der Weg durchs Tal, immer an der Kesselwand entlang. Irgendwo weit vorn verlor er sich zwischen den steinernen Monumenten, Hundert Meter unterhalb des Pico Ruivo, dem Wanderziel des Tages.

Etwa zwei Stunden später kamen wir dort an, alle etwas ausgelaugt und fast am Ende unserer Kräfte, aber glücklich und stolz, es geschafft zu haben.

Wer hier nicht schwindelfrei war, sollte diese Gipfeltour unbedingt meiden. Auch eine gute körperliche Kondition war eine ernstzunehmende Voraussetzung. Wer allerdings beides besaß, den erwartete eine der schönsten Wanderungen auf Madeira. Alle Fotofreunde werden noch lange von den einzigartigen Motiven schwärmen, und zahlreiche Aufnahmen dieser Gipfeltour halten zu Hause die Erinnerung daran wach. Ich war jedenfalls begeistert von diesem Tagesausflug. Sollte ich nochmals nach Madeira kommen, wird diese Gipfeltour auf meinem Wunschzettel ganz oben stehen.

Eigentlich war die gesamte Insel ein Wanderparadies. Überall auf Madeira gab es etwas zu entdecken, nur musste man es wollen, denn jeder war sein eigener Steuermann und eroberte die Insel für sich allein.

Schon der Landeanflug auf Madeira war ein Erlebnis der besonderen Art. Ich saß im Mittelgang, wie immer bei längeren Flugzeiten, um eine ungehinderte Bewegungsfreiheit meiner Füße zu garantieren. Ich konnte aufstehen wann ich wollte und musste niemand belästigen. Festgezurrt in meinem Sitz wartete ich auf die

Landung. Funchal, die Küstenhauptstadt Madeiras lag vor mir. Das Fahrwerk wurde ausgefahren und rastete rumpelnd ein.

Beim Blick nach Draußen sah ich schon die Schaumkronen auf dem Meer tanzen, eingehüllt von aufsteigenden Gischts Wolken. Das Wasser kam immer näher, nur eine Landebahn konnte ich nicht entdecken. Von dieser niedrigen Flughöhe beeinflusst, wurden einige Fluggäste an den Bullaugen langsam nervös und ihre Hälse dabei immer länger beim Ausspähen nach der nicht auffindbaren Landebahn. Was sollte das denn werden? Unsere Boeing war doch kein Wasserflugzeug.

Und dann geschah das völlig unerwartete, der Flieger startete nochmals durch. Die Düsentriebwerke heulten auf beim vollen Schub der Treibstoffzufuhr. Passagiere wurden in ihre Sitze gedrückt und im Steilflug zog die Boeing nach oben. Im Flugzeug herrschte Totenstille. Die Angst war einigen Fluggästen deutlich ins Gesicht geschrieben. Mir ging es nicht viel besser. Was war das denn für eine Nummer? So ein Flugmanöver war Neuland für mich.

Beim Abbiegen sahen wir unter uns Madeira liegen, das immer kleiner wurde und schließlich verschwand. Einen weiten Bogen über den Ozean ziehend, näherten wir uns zum zweiten Mal dem Flughafen.

Schuld am Abbruch des Landeanfluges sei ein durch Windböen verursachter, nicht ganz korrekter Anflug gewesen, erläuterte uns der Kapitän über Bordfunk.

„So etwas kann hier öfter mal passieren. Das ist nicht weiter schlimm."

Und Recht hatte der Mann. Der zweite Versuch brachte uns eine butterweiche Landung. Irgendwie waren wir alle etwas erleichtert, und zollten dem Flugkapitän unseren Respekt mit lautem Beifall.

Das Kuriose an diesem Flughafen war seine extrem kurze Landebahn. Wenn diese nicht punktuell vom ankommenden Flugzeug auf den ersten Metern erwischt wurde, blieb nichts weiter übrig, als nochmals durchzustarten und einen zweiten Anflug zu probieren. Auf Grund der unmittelbaren Lage an einem Steilküstenhang, und dadurch auftretender möglicher Windscherung durch Fallwinde, zählte der Airport zu den sehr

249

schwierig anzufliegenden Flughäfen. Es durften nur Landungen von Flugkapitänen mit Spezialeinweisungen vorgenommen werden.

Der Flughafen wurde 1964 eröffnet mit einer 1 600 m langen Start- und Landebahn. Damals war der Anflug auf den Airport schwierig und gefürchtet. Eine immer wieder sehr riskante Angelegenheit, die viel Erfahrung seitens der Flugkapitäne voraussetzte.

Bei ständig steigendem Flugaufkommen war dieser Missstand nicht mehr vertretbar. Nach mehreren Unfällen wurde dann endlich im September 2 000 die Start- und Landebahn auf 2 777 m erweitert. Nun konnte man nicht einfach die Bahn verlängern, denn die endete an der Steilküste. Es blieb nur die Seeseite übrig. Letztendlich wurde die Bahnverlängerung über eine Bucht mit einem aufwändigen Stützenbauwerk von 1 020 Metern Länge und 180 Metern Breite realisiert. Dabei wurden drei Meter dicke Betonpfeiler verbaut mit einer Länge von 120 Metern. 59 Meter waren oberirdisch und trugen die verlängerte Landebahn, die sich weit in den Ozean hineinschob. Der Rest war unterirdisch, oder im Meeresgrund verankert. Es entstand ein futuristisches Bauwerk und war gleichzeitig ein gefragtes Fotomotiv.

15 Minuten betrug die Fahrzeit auf der neuen Schnellstraße nach Funchal. Meine Unterkunft lag mitten in der Altstadt, unweit vom Fuße der Gondelbahn entfernt, welche hoch über den Dächern der Stadt, genau über mein kleines Hotel hinweg, hinauf nach Monte führte.

Mehrmals hatte ich vom Berg aus diesen fantastischen Ausblick auf Funchal, und dessen dichte Bebauung genossen, beim Besuch einer alten Wallfahrtskirche in 550 Metern Höhe. Hier befanden sich die schönsten Aussichtspunkte, umgeben von weitläufigen Parkanlagen mit tropischen Pflanzen und kleinen Cafés.

In der Kirche, der Igreja Nossa Senhora do Monte, befand sich das Grab des österreichischen Kaisers Karl, der mit der Nichte des Königs von Portugal verheiratet war.

Der Wanderweg führt quer durch die Steilwand

Tief unten im Tal

Mit der Seilbahn über Funchals Dächer – rauf zum Monte

Mein Blick wanderte über die Dächer der Altstadt hinweg Richtung Ozean, der die Stadt förmlich den Berg hinaufschob und blieb hängen am belebten Fischerei- und Jachthafen der Stadt. Etliche Kreuzfahrtschiffe lagen hier vor Anker. Mitten drinnen die Deutsche AIDA, bekannt durch eine Fernsehserie.

Die Markthalle von Funchal sah ich nicht von hier oben, war aber ein bekannter und beliebter Ort mitten in der Stadt. Hier wurden Gemüse und Obst von lokalen Bauern angeboten, inmitten überquellender Blumenstände, die in allen Farben und Gerüchen die Halle zu sprengen drohten. In ihrer traditionellen Kleidertracht verkauften reifere und ältere Frauen Blumen, in allen Farbschattierungen und Größen. Mit dem nötigen Palaver versuchten sie die Konkurrenz lautstark zu übertönen.

Auch auf dem Fischmarkt, der in einem separaten Teil vom *Mercado dos Lavradores* stattfand, herrschte ein ausgelassenes Treiben unter den Fischern, die ihre Beute gekonnt in Stücke schnitten. Vor allem Thunfisch und schwarzer Degenfisch waren bei den Käufern sehr beliebt. Zwischen den Ständen standen, lagen oder hingen Blumen, Blumen und nochmals Blumen. Die komplette Markthalle war ein einziges Blumengesteck.

Spätestens jetzt wurde mir klar, warum Madeira die Blumeninsel genannt wurde. Offen für alles Neue, wurden Pflanzen aus aller Welt eingeführt. Dank des milden Klimas gediehen diese prächtig und bescherten Madeira eine atemberaubende Fülle botanischer Bewohner aus allen Teilen der Welt. Hier im Blumenmeer einzutauchen war ein Privileg, eine Seelenmassage vom Feinsten.

Die Zeit verging wie im Fluge, hier oben auf Monte. Da ich mit der Seilbahn wieder runterfahren wollte, musste ich mich herausreißen aus dieser angenehmen Atmosphäre. Ich verließ meinen wunderschönen Logenplatz, hoch oben über Funchal und lief gemütlich Richtung Seilbahnstation. Ich hatte Glück, fand sofort einen Platz in der Gondel und schwebte kurz darauf, über rote Dächer und blumengeschmückte Terrassen hinwegführend, der Talstation entgegen.

„Na, war die Fahrt angenehm?"

Lächelnd öffnete ein Bahnangestellter die Kabinentür und wünschte mir beim Aussteigen:

„Viel Spaß am heutigen Abend."

Etwas irritiert bedankte ich mich bei ihm, erstaunt darüber, woher er wusste, dass ich ein Deutscher Tourist sei. Ich musste nicht lange darüber nachdenken, denn er zeigte grinsend auf meinen in deutscher Sprache verfassten Reiseführer, der im Seitenfach meiner Umhängetasche ein wenig hervorlugte.

Na ja, dann war ja alles geklärt. Zufrieden wandte ich mich der langen Uferpromenade entgegen, die nur wenige Meter hinter der Seilbahnstation begann.

Die Avenida do Mar mit ihren Kais, an denen Segeljachten aus aller Herren Länder versammelt waren, wandte sich etwa zwei Kilometer am Ufer entlang. Genau gegenüber dominierte die wuchtige Fassade des Palacio de Sao Lourenco. Diese Sehenswürdigkeit war auch als Gouverneurspalast bekannt. Er stammte aus den frühen Jahren nach der Entdeckung Madeiras. Dieser Palast, früher als Ford und Wehranlage gegen Seeräuberüberfälle gedacht, strahlte heute mit seinen weißen Mauern und stand im Kontrast mit den Tor- und Fensterumrandungen aus grauschwarzem Basaltstein. Er gehörte immer noch dem Militär und konnte nicht von innen besichtigt werden.

Mein entspannter und zielloser Spaziergang endete nach einer Stunde am alten Fischerhafen, am anderen Ende der Uferpromenade. Nun war ich auf der Suche nach einem gemütlichen Restaurant, um den anbrechenden Abend bei einer Flasche Madeira-Wein und einem guten Essen ausklingen zu lassen. Es dauerte auch nicht all zulange und ich wurde fündig.

Vier Fischerboote, zusammengezurrt und umfunktioniert zum Restaurant, erregten meine Aufmerksamkeit und förderten meine Neugierde. Bunte Lampions und leicht flackernde Laternen wiesen mir den Weg zum Eingang dieser ungewöhnlichen Lokalität. An Bord dieser kulinarischen Fischerflotte fand ich ein gemütliches Plätzchen an Deck, auf einem dieser vier Boote.

Ich orderte einen einheimischen Fischeintopf mit gerösteten Toastbrotscheiben. Das Gericht, serviert in einer riesigen Suppenterrine, war mehr als reichhaltig und kaum zu schaffen.

Nach dem schmackhaften Essen bestellte ich eine Flasche Madeira-Wein und lauschte dem Rauschen der anrollenden und sich brechenden Wellen am Ufer. Schmatzende Geräusche schwappten von schaukelnden Booten herüber, verschmolzen mit dem Gesang eines professionellen Fado-Sängers, aus einem der benachbarten Restaurantgärten. Während Funchals Lichtermeer sich funkelnd im Wasser tummelte, leuchtete mein Madeira-Wein verführerisch dunkelrot auf, gespickt mit eingefangenen Sternen der anbrechenden Nacht.

Im Regenbogenland
(2003)

Start mit Hindernissen

Noch immer den goldenen Sonnenaufgang eines erwachenden Tages vor Augen, landete ich auf dem Johannesburger Airport, mitten im Herzen Südafrikas. Noch lagen hier oben, etwa 1 600 Meter über dem Meeresspiegel, Stadt und Umgebung unter einer Dunstglocke verborgen.

Zum ersten Mal war es mir vergönnt, hoch über den Wolken schwebend, ein solches Farbenspiel der Natur, zusammen mit all den anderen Fluggästen zu beobachten. Das war wirklich ein fantastischer Willkommensgruß von Mutter Natur, hier auf der südlichen Hälfte unserer Erdkugel.

Drei lange, oder auch kurze Wochen lagen vor mir, je nachdem von welcher Seite aus man es betrachtete. Zumindest wollte ich so viel wie möglich von Land und Leute erfahren und all die neuen Eindrücke so nach und nach verarbeiten.

Man behauptete, Südafrika sei das schönste Ende der Welt – und der Eingang dorthin, sei der Johannesburger Airport. Dieser lag etwa 25 Kilometer außerhalb der Stadt und war der größte nationale sowie internationale Flughafen Südafrikas und gleichzeitig die wichtigste internationale Drehscheibe im südlichen Afrika.

Mit meinem Handgepäck bestückt folgte ich den übrigen Passagieren zu den Abfertigungsschaltern der Passkontrollen. Durch Absperrbänder geregelt, bildeten sich lange Schlangen vor den Durchgangsschleusen. Schleppend langsam ging es voran. Meter für Meter schob ich mich vorwärts. Eine gute halbe Stunde dauerte es, bis ich endlich eines dieser Nadelöhre passieren durfte. Das Resultat war ein großformatiger Stempel samt Aufkleber, der nun eine ganze Seite meines Reisepasses zierte.

256

Zum Glück musste ich nicht lange auf mein Gepäck warten. Kaum war ich mit einem der überall herumstehenden Transportwagen am langsam vorbeiziehenden Entladeband angelangt, kamen auch schon meine zwei kleinen Koffer angezuckelt. Schnell das Gepäck verstaut, wollte ich nun losfahren, doch der Wagen spielte verrückt. Damit voran zu kommen war gar nicht so einfach. Eine heimtückische Eigendynamik entwickelnd, schlug der Wagen mal rechts oder links aus, steuerte eine Richtung an, wo ich nun wirklich nicht hin wollte. Ließ ich den Handgriff los, blockierten alle Räder und ich lief auf. Wie sagt man so schön? Übung macht den Meister. Nach zwei Versuchen und einer kurzen Teststrecke hatte ich endlich den Dreh raus.

„Na also, es geht doch!" Zufrieden rollte ich mit all meinen Sachen Richtung Empfangshalle. Jetzt musste ich nur noch meinen Reiseleiter finden, und das Abenteuer Südafrika konnte beginnen.

Dies war allerdings leichter gesagt als getan. Draußen in der Halle drängelten sich Hunderte von Menschen auf engstem Raum. Soweit ich es überblicken konnte, reckten und streckten alle ihre Hälse nach oben und fixierten jeden Ankommenden der die Halle betrat. Hier schien jeder etwas zu suchen, auf Angehörige zu warten oder ankommende Südafrika-Touristen in Empfang zu nehmen.

Überall wurden Schilder hochgehalten, auf denen der hier wartende Vertreter des Reiseveranstalters seinen Namen notiert hatte. Etwa 50 große, kleine, ovale oder runde Schilder, gedruckt oder handgemalt, wurden mir entgegengestreckt. Einige hielten nur eine Arbeitsmappe nach oben, versehen mit dem Logo des Veranstalters, in kaum lesbaren Schriftzeichen.

Um meine Gruppe zu finden musste ich wohl oder übel den durcheinanderwuselnden Schilderwald abschreiten. Nun hatte ich ja auch noch meinen Gepäckwagen bei mir, den ich ja nicht irgendwo stehen lassen konnte. Zwei Mal durchquerte ich die langgezogene Halle im Zick-Zack-Kurs, doch der Vertreter meines Reiseveranstalters blieb verschollen. Kein Schild war zu sehen mit dem erlösenden Logo.

„Herr Gott nochmal, warum rennen die denn alle durcheinander? Einfach stehen bleiben wäre doch die einfachere Lösung. Aber nein, die müssen ja mit ihren Schildern auch noch durch die Halle streifen. Wie soll man da jemand finden."

Ärgerlich drehe ich meine dritte und vierte Runde. Nichts zu machen, kein Erfolg. Mir blieb jetzt nur noch der Informationsstand mitten in der Halle. Dort dauerte es eine Weile, bis ich den anwesenden Damen mit meinen bescheidenen Englischkenntnissen klar machen konnte, was ich eigentlich wollte. Danach postierte ich mich am Info-Stand und harrte den weiteren Dingen.

Kaum war die Lautsprecherdurchsage verklungen, erlebte ich eine angenehme Überraschung. Zwei ältere Herren, einer von rechts, und der andere von links kommend, sprachen mich an und bemühten sich um eine Problemlösung.

„Können wir behilflich sein?" Erstaunt darüber, in Deutsch angesprochen zu werden, bejahte ich die Frage, erläuterte ihnen mein Problem. Gemeinsam gingen wir auf Reisegruppensuche. Schon nach fünfminütigem Rundgang wurden wir fündig. Ich bedankte mich bei den netten Herren aus Johannesburg für ihre Hilfsbereitschaft.

„Aber nicht doch, junger Mann. Sie brauchen sich nicht zu bedanken. Das ist doch selbstverständlich dass wir helfen. Jeder andere hätte das doch auch getan." Und schon waren sie weg.

Ich war beeindruckt. So selbstverständlich war es nun auch wieder nicht, wie es die beiden zum Ausdruck brachten. Wenn ich an zu Hause dachte, hatte ich so meine Zweifel, ob dort jemand gekommen wäre, mir zu helfen. Ich sah den beiden hinterher, deren eigener Besuch in diesem Augenblick die Halle betrat. Mit weitausgebreiteten Armen eilten sie aufeinander zu. Nach intensiver Begrüßung strahlten alle um die Wette. Sicherlich ein Wiedersehen nach langer Trennung. Einige Wortfetzen in deutscher Sprache drangen zu mir herüber, bevor sie im Gewühl der Menschenmassen verschwanden.

Auch aus Deutschland, stellte ich noch fest, wandte mich dann aber meiner Reisegruppe zu. Diese stand wartend beieinander, schien noch nicht vollzählig zu sein. Gott sei Dank, ich war nicht der Letzte. So etwas war natürlich unangenehm, gleich am ersten Tag auf diese Art und Weise aufzufallen.

Mittendrin stand unser Reiseleiter Trautmann, mit einer Informationsmappe unterm Arm geklemmt. Mit der anderen Hand umklammerte er ein nach unten geneigtes kleines Pappschild, auf dem er handgeschrieben unseren Reiseveranstalter notiert hatte. Kein Wunder, dass ich dieses kleine Schild nicht entdecken konnte. Mein Gepäckwagen im Auge behaltend, schob ich mich zu ihm durch und überreichte ihm meine Reiseunterlagen. Eine Teilnehmerliste aus seiner Mappe ziehend, wurde mein Name mit einem Haken verziert. Nun war ich offiziell hier angekommen.

„Jetzt fehlt noch einer." Trautmann wandte sich ab und rief in die Menge: „Ist ein Herr Beier hier irgendwo?"
Da sich niemand meldete, rief er uns zu: „Wartet bitte hier. Ich komme gleich wieder."

Für etwa zwanzig Minuten verschwand er im Servicebereich einer Seitenhalle und kam mit der Hiobsbotschaft zurück:

„Der Herr Beier hat aus unbekannten Gründen seinen Flug aus Frankfurt verpasst. Ich kann daran nichts ändern, wir müssen ohne ihn abfahren. Ihm wird nichts anderes übrig bleiben, als morgen hinterher zu kommen. Jetzt müssen wir aber aufbrechen, um nicht noch mehr Zeit zu verlieren. Lasst bitte kein Gepäck zurück und folgt mir zum Bus."

Quer durchs Gebäude marschierend, gelangten wir nach draußen. Soweit das Auge reichte standen auf dem überdachten Vorplatz jede Menge Taxis herum. Kaum passierten wir die ersten Autos, tauchten die dazugehörenden Fahrer auf. Lautstark bot jeder seinen Wagen an, mit der Hoffnung, heute eine Tour abzufangen. So schnell wie es ging passierten wir diese nervenden Zeitgenossen und gelangten im Zick-Zack-Kurs über den Autoparkplatz hinweg zum Bus.

Zwischenzeitlich war die Morgensonne schon weit nach oben geklettert, hatte es fast geschafft, die über Johannisburg und Umgebung liegende Dunstglocke zu vertreiben. Nur vereinzelt hingen noch ausgefranste Nebelschwaden über den breiten Ausfallstraßen.

Trautmann und sein Pavian

Zwei Stunden waren wir nun schon unterwegs. Tempo 100 schien die ideale Geschwindigkeit zu sein, denn zu hören war nur ein leises Motorsummen. Die breiten sehr gut erhaltenen Straßen garantierten dem Bus ein erschütterungsfreies vorankommen. Mein Sitz hier drinnen war so bequem wie zu Hause mein Fernsehsessel.

Von *Joburg* aus, so nannten die Südafrikaner liebevoll ihr Johannisburg, ging unsere Fahrt über Pretoria, weiter nach *Pilgrims Rest*, einem alten Goldgräberstädtchen entgegen. Dort in der Nähe, am Fuße der Mauchberge, lag unser erstes Etappenziel.

Die Stimmung in der Gruppe war sehr gut, fast ausgelassen fröhlich. Quer durch den Bus hindurch entwickelten sich viele kleine Gespräche, die dazu beitrugen, sich näher kennen zu lernen. Schließlich mussten wir drei Wochen miteinander auskommen. Dieser Bus wurde unser rollendes Zuhause, zwischen den einzelnen Etappenzielen einer fantastischen Rundreise.

Zwanzig Personen im großen Mercedes-Bus! Das war eine ideale, fast luxuriöse Platzbelegung. Jeder konnte sich so einrichten, wie es ihm beliebte. Rein rechnerisch waren pro Person drei Sitzplätze vorhanden. Im hinteren Teil des Busses standen drei Kühlboxen übereinander, gefüllt mit den unterschiedlichsten Getränkesorten. Zwei von dort besorgte Flaschen Mineralwasser regulierten meinen Flüssigkeitsbedarf, während ich neugierig die draußen vorüberziehenden reizvollen Landschaften *Mpumalanga's* beobachten konnte.

Reiseleiter Trautmann vervollständigte die ersten Eindrücke mit interessanten Geschichten über Land und Leute. Zum Abschluss folgte eine zusammenfassende Info zum weiteren Tour-Verlauf.

Am späten Nachmittag erreichten wir unser erstes Etappenziel, das *Crystal Springs Mountain Resort,* wunderschön gelegen an den Hängen der Mauchberge. Ohne viel herumzutrödeln, mit Einräumen und solchen Sachen, beschlossen wir unsere erste Wanderung anzutreten, da hier nur eine Übernachtung anstand. Viel Zeit blieb uns zwar nicht bis zur einsetzenden Dunkelheit, reichte aber aus, die nähere Umgebung etwas näher kennen zu lernen. Wenn man es so betrachtete, war es die erste kleine Mini-Safari auf südafrikanischen Boden. Viele Wanderwege mit den unterschiedlichsten Schwierigkeitsstufen führten von hier aus durch dichte Wälder, wanden sich durch tiefe Schluchten hindurch mit bizarr-zerrissenen Felsformationen und zerflossen im grau-gelb-braunen Kleid einer vertrockneten Savannenlandschaft.

Eine halbe Stunde waren wir unterwegs, als plötzlich vorn alle stehen blieben und auf einen mit Geröll bedeckten Berghang wiesen.

„Dort sind Paviane. Jede Menge!", wurde uns im Flüsterton von dort nach hinten durchgereicht. Etwas aufgeregt brachten alle ihre Kameras in Stellung und die ersten Fotos langer Bildserien wurden eingefangen. Zwischen mehreren Aufnahmen beobachtete ich neugierig den weiteren Ablauf.

Eine große Gruppe Paviane zog dort langsam vorüber, ohne Scheu und Eile. Flankiert und beschützt von kräftigen ausgewachsenen Männchen, bildeten etwa zwanzig Weibchen mit Nachwuchs den Kern der Truppe, während herumtollende Halbwüchsige den Geröllhang rauf und runter jagten. Alle hatten wahrscheinlich nur noch ein Ziel vor Augen, den nächtlichen Schlafplatz aufzusuchen, der irgendwo hier in der Nähe sein musste.

„Die reinste Landplage, diese Tiere!", meldete sich Trautmann zu Wort und kletterte auf einen flachen Felsvorsprung rauf, um besser gehört zu werden.

„Eigentlich können die Paviane nichts dafür, denn schuld daran sind die Menschen selbst, vor allen Dingen die Touristen. Sie können der Versuchung nicht widerstehen, die ach so lieben, zahmen und lustigen Paviane zu füttern. Bei diesen schlaraffenlandmäßigen Voraussetzungen kommt man natürlich immer wieder, denn in der Wildnis ist die Futtersuche wesentlich anstrengender. Dabei verlieren sie alle Scheu vor Menschen, treiben sich am frühen Morgen und teilweise auch tagsüber nur noch in den Anlagen herum und betteln Touristen an. Man musste handeln. Nun ist es streng verboten, diese Tiere zu füttern, mag es noch so harmlos scheinen.

Vor allen Dingen nehmen sie keinen Plastikbeutel mit nach draußen, dass kann für sie gefährlich werden. Die Tiere verbinden den Anblick des Beutels mit einer köstlichen Mahlzeit. Jeder Pavian vermutet etwas Fressbares darin und versucht an den Inhalt zu gelangen. Wird er nun daran gehindert, zerrt er am Beutel herum und kann dabei äußerst aggressiv werden, wenn er nicht bekommt, was er haben möchte – eine schnelle Mahlzeit."

Schon wollte Trautmann seine Ansprache beenden und den Felsvorsprung verlassen, da ruderte er nochmals zurück und fuhr fort: „Noch etwas Wichtiges. Macht heute Abend bloß eure Fenster dicht, verriegelt alles von innen und verschließt die Türen eurer Bungalows."

„Ist das denn wirklich notwendig?", wollte einer wissen.

„Ich schlafe ungern mit geschlossenen Fenstern."

„Ich kann sie ja nur darauf hinweisen. Sie müssen selbst entscheiden, was sie machen wollen. Es muss ja nichts passieren. Beim offenen Fenster hat allerdings jeder von ihnen die einmalige Change, vom Bett aus einen Pavian zu beobachten."

Bei der Vorstellung, von einem Pavian wachgerüttelt zu werden, musste ich innerlich grinsen. Das wäre doch ein toller Gag. Am Abend kam mir dann allerdings die Lust abhanden, es darauf ankommen zu lassen und verschloss alle Türen und Fenster mit großer Sorgfalt, bevor ich todmüde im Bett strandete und traumlos die erste Nacht überstand.

Vom Telefondienst geweckt, ging ich duschen, packte meine Sachen zusammen und stellte die Koffer bereit, zum Verladen. Sorgfältig verschloss ich die Bungalowtür und trat auf den betonierten Vorplatz. Die angrenzende Straße zog sich windend durch das Hotelareal hinunter, bis hin zum Restaurant mit dem vorbereiteten Frühstücksbüfett.

Und dann waren sie auf einmal da. Fünf, sechs oder noch mehr Paviane, saßen teilnahmslos am Straßenrand und verfolgten mein Abmarsch zum Essen. So richtig wohl fühlte ich mich nicht in meiner Haut, obwohl die Tiere die Unschuld vom Lande mimten. Irgendetwas hatten die vor, das war mir klar. Naja, mir sollte es egal sein. Mein Bungalow war abgeschlossen und ein Beutel hatte ich auch nicht mit.

Das Wetter war heute Morgen angenehm mild. Ein strahlend blauer Himmel lag über dem Ort, während die letzten im Tal und an den Hängen klebenden Nebelschwaden, langsam verschwanden. All dies registrierte ich nur nebenbei, denn ein gewaltiger Appetit trieb mich Richtung Frühstücksraum voran.

Hier waren schon alle versammelt, wie ich das so abschätzten konnte. Schnell fand ich ein Platz und widmete mich dem leckeren Angebot am reichhaltigen Büffet. Alle waren nun mehr oder weniger mit sich selbst beschäftigt. Keinem viel auf, dass unser Reiseleiter gar nicht anwesend war. Das lag sicherlich auch daran, dass wir alle verstreut an Vierertischen saßen. Durch das hin und her Gerenne zum Büfett wurde die Sache auch nicht übersichtlicher. Seine Abwesenheit wurde uns erst bewusst, als er plötzlich mitten unter uns auftauchte.

„Guten Morgen, alle miteinander!" Sich am Büfett postierend, fuhr er fort: „Ich hoffe, sie konnten gut schlafen." Dabei zog ein vieldeutiges Grinsen über sein Gesicht.

„Ich muss ihnen jetzt etwas erzählen, was mir heute Morgen passiert ist. Ich kann mir lebhaft vorstellen, dass diese Geschichte zu ihrer morgendlichen Erheiterung beitragen wird."

An den Tischen verstummten die Gespräche, alle warteten auf seine Story. Während Trautmann bedächtig seinen Teller mit Kuchen bestückte, löffelte ich meinen Joghurtbecher leer und lauschte seinen Worten.

„Stellen sie sich das ruhig mal bildlich vor, was ausgerechnet mir heute Morgen passierte. Ich stand völlig eingeseift im Badezimmer unter der Dusche, als mit lautem Krachen in der Küche irgendetwas zu Boden fiel und scheppernd durchs Zimmer kullerte. Natürlich hatte ich mich erschrocken. Notdürftig versuchte ich den Seifenschaum aus Gesicht und Augen zu entfernen, um nachzusehen was da los war. Langsam öffnete ich die Tür zum Wohnbereich und schob mein Kopf durch den Spalt. Beim Anblick dessen, was mich dort erwartete, standen mir die Haare zu Berge. Na können sie sich denken was nun kommt?"

Als niemand die eingetretene Stille unterbrach und antwortete, betrachtete Trautmann zufrieden seinen vollgepackten Kuchenteller und fuhr fort:

„Stellen sie sich das bitte mal vor. Mitten im Zimmer sitzt ein ausgewachsenes Pavianmännchen, hat mein weißes Oberhemd beim Wickel und zerrt daran herum. Ein Stuhl war umgefallen, ein Kochtopf lag in der Ecke und alle meine anderen Sachen hingen wahllos verstreut im Raum herum. Wütend darüber, dass der so mein Hemd zerfledderte, vergaß ich alle Vorsichtsmaßregeln und fauchte den ungebetenen Gast an, meine Sachen in Ruhe zu lassen. Irgendwie musste ich den ja loswerden. Doch der Pavian dachte nicht im Traum daran, mein Wunsch zu erfüllen. Im Gegenteil. Er fühlte sich gestört, sprang angriffsbereit zurück, fletschte die Zähne und war bereit sein Platz zu verteidigen. Das ging mir dann doch zu weit.

Ich zog die Tür ins Schloss, griff nach einem großen Stück Seife, stieß die Tür wieder auf und brannte dem Pavian mit voller Wucht das glitschige Stück auf den Pelz. Erschrocken über diesen frontalen Angriff, flüchtete er mit einem gewaltigen Sprung durchs offenstehende Fenster ins Freie, leider aber auch mit meinem Hemd. Schmutzig und halb zerrissen blieb es draußen im Gebüsch hängen, war nicht mehr zu gebrauchen."

Den Teller abstellend schüttelte Trautmann noch mehrmals den Kopf, als ringe er mit einer unangenehmen Entscheidung. Schließlich überwand er die Blockade und fuhr schmunzelnd fort:

„Ja, so spielt das Schicksal manchmal einem einen Streich. Mein Zimmerfenster nach draußen war zwar zugeschoben, aber ohne den Sperrriegel überzulegen. Für den Pavian war das ein leichtes Spiel, das Fenster aufzudrücken. Und ich warne euch gestern Abend noch eindringlich, bloß alles abzuschließen. Das Ergebnis kennt ihr ja."

Wir alle im Raum unterdrückten jeden Kommentar zu Trautmanns peinlicher Beichte, obwohl wir uns alle das Lachen verkneifen mussten. Nach und nach lebten die Gespräche wieder auf. Wir erörterten die Frage wie wir wohl in solch einer Situation reagiert hätten. Jeder hatte da eine andere Vorstellung vom Ablauf. Naja, so lange man nicht selbst davon betroffen war, konnte man ja seiner Fantasie freien Lauf lassen. Störungsfrei beendeten wir unser gemeinsames Frühstück und rollten schon kurz darauf durch dichte sonnendurchflutete Wälder, dem nächsten Ziel entgegen.

Goldrausch am Blyde River Canyon

Heute erwartete uns eine traumhafte Panoramaroute, hautnah am Blyde River Canyon entlang. Steil ging es bergauf. In spitzen Haarnadelkurven musste unser Fahrer seine ganze Routine einbringen, um uns dort unbeschadet voran zu bringen. Überall schimmerten uns rotleuchtende Gesteinsschichten, fast senkrecht aufsteigender Felswände entgegen. Langsam wich dichter Baumbestand der Mauchberge niederem Busch- und Strauchwerk, durchbrochen von geröllbedeckten Bergeinschnitten. Mit gedrosselter Geschwindigkeit summte der Bus problemlos sein Lied, und ermöglichte uns eine intensivere Betrachtung der vorüberziehenden Landschaften.

Auf halber Strecke verließen wir den Panoramaweg, um dem Goldgräberstädtchen Pilgrim's Rest einen Besuch abzustatten.

Der Legende nach streifte im Jahre 1873 der Digger Alec Patterson, sein gesamtes Hab und Gut mit sich führend, durch die dicht bewaldete, hüglige Landschaft. Als einzelgängerischer Goldsucher war er ständig auf Achse. Am Pilgrim's Creek wurde er schließlich fündig. Dicke Goldklumpen glänzten im klaren Wasser. Was für ein Fund. Er beschloss seine Entdeckung geheim zu halten.

Aber wie das Leben nun mal so spielte, fand ein zweiter Goldsucher, ein gewisser William Trafford, kurz darauf auch den Weg dorthin. Der Legende nach gab Trafford dem Ort seinen Namen, indem er bei der Goldentdeckung vor lauter Freude ausrief:

„The pilgrim can rest!" (Der Pilger kann sich ausruhen!)

Patterson hielt seinen Schwur, niemand etwas von seinem Goldfund zu erzählen. William Trafford allerdings konnte seinen Mund nicht halten, und löste einen Goldrausch aus. Ein riesiger Ansturm von Diggern aus der ganzen Welt setzte ein und überschwemmte das Tal förmlich. Eine Zelt- und Barackensiedlung entstand quasi über Nacht. Schon nach einem Jahr wühlten hier über 1 500 Goldsucher herum, und Südafrikas erste große Goldminenstadt, mit 18 Bars, 21 Geschäften, Bäckereien und Banken war entstanden.

Die Goldfunde von Pilgrim's Rest erwiesen sich als die ergiebigsten Oberflächenfunde im südlichen Afrika. Zunächst wurde das Gold mit Pfannen aus dem Flusssand geschwemmt. Ab etwa 1881 begann der Abbau im großen Stil. 1895 wurde die Transvaal Gold Mining Estate Ldt gegründet, die nach und nach die kleinen, meist nur fünfzig Quadratmeter großen Claims der Digger aufkaufte. Das Unternehmen arbeitete rentabel bis Mitte des 20. Jhd. Erst 1971 wurde der Betrieb eingestellt. Ein Jahr später wurde Pilgrim's Rest von der Regierung übernommen und zum nationalen Kulturdenkmal erklärt – steht heute unter Denkmalschutz. Die alten Gebäude im Ort wurden sorgsam renoviert, wobei der ursprüngliche Wellblechhütten-Charakter erhalten blieb. Somit war ein großer Teil des Ortes ein Freilichtmuseum, eine Goldgräberstadt der vorletzten Jahrhundertwende, mit Wohnhäusern, Geschäften, Kirchen und einem wunderschönen Royal Hotel im Stil der alten Zeit.

Hoch über dem Ort, auf einem kleinen Friedhof, fanden wir die Gräber der Bergleute und Goldsucher, alle in Ost- / Westrichtung ausgelegt. Nur ein einzelnes Grab zeigte in eine Nord- / Südrichtung. Dies war „Roberts Grave", ein Räubergrab eines Verbrechers. Er wurde beim Überfall auf einen Gold-Transport erwischt, und kurzerhand erschossen. Räuberei wurde generell streng bestraft. Der Tote wurde entgegengesetzt der Gräberordnung beerdigt, um allen zu zeigen, was mit einem Verbrecher passiert, wenn er erwischt wurde.

Uns blieb eine Stunde Zeit, den Ort zu erkunden. Ich besichtigte eine alte Zeitungsdruckerei, ein spartanisch eingerichtetes Haus eines Goldgräbers und einen historischen „General Store", bestückt mit alten Handelswaren, die im Shop ausgestellt wurden. Danach genehmigte ich mir im „General Dealer", einer der herausgeputzten Einkaufsläden, ein Tässchen Kaffee und genoss auf der herumführenden Terrasse die wärmenden Sonnenstrahlen des vorangeschrittenen Morgens. Kurz vor der Weiterfahrt erwarb ich beim Händler auf der gegenüberliegenden Straßenseite, für wenige Rand, zwei Kilo frische Orangen und ergänzte somit meine Marschverpflegung für unterwegs.

Kurz und eindrucksvoll verlief die Fahrt zum „Aventura Blydepoort Resort", unserm heutigen Etappen- und Übernachtungsziel. Die Ankunft verlagerte sich auf den Nachmittag, wegen eines Zwischenstopp am unmittelbar in der Nähe liegenden „Blyde-River-Canyon".

Dieser 32 km lange Canyon war eines der fantastischsten und großartigsten Naturerscheinungen die Südafrika zu bieten hatte und Mittelpunkt eines 22 000 Hektar großen Naturschutzgebietes. Direkt auf der Panoramaroute liegend, zählte er zu den größten Canyons der Welt. Geschaffen wurde er durch zwei Flüsse, dem Blyde River und dem Ohrigstad River. Ein Highlight für alle Südafrikabesucher.

Von den Autoparkplätzen, nur wenige Minuten entfernt, lagen die fantastischsten Aussichtspunkte. Nicht wissend, was uns hier erwartete, folgten wir den durch Geröll und Gebüsch führenden schmalen Weg, bis hin zur Abbruchkante, der steil abstürzenden Schlucht.

Vom Anblick überwältigt, verharrte ich einige Minuten bewegungslos auf meiner Plattform und sah in die Tiefe. Über achthundert Meter ging es hier, genau vor meinen Füßen, nach unten. Auch der Blick in die Ferne war grandios. Er flog weit übers Lowveld und Krügerpark hinweg, bis nach Mosambik rein.

Vorsichtig erklomm ich einen über den Schlucht-Rand hinausragenden Felsvorsprung und ließ mich dort nieder. Ohne ein Wort zu sprechen, lauschte ich den säuselnden Aufwinden und genoss den Augenblick der Ruhe und der grenzenlosen Freiheit auf meinem Logenplatz am Canyon-Rand. Tief unter mir bahnte sich der Blyde River den Weg durch eine zerrissene Schlucht, um im späteren Verlauf einen neu errichteten Staudamm zu füllen.

Mir genau gegenüber, auf der anderen Seite der bombastischen Schlucht stand ein von Mutter Natur erschaffenes Kunstwerk. Die „Three Rondavels", ein besonderer Anziehungspunkt in dieser märchenhaften Landschaft, waren wohl bestimmt in jedem Prospekt oder Bildband Südafrikas zu finden. Weit über den Canyon hinausreichend, machten diese drei in den Himmel ragenden Gebilde den Eindruck, als seien sie die ewigen Wächter dieses Felsareals mit all seinen Höhlen und Wasserfällen. Sahen sie doch tatsächlich so aus wie enorm vergrößerte Eingeborenen-Rundhütten mit Reetdach.

Etwa drei Stunden wanderten wir am Rande des Canyon entlang, von einem Aussichtspunkt zum anderen. Trautmann, ein wandelndes Lexikon, überschüttete uns mit Infos über Flora, Fauna, Land und Leute. Einen besseren Reiseleiter für unsere Tour hätten wir bestimmt nicht finden können.

Beim Rückmarsch zum Bus, beschlossen wir am Abend nochmals her zu kommen, um den Sonnenuntergang am Blyde River Canyon beizuwohnen. Und diesen Entschluss musste niemand bereuen. Hierzu kann ich nur anmerken, wer an diesem fantastischen Ort mit dabei sein durfte, als die Sonne hinter den Bergen versank, würde diesen Anblick nie vergessen können.

Als die letzten Sonnenstrahlen mit all ihren Farbnuancen auf die drei Rondavels trafen, wurde man unweigerlich verzaubert vom fesselnden Farbenspiel und verharrte voller Ehrfurcht auf den großen Felsblöcken. Hoch über dem gähnenden Abgrund sitzend, genoss man dieses Naturschauspiel in vollen Zügen. Ein Zwang zur Stille lag über dem Ort, verbot alle Gespräche. Nur das leise Klicken einiger Fotoapparate sprang über uns hinweg und markierte unsere Anwesenheit. Den starken Aufwind ausnutzend, zog hoch über dem Canyon ein Geier seine Kreise und beäugte sicherlich diese komischen Zweibeiner dort unten auf dem Plateau.

Die Zeit verging wie im Fluge. Ich hätte hier noch lange sitzen können. Doch das ging leider nicht, da die schnell einsetzende Dunkelheit es schaffte, uns von diesem magischen Ort zu lösen und notgedrungen den Heimweg anzutreten. Noch tief beeindruckt vom Blyde River Canyon verschwanden wir sprachlos im Bus. In Gedanken saßen wir alle noch irgendwo hoch oben auf dem Felsen, hatten die drei glutrot aufleuchtenden Rondavels vor Augen und spürten den inneren Frieden der uns vorauseilte.

Vom Goldgräberstädtchen führen viele Wanderwege ab

Am Bourkes Look Patholes

Folkloreband im Einsatz

Vom Blyde River Canyon …

… in den Safaripark

Am nächsten Morgen verstauten wir gerade unsere Sachen im Bus, als Trautmann bei uns auftauchte, den Herrn Beier im Schlepptau. Jetzt hatten wir alle die Möglichkeit, unseren hinterhergereisten Wanderfreund zu begrüßen. Natürlich waren wir alle neugierig auf seinen unfreiwilligen Erlebnisbericht. Kurz vor Mitternacht war er im Camp eingetrudelt, total gestresst, aber glücklich jetzt unter uns zu weilen.

„So Leute, jetzt hört mal auf dem Herrn Beier Löcher in den Bauch zu fragen." Da fast alle noch draußen herum standen, drängelte Trautmann zum Aufbruch.

„Ihr könnt euch auch im Bus unterhalten. Wir müssen weiter."

Unser heutiges Ziel war der Krüger-Nationalpark, ein Höhepunkt aller Südafrikarundreisen. Doch wie schon mehrmals praktiziert, unterbrachen wir die Anfahrt an einem an der Straße liegenden Touristenzentrum. Von hier aus führten Wanderwege zu den unterschiedlichsten Zielen in näherer und weiterer Umgebung. Nach einem Informationsrundgang im Zentrum folgten wir Trautmann auf einem zwei Kilometer langen Wanderweg zu den „Bourke's Luck Potholes", einem Naturschauspiel von besonderer Attraktivität. Hier vereinigten sich die Flüsse Treur und Blyde.

Wie viele überlieferte Geschichten berichteten, gab es hier eine kleine Goldmine mit dem Namen „Bourke's Luck". Der Name wurde vom Glück des Tom Bourke abgeleitet, der hier Gold fand. Wir besuchten den Ort aber nicht wegen dem gefundenen Gold, sondern wegen einer Laune der Natur, die uns mit seltsam geformten Löchern unten im Flussbett überraschte. Die vom Wasser mitgeführten Geröll- und Sandmassen schufen in den Felswänden, der tief eingeschnittenen Flussläufe, bizarre Strudellöcher in den seltsamsten Formen, eingebettet in einem drum herum angelegten, weitläufigen Parkgelände, dass alle Besucher auf Anhieb faszinierte und zum Entdecken einlud. Viele sich kreuzende oder sternförmig auseinanderstrebende Wege führten über Holz- und Hängebrücken zu den verschiedensten Aussichtspunkten.

Hier schlug mal wieder die Stunde der Hobby-Fotografen. Die Kameras im Anschlag freuten wir uns alle über die mannigfaltigsten Formen und Farbschattierungen bizarrer Auswaschungen und schossen dabei ein Foto nach dem anderen.

Etwa drei Stunden blieben wir auf dem Gelände, durchstreiften alle Winkel und entdeckten dabei immer wieder etwas Neues. Irgendwann kreuzte Trautmann auf und beendete den Rundgang, denn der Rückmarsch zum Bus war alles andere als ein erholsamer Spaziergang. Es lagen immerhin zwei Kilometer dazwischen, ein sich aufwärtswindender Wanderweg, flankiert von schroffen Felswänden und aufgerissenen Taleinschnitten.

Endlich am Bus angekommen, wurden wir von einer Folkloreband empfangen. Diese hatte sich dort während unserer Abwesenheit aufgebaut, und überraschte uns mit einem Ständchen voller Hingabe und Leidenschaft. Vier Damen, eingehüllt in lilafarbenen Gewändern, bearbeiteten intensiv ihre am Straßenrand postierten unterschiedlichsten Trommeln mit Stöcken und Handballen. Im Rhythmus dröhnender Schläge zuckten ihre Körper in artistischen Verrenkungen auf und ab und verschmolzen zu einem Gesamtkunstwerk afrikanischer Leidenschaft. Fasziniert sah ich einige Minuten zu, bewunderte dabei ihr Gefühl für Rhythmus und Takt und spendete ein Obolus von zehn Rand in eine am Bürgersteig stehende lila Schüssel nach Abschluss dieser mitreißenden Vorstellung. Dabei bildeten die gleichfarbig wallenden Gewänder der musikalischen Damen einen seltsamen Kontrast zum grau- bis rotbraunen Hintergrund ihres Standortes.

Kaum war der Letzte von uns im Bus verschwunden, beendete die Band ihren Auftritt. Gemeinsam zählten sie ihre Einnahmen aus der lila Schüssel und verzogen sich diskutierend auf eine in der Nähe platzierte Parkbank im Schatten eines gelbblühenden Karoo-Busches, um sicherlich auf eine neuankommende Reisegruppe zu warten. Mir sollte es egal sein. Ihre Darbietungen waren professionell und mitreißend, allemal zehn Rand wert.

Etwas erschöpft vom Rückmarsch, verschwanden alle schnell auf ihren Plätzen. Im Bus kehrte Ruhe ein. Kilometer um Kilometer rollten wir voran, auf gut ausgebauten autobahnähnlichen Straßen. Das monotone, eintönige Summen des Motors, überlagerte alle Aktivitäten. Eine ansteckende Müdigkeit verbreitete sich recht schnell, ließ Köpfe nach unten hängen und förderte bei vielen ein Schläfchen in Ehren. Mir sollte es nicht besser gehen. Da draußen nichts Aufregendes passierte, folgte ich dem schwer zu beeinflussenden Trend und verschloss meine beiden Fenster. Der Geräuschpegel wurde leiser, immer leiser. Tief in meiner Sitzecke eingekuschelt, landete ich unbewusst im Nirwana, war fest eingeschlafen.

Abenteuer – Krügerpark

Ein grässliches Pfeifen aus der Bordsprechanlage beendete unsanft meine Ruhepause und wahrscheinlich auch die der anderen. Mich nach oben schiebend, verscheuchte ich die Müdigkeit mit Strecken und Gähnen. Doch erst ein Griff nach der gekühlten Getränkeflasche und ein kräftiger Schluck daraus, brachten den gewünschten Erfolg. Erst jetzt war ich hellwach. Selbst erschrocken über den lauten Pfeifton, klopfte Trautmann am Mikrofon herum und veränderte die eingestellte Lautstärke etwas nach unten. Zufriedengestellt nach einer erneuten Funktionskontrolle, erläuterte er den weiteren Ablauf.

„Entschuldigt bitte die Lautstärke, das war mein Fehler. Naja, so seid ihr wenigstens alle munter. Wir sind kurz vorm Ziel. Wenn ihr einmal nach draußen schaut, seht ihr den Sabi-River unter uns, den wir gerade überqueren. Gleich dahinter beginnt der *Krüger National Park,* unser heutiges Ziel. Hier übernachten wir zweimal im *KNP-Skukuza-Restcamp,* mit 238 Rondavels, (geräumige Rundhütten) mitten im Park. Alles Weitere dann dort."

Jetzt waren alle munter, hingen an den Fenstern und suchten die beiden Ufer ab, nach sich dort aufhaltenden Flusspferden. Allerdings ohne Erfolg. Kaum hatten wir die Brücke überwunden, bogen wir rechts ab und erreichten nach wenigen Minuten das *Paul Krüger Tor.* Langsam rollte der Bus aus, kam zum Stehen vor einer torähnlichen Einfahrt mit geschlossener Schranke.

Die fälligen Eintrittskarten mussten bezahlt werden. Das passende Geld durchs Fenster reichend, bekam unser Fahrer diese in die Hand gedrückt. Schnell noch ein paar Neuigkeiten mit dem Einlasspersonal ausgetauscht, und schon ging es weiter.

„Sieben solcher Eingänge gibt es hier im Krüger Park", meldete sich Trautmann aus seiner Sitzecke und fuhr fort: „Dieser hier befindet sich im unteren Parkdrittel. Jetzt könnt ihr es euch nochmal bequem machen, denn vor uns liegen noch acht Kilometer bis Skukuza."

Draußen verschwanden nach und nach die letzten Schatten zwischen den Bäumen. Die Abenddämmerung hatte längst begonnen, als unser Bus den schmalen Schotterweg folgend, knirschend vor dem spärlich beleuchteten Hoteleingang zum Stehen kam. Wir blieben noch sitzen, während Trautmann zur Rezeption eilte, uns anzumelden. Leider waren wir heute Abend nicht die einzigen Gäste. Zwei Reisebusse standen noch vor uns in der Reihe. Es dauerte dann natürlich auch etwas länger, die sich ständig wiederholenden Eincheckformalitäten vorzunehmen. Eine gute halbe Stunde verstrich, bis Trautmann wieder bei uns auftauchte. Jeder bekam sein Schlüsselbund überreicht mit der eingeprägten Hausnummer seiner Unterkunft, und alle zusammen die ersten Informationen zum Park und KNP-Skukuza-Rest-Camp.

Nach vollendeter Schlüsselübergabe, griff Trautmann zum Mikrofon und beobachtete dabei unseren Fahrer beim Ausladen der Gepäckstücke.

„Ich fasse mich kurz. Mittlerweile ist der Krüger-Park 320 km lang und rund 60 km breit, immer entlang der südafrikanischen Grenze zu Mosambik, und umfasst insgesamt eine Fläche von fast 20 000 Quadratkilometern. Jetzt ist man dabei, sich mit anderen Parks aus den Nachbarländern Mosambik und Simbabwe zusammenzuschließen. Mit fast Hunderttausend Quadratkilometern wird der neue Greater-Limpopo-Transfrontier-Park, einer der größten Nationalparks der Welt werden.

Unser Camp erstreckt sich mehrere Hundert Meter am Ufer des Sabi-River entlang. Eure Unterkünfte, die reetgedeckten Rundhütten verteilen sich im ganzen Parkgelände, sind bestückt mit ausgeleuchteten Hausnummern und identisch mit euern Schlüsseln. Sich Verlaufen ist hier eigentlich ausgeschlossen. Mittendrinn im Zentrum liegt unser Restaurant, umgeben von mehreren kleinen Geschäften. Wenn ihr euch etwas kaufen wollt, habt ihr bis 22 Uhr jeden Tag dazu Gelegenheit. Beeilt euch bitte nachher beim Bezug eurer Rundhütten. Laut Programm startet heute Abend um 19 Uhr eine Nachtsafari. Treffpunkt ist hier am Bus, zehn Minuten vorher. Ich sehe gerade, unsere Koffer sind ausgeladen. Wir können aussteigen."

Trautmann folgend, erwartete uns draußen eine Überraschung. Kaum standen unsere Koffer und Taschen auf der Straßenseite aufgereiht, stürmten Gepäckträger, wie aus dem Nichts auftauchend, auf uns zu und schnappten sich nach einer Zimmernummernzuordnung unsere Sachen. Ruckzuck landeten meine beiden Koffer auf dem Kopf einer älteren Dame. Mit einem energischen „bitte folge mir Zeichen", stampfte sie von dannen.

Um in der einsetzenden Dunkelheit den Anschluss nicht zu verlieren, folgte ich etwas ungläubig dem wiegenden Gang meiner in den Nachthimmel hineinragender Koffer. Mein Gott, dachte ich so bei mir, wie konnte die damit laufen? Da waren doch wenigstens zwanzig Kilo drin. Und wie sie damit laufen konnte, hatte ich ja unmittelbar vor Augen. Ich musste mich beeilen um hinterher zu kommen. Zum ersten Mal sah ich solch eine Transportvariante. Schnell noch ein Erinnerungsfoto geschossen von dieser vollbepackten Dame, und schon war unser Ziel erreicht. Problemlos kamen beide Koffer am Haus 21 nach unten, als würde das Gewicht keine Rolle spielen. Meine zugesteckten zehn Rand verschwanden in ihrer Kitteltasche. Genauso schnell wurde die zurückeilende Dame verschluckt von einer alles überlagernden Dunkelheit, zwischen den einzelnen schwach erleuchteten Rundhütten, in meiner unmittelbaren Umgebung.

Nun hatte ich ein ganzes Haus mit Veranda und Terrasse für mich allein. Einfach toll! Und das mitten im Nationalpark. Schon als Kind hatte ich den Wunsch, einmal den Krügerpark zu besuchen, um eine einmalige Tierwelt live zu beobachten. Es war wohl das berühmteste Wildreservat der Erde, zurzeit so groß wie Israel oder Belgien. Am Ende des 19. Jahrhunderts war Tierschutz noch kein Thema mit dem man sich beschäftigen musste. Das genaue Gegenteil wurde praktiziert. Die südafrikanischen Farmer betrachteten Antilopen als lästige Futterkonkurrenten ihrer Rinder, die verschwinden mussten. Raubtiere, wie Löwen, Leoparden und Geparde waren für viele nur herumstreunende Todfeinde, die wahllos und gezielt abgeknallt wurden. Es kam, wie es kommen musste, der Tierbestand ging drastisch zurück. Es war schon fast zu spät, als endlich einige einflussreiche Südafrikaner forderten, ein Gebiet im alten Transvaal Lowveld, unter Schutz zu stellen.

1898 war es dann so weit. Vom *Volksraad* wurde ein Gesetz verabschiedet, dass das Gebiet zwischen *Crocodile* und *Saba River,* unter dem Namen *Sabie Game Reserve,* unter Naturschutz stellte. Hiermit war der Grundstein gelegt für den späteren Krüger National Park.

Wie kam der Park zu seinem Namen? Darauf muss man erst mal kommen. Der damalige Burenpräsident, dessen Namen der Park trägt, war ein begeisterter Großwildjäger, und hatte mit Naturschutz wahrlich nicht das Geringste im Sinn. Ihn interessierte Wild nur getrocknet und gut gewürzt als Braten.

Wie passte so etwas zusammen? Ein Tierschutzreservat erhielt den Namen eines Großwildjägers? Normaler Weise ein Unding. Wenn es da nicht einen gewissen Stevenson-Hamilton gegeben hätte, wer weiß was ohne ihn aus dem gesamten Projekt geworden wäre.

Dieser Hamilton war damals der erste, offiziell ernannte Park-Ranger in diesem Gebiet. Er verstand es ausgezeichnet den Namen des Burenpräsidenten Kruger, mit dem Park zu verbinden, um die unpopuläre Entscheidung für ein Schutzgebiet bei den jagdverrückten Afrikanern zu ermöglichen. Der Park bekam den Namen von Kruger, (Eingebürgert hatte sich allerdings der Name Krüger, obwohl beides gebräuchlich war). Eine Strategie, die sich auszahlte. In den letzten hundert Jahren entwickelte sich der Park zu einem florierenden Unternehmen mit über 600 Mitarbeitern. Diese kontrollierten das gesamte Gebiet im 24-stündigen Rhythmus, und ermöglichten somit den ungestörten Fortbestand der Artenvielfalt. Vielerlei Aufgaben standen an und mussten erledigt werden. Eine der Wichtigsten war, den Schutz der Tiere vor Wilderern zu organisieren, dass in zunehmender Weise zu einem Problem wurde.

Im Krüger-National-Park - neugierige Giraffe

Wildwechsel

Beim Spurenlesen

Rast auf dem Löwenfelsen

Am Wasserloch

Vom benachbarten Mosambik kamen Flüchtlinge über die Grenze und landeten im Schutzpark, den sie durchqueren mussten, um im reichen Südafrika irgendwo eine Arbeit zu finden. Ohne es zu wissen, in welcher Gefahr sie schwebten, wurde ihr Grenzübertritt zur Todesfalle. Viele Funde zeugten von grausamen Erlebnissen dieser Flüchtlinge. Vom Löwenrudel zerrrissen und gefressen zu werden, war keine Seltenheit. Ein noch viel schlimmerer Anblick bot sich dem Ranger, wenn diese ahnungslosen Nachtwanderer auf eine Büffelherde trafen. Wenn alles schief lief, wurden sie gnadenlos von den aggressiven Tieren mit den Hörnern zerrissen und in den Boden gestampft. Das war nun wirklich kein schöner Anblick für schwache Nerven.

Des Weiteren waren die Ranger für das kontrollierte Abbrennen des ausgetrockneten Buschlandes verantwortlich. Eine notwendige Arbeit, um Platz zu schaffen für junge Pflanzen und Gräser. Überall im Park sahen wir das Resultat, ein Flickenteppich von verbrannten und nichtverbrannten Flächen.

Wenn nötig, wurden zur Trockenzeit künstliche Wasserstellen errichtet. Verteilt im Gelände, funktionierten diese auf einfache Art und Weise. Kleine transportable Windräder erzeugten die nötige Energie, um Grundwasser mittels Pumpe nah oben zu befördern. Auch beschädigte Wildzäune mussten ständig erneuert werden.

Kam es zu einer Überpopulation bei Elefanten, wurden komplette Familienverbände per Flugzeug oder Tieflader in andere Reservate ausgesiedelt. Ein weiterer Schwerpunkt ihrer Arbeit war die Betreuung und Sicherheit aller Touristen im Reservat.

Und eines sollte man auf keinen Fall vergessen zu erwähnen, das weltbekannte Markenzeichen des Krüger-Parks, die („Big Five"). Die großen Fünf: Löwe, Leopard, Büffel, Elefant und Nashorn. Hier waren sie wieder, Glück vorausgesetzt, in größeren Beständen anzutreffen. Ein Erlebnis für viele Tausend Touristen, die jährlich den Park besuchten.

Wie schon erwähnt, startete unsere Gruppe im offenen Geländewagen zum ersten Ausflug. Eine Nachtsafari stand an. Das war etwas Besonderes, den Park mit all seinen Geräuschen und nachtaktiven Tieren kennen zu lernen.

Kurz vor 19 Uhr verstaute ich Fernglas und Fotoausrüstung im Rucksack, stülpte mir die Kopfleuchte über und verschloss mein Haus im Grünen. Vom Dämmerlicht der einbrechenden Nacht eingehüllt, schlenderte ich gemütlich, quer durch die langgezogene Anlage hindurch, zum Rezeptionsgebäude hinunter. Da es nach Sonnenuntergang erfahrungsgemäß empfindlich kalt werden konnte, hatte ich mir eine Strickjacke übergezogen, war somit bestens ausgerüstet.

Am Treffpunkt war alles vorbereitet. Da alle pünktlich eintrafen, wurden wir auf zwei Geländewagen verteilt und die Tour konnte starten. Wer wollte, bekam noch eine Decke zum einwickeln überreicht, für den Fall aller Fälle. Ich fand mein Platz im zweiten Wagen. Gleich hinter dem begleitenden Ranger sitzend, hatte ich freie Sicht nach fast allen Seiten, viel besser ging es gar nicht.

„Sitzt Ihr alle bequem?", zog Trautmanns Stimme über uns hinweg. Im Wagen beim Fahrer auftauchend, erwartete er auf diese Frage keine wirkliche Antwort und fuhr fort: „Na dann los, auf geht's. Und denkt daran, nachher nur leise sprechen. Wir wollen die Tiere doch nicht verscheuchen."

Langsam rollten die Fahrzeuge vom Parkplatz, schwenkten auf einen aus dem Camp hinausführenden Beton-Weg ein und erhöhten die Geschwindigkeit. Wir wurden verschluckt von einer alles überlagernden Dunkelheit, der im Krüger Park beginnenden Nacht. Nach knapp einer halbstündigen Fahrt, verließen wir die geradeaus führende Beton-Straße und bogen ab auf einen unbefestigten Schotterweg. Jetzt ging es nur noch langsam voran, fast im Schritttempo.

Kaum waren die Suchscheinwerfe, zwei rechts und zwei links in Position gebracht, ein- und angestellt, wurde es ruhig. Gespräche wurden vermieden, oder nur im Flüsterton geführt. Suchende Blicke folgten aufgeregt den sich langsam durch die Nacht fressenden Lichtkegeln. Rechts und links vom Schotterweg, wurden die vorüberziehenden Buschlandschaften, für wenige Augenblicke aus der nächtlichen Finsternis gerissen. Im

Rhythmus der schwankenden Fahrzeuge sprangen die Lichtkegel wie tanzende Laserstrahlen über Termitenburgen hinweg, versickerten im undurchdringlichen Buschwerk und verwandelten die mit hohen Gräsern überzogene Savannenlandschaft in ein wogendes Meer aus Licht und Schatten. Wo blieben nur die nachtaktiven Tiere? Bislang konnten wir nichts entdecken, außer einigen herumflatternden Nachtfaltern, angelockt vom grellen Licht der herumirrenden Scheinwerfer.

So langsam könnte ja mal etwas auftauchen, war mein Fazit der bisherigen Nachtsafari. Doch nichts passierte.

Auf draußen fixiert, wurden wir plötzlich von Trautmanns Stimme aufgeschreckt.

„Halt, anhalten. Zurück – zurück!"

Langsam rollten beide Fahrzeuge aus, kamen zum Stehen. Keiner von uns wusste was los war. Alle Blicke richteten sich nach vorn. Leise, aber energisch dirigierte Trautmann die Wagen zurück.

„Weiter. Noch ein Stück zurück."

Hatte Trautmann was entdeckt, was uns entgangen war? Die beiden Suchscheinwerfer schoben sich Meter für Meter voran. Vor, zurück, hoch und runter flatterten Lichtkegel durch Gestrüpp und aufgelockerten Baumbestand, projektierten lange, wandernde Schatten ins nächtliche Gelände.

„Stopp! Anhalten!"

Auch ich hatte jetzt etwas entdeckt. Das gab es doch nicht. Vom Licht erfasst, funkelten uns aus der nächtlichen Dunkelheit heraus, mehrere Augenpaare entgegen. Keine drei Meter vom Auto entfernt, saßen einige Fleckenhyänen im flach abfallenden Straßengraben. Ich begriff es nicht ganz, wieso wir die Tiere vorhin nicht entdeckt hatten. Na ja, wir hatten ja Trautmann, dem schien nichts zu entgehen.

Ohne Scheu vor dem Fahrzeug schenkten uns die Hyänen keinerlei Beachtung. Sie ignorierten einfach unsere Anwesenheit und gewährten uns Einblick in ihr momentanes Familienleben. Zwei junge Hyänen tobten ausgelassen auf ihrer Mutter herum, benutzten den nach hinten abfallenden Rücken als Rutschbahn. Was für ein lustiges Spiel, ein Spaß ohne Ende. Doch als eine drittes Junges den Schwanz als Angriffsziel benutzen wollte, wurde es ihr zu viel. Aufstehend schüttelte sie ihre Plagegeister herunter und verschwand im nächsten Moment im Bau-Eingang. Kaum war sie drinnen abgetaucht, kam ein wesentlich größeres Männchen aus einem anderen Erdloch langsam hervor gekrochen. Verschlafen gähnte das fast ein Meter lange Tier und trottelte dann quer über den Schotterweg hinweg, zwischen beiden Fahrzeugen hindurch, bis es im angrenzenden Buschland verschwand.

„Das Männchen geht auf Beutezug", flüsterte Trautmann.

„Die anderen warten hier, hoffen auf eine fette Mahlzeit, wenn alles gut gehen sollte."

Von den Fleckenhyänen ignoriert fuhren wir langsam weiter. Nun wurde die Nachtsafari richtig spannend, denn jetzt ging es Schlag auf Schlag. Etwa alle fünf Minuten tauchten einzelne oder mehrere Tiere auf, angestrahlt von einem der vier Suchscheinwerfer. Rechts lagerten Buschböcke im Gestrüpp, halbverdeckt von wildwuchernden Gräsern. Dann war mal wieder die andere Seite dran. Dort verharrte auf einem Erdhügel ein stattlicher Kudu. Bewegungslos starrte er uns an und streckte dabei sein komisch nach oben verdrehtes Geweih dem Lichtkegel entgegen.

Keine zwanzig Meter weiter, stand seitlich vor unseren Fahrzeugen ein junger Elefantenbulle unter einer lichten Baumgruppe und schien vor sich hinzudösen. Wir verharrten stillschweigend einige Minuten und beobachteten den Dickhäuter. Sicherlich an nächtlichen Besuch gewöhnt, zeigte er uns schon nach kurzer Zeit sein davonschreitendes Hinterteil, als er langsam im Dickicht verschwand.

Aufgeregt flüsterten wir alle durcheinander. Es war der erste Elefant, den ich hier zu sehen bekam und das bei einer Nachtsafari. Das Glück schien auf unserer Seite zu sein. Und es sollte noch besser kommen. Langsam fuhren wir weiter durch nächtliches Gelände, gedanklich immer noch mit der Elefantenbegegnung beschäftigt.

So aufgeputscht, wie wir waren, wäre uns dabei fast eine Herde Büffel entgangen. Alle im Fahrzeug auf die Elefantenseite fixiert, war es mal wieder Trautmann, der aufgeregt durchs Fernglas blickte und uns auf die gegenüberliegende Seite aufmerksam machte.

„Dort stehen Büffel", waren seine einzigen Worte in unsere Richtung. Sofort konzentrierten sich alle auf die andere Seite. Ich kramte mein Fernglas hervor, das ich bislang nicht benötigte, und folgte dem Lichtkegel der Suchscheinwerfer. Und da standen wirklich einige dieser Kolosse, etwa hundert Meter vom Straßenrand entfernt, mitten im Busch. Bemerkt hatte man unsere Anwesenheit garantiert, denn ihre riesigen schwarzen Schädel drehten sich uns entgegen. Drohend funkelten ihre Augen, flackerten im Schein der über sie hinweggleitenden Lichtkegel. Ihre sabbernden Mäuler wirkten auf uns nicht gerade einladend. Eine Gefahr witternd, kam sofort Bewegung in die Gruppe. Ihren Nachwuchs schützend, wurden diese nach hinten gedrängt, während die ausgewachsenen Büffel eine geschlossene Mauer bildeten. Kopf an Kopf standen sie angriffsbereit nebeneinander und beobachteten misstrauisch unsere Anwesenheit. Ganz langsam fuhren wir weiter, überwältigt vom Anblick dieser kraftstrotzenden Muskelpakete. Allein im Gelände, möchte ich die nun wirklich nicht begegnen.

Meine Gedanken schweiften ab zu den illegalen Einwanderern aus Mosambik. Welche Dramen müssen sich dort beim Zusammentreffen mit den aggressiven Tieren abgespielt haben. In den seltensten Fällen gelang den in der Nacht umherirrenden Mosambikanern die Flucht. Zerfetzte, von Ranger entdeckte Leichen, kündeten von grauenhaften menschlichen Tragödien, im an Mosambik grenzenden Krüger-National-Park.

Zwei Stunden waren wir nun schon unterwegs. Eine Nachtsafari, die ich bestimmt nicht vergessen werde. Etwas Glück gehörte natürlich dazu. Tiere konnte man nicht einfach herbeizitieren, man entdeckte sie, oder ging leer aus. Unsere Tour war ein absoluter Volltreffer. Zwei der großen Wildtierarten, Elefant und Büffel, gaben uns heute Nacht die Ehre. Vom Ergebnis her waren wir alle sehr zufrieden, und fieberten dem zweiten Höhepunkt der Nachtsafari entgegen, dem heutigen, mitten im Busch servierten Abendessen.

Eine kleine eingezäunte Verpflegungsstation erwartete uns mit einem aus Fackeln und Petroleumlampen ausgeleuchteten Weg. Dieser endete vor einem hochaufflackernden Lagerfeuer, flankiert von etlichen Tischen, unter freiem Sternenhimmel. Von einer Koch- und Grillstation im Hintergrund, zogen uns verführerische Duftwolken entgegen, deren leckere Produkte zur Selbstbedienung einluden. Schnell hatte jeder seinen Platz gefunden, und konnte sich dem reichhaltigen und in hervorragender Qualität angerichteten Essen widmen.

Ich genehmigte mir eine Portion Kudu-Gulasch, zwei saftige Antilopensteaks mit Bratkartoffeln und zum Nachtisch einen gemischten Salatteller. Etwas unschlüssig war ich beim Getränk. Sollte ich Wein, oder Bier bestellen? Ich entschloss mich für eine Flasche Rotwein. Schließlich war ich neugierig auf die Qualität der Südafrikanischen Weine, denen man ja eine gute Note bescheinigte. Im Nachhinein kann ich es nur bestätigen. Es war eine gute Wahl. Im Geschmack ein würziger, hervorragender Tischwein, mit leichter Muskatnote, einfach köstlich. Man könnte sich daran gewöhnen. Ein rundum gelungener Tag, mit Safari und Abendmenü mitten im Busch.

Plötzlich verstummten alle Gespräche, eine Reaktion auf ein kurzes, abgehacktes Bellen, das über uns hinwegschallte. Das war bestimmt nicht weit weg.

„Das war eine Hyäne. Vielleicht sogar unser Bekannter von vorhin", meldete sich Trautmann zu Wort. Jetzt waren alle darauf eingestellt, ob noch weitere Geräusche zu uns herüberdrangen. Doch nichts dergleichen passierte.

Die nächtliche Savanne hielt den Atem an und schwieg. Nur das Lagerfeuer knisterte und glühende Holzscheite platzten krachend auseinander. Ein hoch hinauf in den Nachthimmel schießender Funkenflug, überzog den Platz mit einem Feuerwerk tanzender Glühwürmchen, als wolle er den blinkenden Sternen die Show stehlen.

Flucht auf den Löwenfelsen

Punkt 6 Uhr klingelte mein Zimmertelefon, beendete eine kurze Nacht. Dieser Weckdienst war ein Service, den ich vorsichtshalber in Anspruch nahm, um nicht zu verschlafen. Duschen, anziehen, etwas aufräumen und schon war ich draußen. Jetzt musste ich mich erst mal orientieren. Gestern Abend sah alles etwas anders aus. Das Restaurant war weiter unten, also lief ich quer durchs Gelände abwärts und entdeckte schon nach der nächsten Weggabelung das auffällige Gebäude. Die ersten schrägen Sonnenstrahlen flimmerten durch weitverästelte Baumkronen und brachen sich in den flachen Wasserlachen abgespritzter Betonwege.

Einige Grünmeerkatzen, eine Affenart mit furchtbar langen Schwänzen, lümmelten überall auf Bänken herum und beobachteten alle vorübereilenden Touristen beim Anmarsch zum Frühstück. Ganz schön raffiniert, das Verhalten dieser possierlichen Tiere. Die wussten ganz genau, solange die Zweibeiner dort hineinliefen, lohnte sich kein Betteln. Allerdings änderte sich schlagartig ihr Auftreten, als diese wieder nach draußen kamen. Sofort wurden alle von Affen umlagert, die ungeniert nach Fressen bettelten und hofften etwas abzubekommen. Meistens klappte es dann auch mit einer zusätzlichen Mahlzeit. Zum Gaudi aller Anwesenden brachte jeder zweite Tourist etwas mit und verteilte Brot und Früchte an wartende Grünmeerkatzen. Ein Spaß, den man unbedingt mit einem Foto festhalten musste.

„Nichts den Tieren geben! Das ist nicht gut." Ein Angestellter vom Restaurant schob sich nach vorn und verscheuchte mit einem abgebrochenen Ast die ganze Affenbande. Fluchtartig verschwanden diese in den umliegenden Baumkronen und beobachteten den weiteren Ablauf aus sicherer Entfernung. Kaum war der Störenfried verschwunden, ging die Bettelei von vorne los und die herauskommenden Frühstücksteilnehmer wurden von den Affen regelrecht überrannt.

Für heute hatten wir uns etwas Besonderes vorgenommen. Nach der Anfahrt ging es zu Fuß weiter, eine mehrstündige Wanderung auf Augenhöhe mit hoffentlich recht vielen Tierbegegnungen, in offener Savanne. Zwei bewaffnete Ranger wurden uns zugeteilt, uns sicher durch den Busch zu führen und alle auftauchenden Fragen zu beantworten. Die mitgeführten großkalibrigen Waffen waren eine reine Vorsichtsmaßnahme, nur für den Fall gedacht, dass ein durchgeknallter Büffel oder Elefant auf uns abfahren sollte. Ohne diesen Schutz durfte keine Safari stattfinden.

Im offenen Geländewagen dauerte unsere Anfahrt fast eine Stunde. Auf schmalen Wegschneisen holperten wir durch urwüchsige Landschaften und wurden dabei kräftig durcheinandergeschüttelt. Wir bewunderten den Fahrer, der geschickt sein Auto haarscharf an Bäumen und Felsen vorbeimanövrierte, ohne hängen zu bleiben.

Auf einem baum- und strauchlosen Hügel endete die Anfahrt, mitten in der Savanne. Alles was man nicht mitnehmen wollte blieb im Fahrzeug liegen. Ich war nicht der Einzige, der etwas aufgeregt und neugierig dem Kommenden entgegensah. Schließlich waren wir zu Fuß unterwegs. Keiner wusste, was auf uns zukommen würde.

Wir teilten uns in zwei Gruppen auf, mit zwei verschiedenen Wanderrouten. Zehn Personen mit einem Ranger als Begleitschutz war die ideale Größe für unseren mehrstündigen Fußmarsch durchs Reservat. Zum Glück landete Trautmann in meiner Gruppe. Er war der perfekte Übermittler, konnte uns somit alle Ausführungen des Rangers übersetzen.

Jemand von uns hatte sein Fernglas im Fahrzeug liegengelassen und musste nochmal zurück, um es zu holen. Die andere Gruppe war schon längst im Busch verschwunden, bevor wir so richtig in Gang kamen.

„Hört mal bitte alle zu. Eine kurze Information." Trautmann deutete zum Ranger hin und fuhr fort: „Sein Name ist John! Kurz gesprochen Jo. Er begleitet uns heute auf einer hoffentlich sehr tierreichen Safari. Wenn das nötige Glück auf unserer Seite ist werden wir dabei das eine und andere Tier beobachten können. Er arbeitet schon zehn Jahre im Krüger Nationalpark als Ranger und kennt sich hier bestens aus. Bitte führt keine Gespräche untereinander, versucht so leise wie möglich zu sein, und tretet auf keine trockenen Zweige. Wir gehen in einer Reihe, Jo vorn und ich hinten. Also los, auf geht's!"

Langsam setzte sich der Zug in Bewegung. Immer noch Trautmanns Anmerkungen im Ohr, versuchte jeder jedes Geräusch zu vermeiden, so leise wie möglich in der Spur zu bleiben und bloß nicht auf einen trockenen Ast zu treten. Ab und zu stoppte Jo mit einer Handbewegung den Zug und bat uns heranzutreten. Er zeigte uns Fußspuren von Stachelschweinen, Giraffen, Springböcken, Elefanten und Nashörnern. Alles war deutlich im Sandboden zu erkennen.

Überall gab es etwas Neues zu entdecken. Bäume und Sträucher wurden erklärt und alle auftauchenden Vögel erhielten einen Namen. So gut wie er konnte, übersetzte Trautmann die auf uns einrollende Informationsflut. Auch wenn wir nur langsam vorankamen, hatte uns der Busch schon längst verschlungen.

Alles sah hier gleich aus. Überall um uns herum Bäume, Gestrüpp und Termitenhügel soweit man sehen konnte, bedeckt mit vertrocknetem Busch- und Grasbewuchs. Niemals hätte ich hier wieder zurückgefunden zum Fahrzeug. Alle anderen sicherlich auch nicht. Die Orientierung, wo wir uns befanden, war schon nach zwanzig Minuten nur noch vage nachvollziehbar und nach einer Stunde hoffnungslos abhandengekommen.

Plötzlich blieb Jo wie angewurzelt stehen, zog schnuppernd die Luft ein und schaute prüfend nach allen Seiten. Irgendein Wildgeruch lag in der Luft, den zumindest Jos Nase registrierte und zur Vorsicht mahnte. Dann hatte er etwas entdeckt und sein seitwärts ausgestreckter Arm wies auf frische Elefantenspuren im Sandboden.

„Ganz neue Abdrücke", flüsterte Trautmann beim Besichtigen der Spuren.

„Bleibt jetzt alle dicht beisammen."

Langsam umrundeten wir einen etwa drei bis fünf Meter hoch aufragenden, glattgeschliffenen Felsen, von Buschland und niederem Baumwuchs umgeben. Solche Felsenhügel fand man hier weitverstreut im gesamten Gelände. Kaum hatten wir das Ende der sichtversperrenden Steinwand erreicht, standen sie plötzlich vor uns. Etwa 35 Meter entfernt, fraßen in aller Ruhe zwei Elefanten vom Sand befreite Grasbüschel und die ersten grünen Blätter aus den Baumkronen. Wie angenagelt verharrten wir auf der Stelle als hätte jemand den Blockier Hebel herumgerissen. Alle Blicke richteten sich erwartungsvoll, um nicht zu sagen etwas ängstlich, auf Jo.

Was konnte man hier machen? Wir waren auf Konfrontationskurs. Es war schon eine etwas unangenehme Situation, in der wir festhingen. Schließlich standen wir den Elefanten ungeschützt gegenüber und saßen nicht in einem robusten Geländewagen.

Jo deutete mit kurzen Armbewegungen an, zurück zu weichen. Im Zeitlupentempo verschwanden wir hinter der seitlich wegführenden Wand aus Granit und rostbraunen Gesteinsadern. Ein letztes Risiko vermeidend, erklommen wir mit Jo den nur an einer einzigen Stelle begehbaren, etwa vier Meter hohen Felsenhügel. Von hier aus konnte man die Elefantendame mit ihrem fast erwachsenen Sohn, ohne Stress beobachten.

„Wenn man sich gegenseitig respektiert, besteht keine Gefahr", übersetzte Trautmann, als letzter oben ankommend, Jos Ausführungen. „Man darf der alten Dame nur nicht zu nah kommen. Wer die Toleranzgrenze überschreitet, für den wird es ungemütlich."

Und tatsächlich. Den beiden Dickhäutern beeindruckte unser Vorhandensein nicht im Geringsten. Bemerkt hatten sie die Anwesenheit allerdings schon lange. Unbeirrt rissen sie Grasbüschel aus den Böden oder ganze Äste aus den Baumkronen. Mit dieser Methode zerstörten sie ihre eigene Existenzgrundlage. Ohne Baumwuchs kein Futter und ohne Futter keine Elefanten. Ein Kreislauf des Todes.

Wir nutzten die Zwangspause zum Picknick. Jo zauberte aus einer mitgeschleppten Kühlbox Getränke, Trockenfleisch und Kekse hervor. Jeder entnahm sein Anteil und suchte sich ein gemütliches Plätzchen, mit Blick auf eine bis zum Horizont reichende Savannenlandschaft.

„Wir sitzen hier auf einem sogenannten Löwenfelsen", meldete sich Trautmann zu Wort. Zwei leere Wasserflaschen im Rucksack verstauend fuhr er fort:

„Löwen liegen gern auf solchen Hügeln. Bevorzugen glatte, aufragende Felsformationen ohne Baum und Strauch. Hier halten sie Ausschau nach Beute, können unentdeckt alles beobachten."

Eine halbe Stunde Rast war vorüber als Jo den Weitermarsch ankündigte. Schnell war alles zusammengepackt. Im Gänsemarsch ging es vom Löwenfelsen runter und Jo seinen Anweisungen folgend hinter ihm her. Beide Elefanten waren weitergezogen, nicht mehr auffindbar. Nur ein zerstampfter Boden und ein zerfledderter Baum mit halb heruntergerissener Krone zeugten von ihrer ehemaligen Anwesenheit. Die Marschrichtung beibehaltend, kreuzten wir nach kurzer Zeit ein ausgetrocknetes Flussbett, dessen Verlauf wir folgten. Wasser war allerdings nirgendswo zu finden. Verständlich, denn die Regenzeit begann normaler Weise im November. Wir hatten jetzt September. Das ganze Land war vertrocknet und das fehlende Wasser wurde zum ernsthaften Problem.

Das betraf dann alle Tiere gleichermaßen. Doch nur selten griff der Mensch ein und half. Wenn ja, dann wurden an einigen wenigen Stellen künstliche Wasserspender angelegt, aber auch nur dort, wo ansonsten in der übrigen Jahreszeit Wasser vorhanden war. Man wollte die Tiere nicht an Orte gewöhnen, wo sie dann kein Wasser fanden, wenn die künstlichen Brunnen abgestellt wurden.

Nun gab es aber auch einige Tiere, die wussten ganz genau wo das lebenserhaltene Nass in der trockenen Jahreszeit zu finden war. Folgte man beispielsweise über den Tag hinweg einer Gruppe Paviane, so verrieten diese Tiere unbeabsichtigt den Ort einer Wasserquelle. Ohne diese versteckten Getränkestützpunkte könnten Paviane in dieser Umgebung nicht überleben. So ein Ort konnte im Tal liegen, oder tief in einer Höhle versteckt sein.

Elefanten hatten eine andere Methode entwickelt, um an das kostbare Nass zu gelangen. Ihr Gewicht ausnutzend, stießen und schoben die großen Tiere mit ihren Vorderfüßen Sand und Kies beiseite und buddelten Löcher in den Boden. Da dauerte es nicht allzu lange und in tiefer gelegenen Senken oder Flussläufen, sammelte sich Grundwasser an. Ihr ausgeprägter Geruchssinn garantierte ihnen eine hohe Trefferquote. Schnell und zielsicher

Wir haben immer Vorfahrt

Elefantenherde trifft auf Löwen

Ich bin der Letzte

293

Riesige Termitenhügel im Gelände

fanden sie den günstigsten Ort, solch einen Brunnen anzulegen. Einige dieser alten, etwa ein Meter tiefen Elefantenlöcher, lagen auf unserer Wegstrecke im ausgedörrten Flussbett.

Jo hielt an, hatte etwas entdeckt. Ließ uns herantreten. Er stand vor einem kegelförmigen Erdtrichter, den er uns zeigen wollte.

„Hier wohnt ein Ameisenbär", übermittelte uns Trautmann seine Ausführungen. „Klettert eine Ameise über den Rand des Trichters, ist sie verloren. Mit dem Treibsandeffekt rutschen die Tiere bis zur Mitte der Falle, direkt hinein in die Greifwerkzeuge des dort unten versteckten Ameisenlöwen."

Wieder so eine Überlebensstrategie. Ganz schön raffiniert und bequem. Die Beute fiel ihm ja direkt entgegen. Überall gab es was zu entdecken. Nicht nur die großen Tiere waren interessant, auch die Kleinen. Am Boden herumkriechende Insektenvölker und seltsam aussehende Käfergemeinschaften wurden begutachtet.

Vor unseren Füßen war ein Elefanten-Mistkäfer bei der Arbeit, eine auf deren Dung spezialisierte Untergruppierung. Gespannt beobachteten wir seine unermüdlichen, manchmal sehr seltsam anmutenden Aktivitäten.

Dieser kleine Kerl schien größenwahnsinnig zu sein. Er versuchte kopfüber stehend, ein aus Elefantendung herausgetrenntes, kugelförmiges Gebilde von halber Faustgröße, mit den Hinterbeinen schiebend, eine steil abfallende Wegvertiefung hinauf zu rollen. Die Kugel war fünfmal größer als er selbst. Das konnte ja nicht gut gehen. Und da passierte es auch schon, was ich erwartet hatte. Auf halber Höhe kam er ins Straucheln, und ab ging die Post nach unten. Dort angekommen, begann der ganze Aufwand von vorn. Viel Glück kleiner Kerl. Irgendwann wirst du das schon schaffen.

„Leute, schaut mal nach rechts, dort bewegt sich etwas", unterbrach Trautmann unsere Mistkäferbetrachtung. Etwa zweihundert Meter vor uns tauchten zwei Giraffen auf, mit einigen Zebras im Schlepptau. Dieser Zusammenschluss war nichts Ungewöhnliches. Gemeinsam zog man durch den Busch, warnte sich gegenseitig vor auftretenden Gefahren und erhöhte damit die Sicherheit der Gruppe. Nahrungskonkurrenz bestand ohnehin nicht.

Aus einem abfallenden Talkessel kommend, standen sie plötzlich vor uns, vom Zusammentreffen sicherlich genauso überrascht wie wir. Durch aufragende Baumkronen hindurch blickend, beäugten uns die beiden Langhälse voller Misstrauen, und zogen es vor, gemeinsam mit den Zebras fluchtartig zu verschwinden.

Die Zeit verging wie im Fluge. Der Tages Zenit war weit überschritten. Die Nachmittagssonne brannte unbarmherzig herab. Der spärliche Schatten der zerfransten Baumkronen, war unsere einzige Möglichkeit, dem gebraten werden zu entgehen. Heiße Luft zog flimmernd über Flora und Fauna hinweg, verursachte ein Schweißausbruch nach dem anderen. Trotz all dieser äußeren Umstände war für mich der heutige Ausflug ein Höhepunkt unvergesslicher Beobachtungen im Krüger-Park.

Auch die Rückfahrt zum Camp gestaltete sich für uns sehr eindrucksvoll mit überraschenden Tierbegegnungen. Gern hielten wir an, um Impalas, Kudus oder Antilopen, beim Überqueren der Straße die benötigte Vorfahrt zu gewähren. Ohne uns weiter zu beachten, wanderten sie wenige Meter von uns entfernt, gemächlich vorüber um auf der anderen Seite im angrenzenden Buschwerk zu verschwinden.

All die tollen Erlebnisse des heutigen Tages ließen wir beim gemeinsamen Abendessen gemütlich ausklingen. Den guten Geschmack noch in Erinnerung, griff ich wieder zur Rotweinflasche und langte bei der landestypischen Grillversorgung kräftig zu. Mein Sättigungsgrad war viel zu schnell erreicht bei all den verlockenden Köstlichkeiten. Irgendwie musste ich an die vorüberziehenden Tiere denken, beim Verzehr einer Kudu-Keule.

Na ja, so war nun mal der Kreislauf. Bei Tieren hieß es kurz und bündig, fressen oder gefressen werden. Der Mensch umschrieb diesen Zustand mit den unterschiedlichsten Wortgebilden, wie Grundbedürfnisse der Nahrungsaufnahme bis hin zur Luxusausführung aufgestapelter Köstlichkeiten, abhängig vom nötigen Kleingeld.

Etwas irritiert verscheuchte ich schnell diese unpassenden Gedankenspiele beim Abendessen und genehmigte mir ein weiteres Stück Kudu-Keule am Ausgabestand. Das war dann aber auch alles, mehr ging nicht. Mein Wein austrinkend, genoss ich den letzten Abend im Krüger-Park. Morgen hieß es Abschied nehmen. Die Tour ging weiter, hinein ins Königreich Swaziland.

Ein Dorf im Königreich Swaziland

Schon zwei Stunden waren wir unterwegs, quer durch den Krüger-Park hindurch, dem „Crocodile Bridge Tor" entgegen, einem der sieben Ausgänge.

„Halt. Stopp!"   Trautmann fuchtelte aufgeregt mit seinem Fernglas herum und wies nach draußen. „Am gegenüberliegenden Ufer lagern mehrere Löwen."

Langsam rollte der Bus zur Seite, kam zwischen zwei verkrüppelten Straßenbäumen zum Stehen. Tatsächlich lag dort am Ufer des Sabie-River eine Löwin in der Sonne, etwa dreihundert Meter von hier entfernt. Zwei etwa ein Jahr alte Löwenkinder tobten ungebremst auf dem glatten Felsuntergrund herum, wurden von der Mutter nicht aus den Augen gelassen. Diese thronte auf dem höchsten Punkt, einer über den River hinausreichenden Felsennase, um bei einer herannahenden Gefahr sofort reagieren zu können.

Jetzt wurde es im Bus lebendig. Wir hingen aufgeregt an der Fensterfront zur Flussseite und brachten alle Kameras und Ferngläser in Stellung, mit einem gemeinsamen Ziel, das Ufer solange abzusuchen, bis die Löwenfamilie im Visier auftauchte. Den Bus durften wir ja hier im Krüger-Park nicht verlassen.

„Jetzt wird es spannend. Schaut mal weiter nach rechts rüber." Trautmann schwenkte aufgeregt sein abgesetztes Fernglas hin und her und fuhr fort: „Dort kommen Elefanten! Die laufen Richtung Löwen, immer am Ufer entlang. Ich kann es nicht glauben, welch glücklicher Zufall."

Die Kamera zurechtlegend, hatte auch ich die herannahenden Elefanten gesichtet und wartete gespannt auf das weitere

Geschehen. Irgendetwas würde ja jetzt passieren, da war ich mir sicher. Ein ganzer Familienverband, etwa 25 bis 30 Tiere, zogen dort heran. Die genaue Anzahl festzustellen war unmöglich, da alle Elefanten durcheinander rannten, mal kurz hinter Bäumen, Felsen oder Sträuchern verschwanden, um dann irgendwann wieder aufzutauchen.

Jetzt kamen die Ersten in Sichtweite, der auf dem Felsvorsprung lagernden Löwen. Sofort wurde es in der Herde unruhig. Die Gefahr registrierend, formierte man sich auf breiter Front. Zwei große, erfahrene Bullen flankierten rechts und links den Zug. Der Nachwuchs wurde schützend in ihrer Mitte postiert, umringt von Müttern und älteren Geschwistern. Kein Löwe hatte hier eine Change überhaupt in ihre Nähe zu gelangen.

So sah es auch die Löwin auf ihrem Felsvorsprung und wurde langsam unruhig. Blitzschnell verschwand ihr Nachwuchs, versteckte sich hinter dem schützenden Rücken der Mutter. Nur ihre aufgerichteten Ohren schoben sich ab und zu darüber hinweg, nach dem Motto:

„Wen ich nichts sehe, kann der mich auch nicht finden."

Nun wurde auch die Löwin aufgescheucht, beobachtete den auf sie zukommenden Ärger. Unwillig fauchend erhob sie sich und schob ihre beiden Jungen nach hinten, die unter Mamas Bauch hervorlugten. Zur vollen Größe aufgerichtet, verharrte sie einen Augenblick voller Stolz, als würde sie unter keinen Umständen den momentanen Standort aufgeben und verschwinden. Als jedoch die beiden Bullen einen Scheinangriff starteten, laut trompetend ihre Rüssel schwangen und im Laufschritt Richtung Felsen stürmten, wurde es der Löwin zu bunt. Um die Sicherheit ihres Nachwuchses besorgt, räumte sie widerwillig das Feld, blieb aber in Ufernähe. 300 Meter weiter ließ sie sich erneut nieder, behielt dabei aber die Störenfriede immer im Blickwinkel.

Wer jetzt annahm, die Elefanten würden Ruhe geben und friedlich weiter ziehen, sah sich getäuscht. Noch war ja die Löwin in ihrer Nähe. Das wussten die beiden erfahrenen Bullen ganz genau. Also wieder das gleiche Spielchen. Die Witterung einmal aufgenommen, stürmten die Bullen nochmals theatralisch vorwärts und vertrieben die Löwen nun endgültig vom Uferstreifen, die im Hinterland verschwanden.

„Man war das spannend." Trautmann schob sein Fernglas ins Futteral, griff zum Mikrofon und fuhr fort:

„So was sieht man auch nicht alle Tage. Wir sind ja richtige Glückspilze. Um solch eine Scene zu erleben, sind Tierfilmer wochenlang unterwegs. Erzwingen kann man so etwas nicht. Das sind reine Glücksfälle."

Nur langsam kehrte Ruhe ein im Bus. Alle suchten ihre angestammten Plätze auf und freuten sich über die vielen Fotos von dieser spannenden Tierbeobachtung. Hoffentlich waren alle gut gelungen.

„Wir müssen leider weiter." Trautmann sah mehrmals zur Uhr und verschwand hinter seiner Sitzecke. Eine Stunde liegen wir im Zeitplan zurück. Na ja, irgendwie bekommen wir das schon hin, um rechtzeitig im Hotel zu erscheinen."

Jetzt müssten wir eigentlich durchfahren ohne weitere Unterbrechungen. So war jedenfalls unser Plan. Doch wollen und auch können waren zwei verschiedene Schuhe. Es kam natürlich anders, als wir uns das vorstellten.

Eine weitere Zwangspause erwartete uns schon nach wenigen Minuten. Ein Großfamilienverband Paviane lagerte mitten auf der Fahrbahn, beschäftigt mit allem, was Paviane so treiben. Babys an Mütter hängend wurden gesäugt und Halbstarke rauften spielerisch mit viel Getöse die Straße rauf und runter. Ältere Herrschaften hielten ein Mittagsschläfchen am Straßenrand oder lagen langgestreckt auf dem warmen Asphalt und suchten die Kontaktpflege beim gegenseitigen Entlausen. Sie kümmerten sich herzlich wenig um all die ausgebremsten Autos auf beiden Seiten der Straße.

Da grundsätzlich im Park die Tiere Vorfahrt hatten, waren wir gezwungen zu warten, bis der letzte Affe gedachte die Straße zu verlassen. Für uns im Bus ein Gaudi, diese Wegelagerer zu beobachten. Nur Trautmann zeigte keine Reaktion. Möglicherweise war ihm sein zerrissenes Hemd eingefallen, beim Anblick dieser lustigen Gesellen.

„Eine Landplage, wirklich eine Landplage", brabbelte er vor sich hin, und war sichtlich erleichtert, als es nach einer guten halben Stunde endlich weiter ging.

Von nun an kamen wir zügig voran, ohne nochmalige Unterbrechung. Über die „Crocodile Bridge" hinwegrollend, verließen wir den Krüger-Park mit seiner einmaligen Tierwelt. Ein letzter kurzer Stopp ermöglichte uns einige Fotos vom Crocodile River zu schießen. Tief unter uns, im flachen Gewässer des Flusses, konnten wir zahlreiche Krokodile ausmachen. Von hier oben sehr gut zu beobachten, zogen dort die etwa zwei Meter langen Burschen ruhig ihre Kreise. Wenige Meter vom Ufer entfernt, lauerten sie wachsam auf eventuelle Beute. Dort jetzt baden gehen, oder hineinzufallen? Oh nein! Bloß nicht. Kein schöner Gedanke, im Magen eines Krokodils zu landen.

Langsam setzte sich unser Bus in Bewegung, rollte weiter Richtung Swaziland. Laut Landkarte müsste das Königreich ganz in der Nähe liegen. Trotzdem dauerte es noch eine gute Stunde bis zum Ziel, und dort Trautmann sich zu Wort meldete.

„Wir kommen gleich zum Grenzübergang. Haltet eure Pässe bereit und nehmt etwas zum Schreiben mit. Wir müssen eine Aufenthaltsgenehmigung ausfüllen. Wundert euch nicht, wenn hier alles etwas langsamer abläuft. Stress als Auslöser von Herzinfarkt dürfte hier eigentlich nicht vorkommen.

Das seit 1968 unabhängige Swaziland liegt zwischen Mosambik, nördlichem Zulu-Land und Osttransvaal eigebettet. Ein Großteil der Bevölkerung lebt in bitterer Armut und ein Fünftel der Einwohner ist dauerhaft von Lebensmittelhilfen abhängig. Außerdem ist die gesundheitliche Lage im Land sehr prekär. HIV/Aids ist in Swaziland weit verbreitet, liegt bei 25 bis 30 Prozent und zählt somit zu den höchsten der Welt. Ansonsten gibt es hier nicht viel zu sehen. Für uns eine Durchfahrt mit Übernachtung, in schöner ländlicher Umgebung, in der Nähe der Hauptstadt Mbabane."

Am Grenzübergang angekommen, mussten wir alle den Bus verlassen und passierten einen flachen Barackenbau. Wir füllten die Einreiseformulare aus und warteten auf die Dinge die da nun kommen sollten. Es dauerte eine halbe Stunde bis wir den

Stempel erhielten, da das Personal ihre Mittagspause einhielt. Unser Bus durfte durchfahren und wartete auf der anderen Seite der Kotrollstation, uns dort wieder aufzunehmen.

Überall standen bettelnde Kinder herum, versuchten irgendetwas zu verkaufen – kein schöner Anblick. Den großen, sozialen Unterschied zwischen Südafrika und Swaziland spürte man sofort hinter der Grenze. Alles war etwas heruntergekommen und verwahrlost. Das Elend blickte aus vielen Gesichtern. Bitterarm waren die meisten Leute, ohne Hoffnung auf bessere Zeiten. Trotz alledem wurden wir freundlich empfangen und die Gastfreundschaft fuhr immer mit, egal wohin wir kamen.

Auf halber Strecke zum Hotel wurde ein Zwischenstopp eingelegt, und wir besichtigten ein normales, kleines Swaziland-Dorf, gleich neben der Straße. Kaum hatten wir den Bus verlassen, wurden wir von Kindern umringt. Wo die alle auf einmal herkamen, war mir schleierhaft. Das Dorf lag auf der anderen Straßenseite, hundert Meter vom Bus weg. Genau dort am Ortseingang stand Trautmann zwischen drei oder vier älteren Frauen. Teilweise im Gespräch vertieft, signalisierte er uns, zu ihm rüber zu kommen. Hundert Rand hatte er dort bezahlt, damit die Erlaubnis erkauft, das Dorf besichtigen zu dürfen. Und was genau so wichtig war, er hatte ihr Einverständnis erhalten, zum Fotografieren. Vorsichtig überquerten wir die stark befahrene Straße und landeten im frühen Mittelalter.

Auf einem unbefestigten, baumlosen Dorfplatz standen wahllos verstreut, neun oder zehn mit Reed gedeckte Rundhütten herum, geformt aus Stein und Lehm. Schmale Eingänge wurden von innen mit Plastikplanen oder einstellbaren Holzgittern verschlossen. Ein oder zwei kleine Fenster waren die einzigen Licht einlassenden Öffnungen nach draußen. Teilweise waren es nur Lochdurchbrüche, ohne Rahmen und Scheiben. Eine weitere notwendige Öffnung befand sich oben auf der runden Reed-Dachspitze, um Rauch und andere Gerüche einen Ausgang zu verschaffen. Eine offene, von Steinen begrenzte Feuerstelle stand mitten in den Ein-Raum-Rundhütten, geeignet zum Kochen und Wärmen. Festgestampfter Lehm wurde zum Fußbodenbelag umfunktioniert und alle Innenwände glichen einem luftdicht versiegelten Schutzraum.

Außer zusammengerollter Fußmatten und einigen an den Wänden aufgehängter Wolldecken, standen Schüsseln, verschiedene Töpfe und mit Küchenutensilien bestückte Plastik-Eimer wahllos im Raum herum.

„Bis zu zehn Leute schlafen hier drinnen. Könnt ihr euch da hineinversetzen?"

Trautmann verzichtete auf weitere Erläuterungen. Wir hatten ja selber Augen im Kopf, standen sprachlos vor dieser Momentaufnahme. Für mich war das alles nicht nachvollziehbar, lief ab wie ein Film, allerdings ein äußerst Schlechter. In fast allen Hütten baumelten im Netz verstaute Lebensmittel von der Decke herunter, eine Vorsichtsmaßnahme um herumstreunende Hunde davon abzuhalten. Der einzige sichtbare „Luxus" war eine Glühbirne, die in einer lose herunterhängenden Fassung hin und her baumelte. Ob die Birne funktionierte, konnte ich nicht feststellen, denn das Licht brannte nicht. Vielleicht war auch der Strom abgestellt, oder die Birne hatte ihren Geist aufgegeben.

Mitten im Raum saß eine alte Frau zusammengekauert am offenen Feuer. Eingewickelt in einer ausgefransten Decke, die auch schon mal bessere Zeiten gesehen hatte und blickte uns mit großen Augen an. Sie lächelte, ohne ein Wort zu sagen. Für diese alte Frau waren wir sicherlich Wesen aus einer anderen Welt, ein Kontrast, der nicht größer hätte sein können.

In einem über dem offenen Feuer hängenden Behälter kochte irgendetwas vor sich hin, und der aufgesetzte Deckel klapperte im Rhythmus entweichender Dampfschwaden. Vermischt mit dem Rauch vor sich hin qualmender, feuchter Holzscheite, wurde die Luft zum Atmen immer dünner, denn das Gemisch verteilte sich im ganzen Raum, wollte nicht so richtig nach oben hin abziehen.

Fluchtartig und etwas angekratzt verließen wir den Rundbau. Das war ja nicht auszuhalten. Nur der alten Frau schien das nicht zu stören. Ich drückte ihr ein Geldschein in die Hand. Was sollte man in solch einer Situation auch machen? Helfen konnte man da nicht viel, wir waren hier nur Gäste. Etwas hilflos und traurig trat ich nach draußen, immer noch das Lächeln der alten Dame im Rücken.

Auf dem Dorfplatz drängten sich nach Süßigkeiten herumjagende Kinder. Eine Schule schien es hier nicht zu geben. Wir alle im Bus hatten auf Anraten Trautmanns etwas mitgenommen, um nicht mit leeren Händen hierher zu kommen. Bonbons und Esswaren fanden reißenden Absatz. Strahlende Kinderaugen leuchteten uns entgegen, dankbar für jede Gabe.

Welche Gegensätze prallten hier aufeinander? Wir, die „Satten Touristen", mitten in einem bitterarmen Swazi-Land-Dorf. Ein Kontrast, den ich so noch nie kennen gelernt hatte. Trotz allem freute man sich über unseren Besuch, zeigte uns stolz einen selbstgebauten Ziehbrunnen und ein kleines Gemeinschaftshäuschen, umfunktioniert als Zwischenlager für Feldfrüchte. Ob in Lumpen eingehüllt, mit oder ohne Schuhe, es überwog die ausgelassene Freude über jede erhaltene Kleinigkeit. Unser Besuch, ein Lichtblick in ihrem ansonsten trostlosen Dasein.

„Warum sind hier nur Kinder und Frauen im Dorf?", wollte jemand wissen und wandte sich fragend an Trautmann.

„Die sind alle auf der Suche nach irgendeiner Arbeit. Viele ziehen als Saisonarbeiter nach Südafrika, kommen nur einmal im Monat nach Hause."

Langsam liefen wir zurück zum Bus, begleitet von einer lärmenden Kinderschar. Irgendwie hatte sich unsere Anwesenheit im Dorf herumgesprochen, vor allem bei den Kindern, wegen den mitgebrachten Süßwaren. Am Anfang waren es etwa zehn Kinder, jetzt umlagerten uns schon fünfundzwanzig und es wurden immer mehr. Jetzt aber nur noch weg. Süßigkeiten hatten wir sowieso nicht mehr, alles war verteilt.

Wieder im Bus vereint, waren alle etwas nachdenklicher geworden. Normaler Weise auch in Ordnung nach diesem Erlebnis. Viele, bei uns zu Hause genutzte Selbstverständlichkeiten, waren hier unerfüllbare Träume. Hier kämpfte man täglich ums Überleben. Einige schafften nicht mal dies. Mit gemischten Gefühlen sah ich zu den winkenden Kindern herunter, die dort zurück blieben, während wir im Luxusbus langsam davon rollten.

303

Wir besuchen ein Dorf in Swaziland

Von Kindern umringt

Mitten im Dorf

Unser heutiges Ziel war das Hotel „Ezulwini Sun". Es lag einige Kilometer außerhalb von Mbabane, der Hauptstadt Swazilands. Noch eine gute Stunde dauerte die Fahrzeit, dann war es geschafft. Auf dem hoteleigenen Parkplatz angekommen, meldete sich Trautmann zu Wort und deutete nach draußen.

„Ich lasse euch hier raus. Wie ihr sicherlich schon mitbekommen habt, befindet sich auf der rechten Seite ein großer landestypischer Markt, mit über fünfzig Ständen. Dort findet ihr bestimmt ein Andenken an Swaziland. Besonders zu empfehlen sind kunstvolle Schnitzereien. Eine Stunde Zeit habt ihr dafür. Das muss reichen. Ich bin in dieser Zeit im Hotel und organisiere eure Anmeldung und Zimmervergabe. Wenn ihr zurückkommt, erhaltet ihr eure Schlüssel und findet Euer Gepäck vor der Rezeption. Na dann viel Spaß beim Bummeln."

Nach und nach verließen alle den Bus und verschwanden zwischen den kunstvoll aufgebauten Markständen. Mit Rucksack und schussbereiter Kamera ausgerüstet, trödelte ich von Stand zu Stand und hielt Ausschau nach einem Mitbringsel, das meinen Vorstellungen entsprach.

Förmlich erschlagen von der Vielfalt der angebotenen Schnitzarbeiten, verglich ich Motive und Preise. Sich hier schnell zu entscheiden, war fast unmöglich. Etwa ein Meter lange Teufelsfratzen grinsten mich an, während zwei Meter hohe Giraffen den Besucherstrom überwachten und kunstvoll herausgeschnitzte Elefantenbullen angeboten wurden. Diese Unikate waren leider viel zu groß, zur Mitnahme nicht geeignet. Mein Wunschsouvenir war ein Wandteller mit landestypischen Motiven. Die Suche danach blieb leider erfolglos. Alles was man sich vorstellen konnte lag in den Regalen, nur keine Teller.

Na gut, dann musste ich mich auf etwas anderes orientieren. Wie wäre es mit einer Maske, begann ich zu überlegen. Nun musste ich aber darauf achten, dass diese nicht mein Koffermaß sprengen würde. Reinpassen sollte sie auf alle Fälle. Bei dem riesigen Angebot dauerte es nicht allzu lange und ich wurde fündig. Eine hohle, schwarze Dämonenmaske hatte es mir angetan, ein fantasievolles Kunstwerk in der richtigen Größe. Für siebzig Rand, etwa neun Euro, wechselte diese den Besitzer. Wieder ein

Unikat mehr für zu Hause. Dort hing schon jede Menge an den Wänden.

Nach dem Einkauf genoss ich den sonnenüberfluteten Spätnachmittag zum erholsamen Bummel durch den sich weit auseinanderziehenden Markt mit seinen brechend vollen Andenkenständen. Riesige Baumkronen warfen lange Schatten, verdrängten nach und nach die immer schräger einfallenden Sonnenstrahlen vom Gelände.

Im Hotelzimmer versuchte ich später probehalber meine erworbene Dämonenmaske im Koffer zu verstauen, mit ungewissem Ausgang. Gott sei Dank stand diesmal das Glück auf meiner Seite. Sie ging hinein, zwar leicht verkanntet, aber dem Mitnahmetransport stand nichts mehr im Wege. Das war ein Kauf mit Augenmaß. Nur fünf Zentimeter länger, und meine Dämonenmaske würde ohne Hörner mit mir zurückfliegen müssen.

Beim großen Abend-Büfett lag der Schwerpunkt auf Kurzgebratenem. Jeder stellte seine Zutaten selbst zusammen, die dem Koch überreicht, dann auf heißer Platte gegrillt wurden. Dies nannte man hier in Südafrika „Mongolian Barbecue". Dazugehörig, standen eine große Auswahl an Braten, Früchten, Vor- und Nachspeisen und eine reichhaltige Getränke-Bar bereit, zum Durchprobieren.

Gesättigt und guter Dinge, überlegte ich, was man um diese Zeit noch anstellen könnte. Da fiel mir das Spiel-Kasino ein. Na ja, warum nicht! Die Leuchtreklamewerbung hatte ich ja schon vorhin registriert. Es lag ganz in der Nähe. Solch ein Spielbetrieb wollte ich mir schon lange mal aus der Nähe anschauen.

Na dann – nichts wie hin. Kurz entschlossen machte ich mich auf den Weg. Dort angekommen, verschaffte ich mir erst mal einen Überblick vom pompösen Eingang angefangen, über den in Abteilungen aufgeteilten runden Innenraum mit Restaurant- und Barbetrieb und einer nach unten führenden abgeschlossenen Kelleretage für Zocker mit dicker Brieftasche.

Begrüßt wurde man im Innenraum von jeder Menge funkelnder und glitzernder Spielautomaten, die dicht an dicht den weiterführenden Rundgang auffüllten. Aus allen Geräten schallten verlockende Spielgeräusche, in vielen unterschiedlichen Varianten in auf- und abschwellender Lautstärke, dem eintretenden Gast entgegen. Um sich herumdrehende Rädchen, Rollen und Symbolscheiben flimmerten mit auf- und ab zuckenden Lichteffekten um die Wette.

In der darunterliegenden Kelleretage standen Black Jack- und Roulette-Tische in mehreren abgetrennten Räumen verteilt, umringt von einigen Zockern.

Zugelassen waren hier nur Hotelgäste oder Besucher mit erworbener Eintrittskarte. Meine Hotelkarte öffnete mir den Durchgang. Ich durfte passieren. Überall hingen Foto-Verbotsschilder. Aufnahmen waren nur im Eingangsbereich möglich, drinnen aber strengstens verboten. Die Anonymität der Zocker musste gewährt werden.

Ohne selbst zu setzen umrundete ich mehrmals das Black Jack- und Roulette-Paradies in der unteren Etage, immer den dezenten Abstand wahrend. Irgendwann landete ich dann wieder in der höher gelegenen Innenetage auf einer Restaurantterrasse mit Blick nach unten. Einige Spieltische vor Augen, konnte ich hier wunderbar die angespannten Mienen zockender Spieler beobachten. Ein reichgedeckter Tisch für Verhaltensforscher. Wer hier nicht aufhören konnte, verspielte ruck zuck sein Urlaubsgeld und mehr. Ich möchte nicht wissen, wer hier schon ein Vermögen verspielt hatte. Davon hörte man allerdings nichts, alle sprachen nur vom möglichen Gewinn.

Eine gute halbe Stunde sah ich, wie gesetztes Geld den Besitzer wechselte, ohne dass jemand in dieser Zeitspanne einen nennenswerten Betrag gewonnen hätte. Schließlich wurde es mir zu langweilig. Ich verließ den Beobachtungsposten und beendete den nächtlichen Ausflug mit einer Flasche Bier am Hoteltresen.

14 Frauen für den König

Laut Rundreise würden wir heute Swaziland verlassen, Kwa-Zulu-Natal durchqueren und weiter auf südafrikanischem Gebiet, der Fernstraße in Richtung des St. Lucia Sees folgen.

Noch war es nicht soweit. Beim Blick nach draußen, zogen zwar immer noch die königlichen Landschaften vorüber, doch die Szenerie war heute eine völlig andere. Alle Welt schien im Königreich unterwegs zu sein.

„Heute ist ein besonderer Tag in Swaziland."

Nach draußen auf die vorüberziehenden Menschengruppen weisend, schraubte sich Trautmann aus seiner Sitzecke empor und griff zum Mikrofon.

„Einmal im Jahr, zur Vollmondzeit, tanzen die hübschesten jungen Frauen und Mädchen, tief in ihrer Tradition verwurzelt, vor dem König. Jedes Mal die Gelegenheit nutzend, sucht und heiratet er jährlich eine dieser tanzenden Swaziland-Schönheiten. Der momentane König, Mswati der Dritte, ist gerade mal zweiunddreißig Jahre alt, und sucht heute seine vierzehnte Frau aus."

Breit grinsend, den Kopf schüttelnd fuhr er fort:

„Der Mann hat Nerven. Mir reicht meine Frau zu Hause völlig aus. Aber vierzehn Stück, und jedes Jahr kommt eine dazu? Um Gottes willen!"

Wieder zum Thema zurückkehrend, überspielte er das vieldeutige Gelächter im Bus mit weiteren Informationen zur Monarchie und deren Sitten und Bräuche.

„Wie läuft das nun ab, wenn die Tochter plötzlich Königin wird? Normalerweise müsste sich jede Familie geehrt fühlen. Doch das ist nicht immer der Fall. Es gibt viele Eltern, die wollen nicht, dass ihr Kind in den Königsgral kommt. Dafür gibt es eine einfache Erklärung. Sie erhalten vom König kein Lobola, also kein Brautgeld, das normalerweise jeder männliche Swazi an die Brauteltern zahlen müsste, wenn er sich eine Frau nimmt.

Und außerdem wäre da noch die Frage zu klären, was hätte die künftige Königin davon? Sie bleibt im „Goldenen Käfig", der königlichen Residenz eingesperrt, und das Lebenslang. Sie darf nicht ausgehen, wie alle anderen ihres Alters. Die Außenwelt bleibt ihr künftig verschlossen. Dies ist einer der Hauptgründe für die Zurückhaltung vieler Eltern, die ihre Töchter nie wieder sehen würden.

Der heutige Sitz der Swazi- Monarchie ist das Lositha State House. Es beeindruckt durch seine Pracht und Geländeausdehnung. Bedenkt man allerdings, dass einer seiner Vorgänger fast 600 Nachkommen hatte, überrascht die Größe der Anlage nicht all zu sehr. Bei den Vorbereitungen zum Tanz ist es Sitte, das jedes einzelne Swaziland-Mädchen ein drei Meter langes Bündel Schilfrohr auf ihren Schultern tragend, zum Tanzplatz mitzubringen hat. Der Tradition nach dienen die Reed-Binsen dazu, die Residenzdächer der Königinmutter zu decken und die Schäden in der Kral Umzäunung auszubessern.

Die bis zu höchstens 25 Jahre jungen Mädchen tragen einen nach hinten offenen Lendenschurz um die Hüften. Bis auf eine Holzkette und ein sich über die Schulter und Oberkörper hinwegziehendes Band sind sie unbekleidet. Vom Lendenschurz und der Schärpe hängen bei einigen Tänzerinnen bunte Tücher in den Farben rot, blau oder gelb herab. Verheiratete Frauen tragen einen Rock, während sich alle anderen mit einem Lendenschurz zufrieden geben müssen.

Auch aus entfernten Dörfern kommen die Frauen und Mädchen zum Königskral, um dabei zu sein. Zu Fuß sind manche mehrere Tage unterwegs und nächtigen an Straßenrändern. Leider können wir heute an diesem Fest nicht teilnehmen. Es ist Vormittag und der Tanz im Kral beginnt erst am späten Abend. Eigentlich schade. Ich hätte mir das auch gern mal angesehen."

Mit diesen letzten Worten verschwand Trautmann hinter seiner Sitzeckenlehne. Ich blätterte in meinem Reiseführer herum, suchte nach weiteren Details alter swasiländischer Traditionen. Da ich nichts entdecken konnte, legte ich das Buch beiseite. Etwas gelangweilt sah ich nach draußen und beobachtete winkende und vorüberziehende Einwohner an den Straßenrändern.

Immer das gleiche Bild, wohin wir auch kamen, ganz Swaziland schien heute unterwegs zu sein. Dann passierte doch noch etwas Unvorhergesehenes, womit niemand gerechnet hatte.

Mit dem Ruf:

„Anhalten, schaut mal dort runter zum Ufer!", wurde es hinter mir lebendig. Diese Situation auch erkannt, reagierte Trautmann sofort und ließ den Bus links ranfahren. Mitten auf einer Brücke kam er zum Stehen. Lachend hingen wir alle am Fenster und sahen amüsiert zum Flussufer runter.

Dort unten herrschte ein emsiges Treiben. Etwa 30 junge Frauen und Mädchen waren mit Wäsche waschen beschäftigt, und nutzten die sich bietende Gelegenheit, selbst ein Bad zu nehmen. Halb angezogen oder völlig nackend, standen alle im hüfthohen Wasser. Gemeinsam wrang man die gewaschenen Kleidungsstücke aus, legte diese zum Trocknen ans Ufer und nutzte die Gelegenheit, sich gegenseitig den Rücken einzuseifen und ein erfrischendes Bad zu nehmen. Bei all diesem Durcheinander bekam niemand mit, dass unser Bus auf der Brücke angehalten hatte und alle Insassen mit gezückten Kameras an den Fenstern hingen.

Irgendwie hatte dann aber doch eines der Mädels mitbekommen, das auf der Brücke ein Bus stand und eine ganze Reisegruppe amüsiert ihr buntes Treiben beobachtete. Wie vom Blitz getroffen starrte sie erschrocken nach oben, als stände da der Teufel persönlich auf der Brücke. Splitterfasernackt sprang sie kreischend ans Ufer, warf sich eine zum Trocknen in der Sonne liegende Wolldecke über und löste damit eine regelrechte Panik aus unter den Anwesenden. Alles greifend, was zum Bedecken ihrer Blöße brauchbar schien, sprangen alle ans Ufer und rannten wirr durcheinander. Einige hatten Pech, fanden keine Decke oder irgendetwas Brauchbares zum Einhüllen. Fluchtartig sprang man wieder zurück ins Wasser und versuchte dort abzutauchen, soweit es das flache Gewässer überhaupt zuließ.

„Lassen wir den Frauen ihre Ruhe." Grinsend gab Trautmann dem Fahrer sein Abfahrtszeichen.

„Die Mädels machen sich alle hübsch, zum heutigen Feiertag."

Vom Zulu-Dorf, dem Mziki Trail und einem kochenden Ozean

Etwa zwei Stunden später passierten wir den Grenzübergang und fuhren weiter auf südafrikanischer Seite, quer durch Kwa Zulu Natal hindurch, hinein in das Gebiet des St. Lucia Sees. Umgeben von einer weitläufigen Wasserlandschaft, deren Küsten- und Sumpfwälder, wildwuchernden Gebüsch-Zonen, Schilf- und Mangrovengürtel alles einschloss und den hier lebenden Pelikanen, Störchen und anderen Wasservögeln eine ideale Lebensbedingung gewährte. Auch Krokodile und Flusspferde fanden hier ihre Heimatreviere.

Noch einmal unterbrachen wir unsere Anfahrt zum Übernachtungsziel, der Emdoneni-Lodge. Wir besuchten ein Zulu Dorf am Straßenrand. Hier wurde uns ein interessanter Einblick gewährt in Bräuche, Kunst und dem täglichen Arbeitsablauf im Kral. Allerdings war das Ganze auf Touristen zugeschnitten, wirkte auf uns gestellt und nur für Besucher arrangiert. Trotz allem war es sehr lehrreich.

Ein aus mannshohem Knüppelholz errichteter, stabiler Zaun, umrundete kreisförmig das Dorf und schützte somit die Bewohner vor nächtlichen Tierbesuchen.

Jede der einzelnen Rundhütten beherbergte ein anderes Gewerbe. Die Show machte es möglich, denn in jeder Hütte wurde gearbeitet. So konnte man den Leuten bei ihren Tätigkeiten zusehen. Ein Schmied fertigte Speerspitzen an, trat dabei den Blasebalg aus zusammengesetzten Tierhäuten und bearbeitete gekonnt den glühenden Stahl. Nebenan wurden Arm- und Halsreifen aus buntgefärbten Muscheln zusammengefügt und Touristen zum Kauf angeboten. Töpfer stellten ihre von Hand geformten Krüge und Schüsseln aus, alles angefertigt ohne eine ansonsten verwendete Drehscheibe zu benutzen. Geflochtene Körbe, Matten und die unterschiedlichsten Schnitzarbeiten konnte man im Nachbarhaus begutachten.

Am Ende der Gewerbestraße stand ein imposanter Rundbau, geschmückt mit Tierschädeln, Fellvorhängen und geschnitzten Dämonenmasken. Hier war der Zulu-Medizinmann zu Hause. Eine

Besuch im Zulu-Dorf

Tanzshow - Vorbereitung

313

Frau mit Krug

314

Palaver

Essen-Vorbereitung

Medizinmann

wichtige Funktion im Dorf hatte er zu erfüllen, hielt Verbindung zu den Ahnen und linderte oder half Krankheiten zu besiegen, durch Kenntnis der Naturheilkunde.

Breitbeinig saß dieser alte Mann am Eingang seiner Hütte auf einem dreifüßigen Hocker und beobachtete aufmerksam unsere Ankunft im Kral. Bunter Federschmuck zierte sein Stirnband aus Gepard-Fell-Streifen, und an Armen und Beinen befestigte Tierschwänze verschiedener Arten hingen bis zum Boden runter. Ein Lendenschurz und eine zusammengestückelte Weste aus Antilopenfell vervollständigten seine Kleidung und hinterließen einen imposanten Eindruck.

Zum Abschluss der Dorfbesichtigung versammelten wir uns mitten im Kral auf einem Rundplatz zur Tanzshowvorführung, einer zusätzlich eingefügten Darbietung für willkommene Gäste. Mir sollte es recht sein. Ein Live-Tanz der Zulu-Krieger sah man bestimmt so schnell nicht wieder. Auf Campingstühlen und blankpolierten Baumstämmen Platz nehmend, erwarteten wir neugierig den Beginn der Show.

Doch wurde uns vor dem Start noch ein Drink angeboten, ein Gläschen mehlig, saures Hirsebier, eine Freundschaftsgabe, die man nicht ablehnen durfte, denn das wäre beleidigend. Trotz aller Bedenken blieb uns nichts weiter übrig, hier mussten wir durch. Ein Hirse-Bier? Oh Gott, was war das denn für ein Getränk. Doch hier half keine Inhaltsanalyse die wäre bestimmt fehl am Platze. Unter den aufmerksamen Blicken der Zulu-Damen gab es nur eine Möglichkeit. Augen zu, und runter damit!

Brr! Kurz Schütteln und es war geschafft. Ein etwas anderer Geschmack blieb in mir haften, den ich nicht so schnell wieder loswurde. Dieses alkoholische Getränk hatte mit Bier, so wie ich es kannte, nur im weitesten Sinne etwas zu tun. Naja, so schlecht war es auch wieder nicht. Wir hatten diese Mutprobe alle problemlos überstanden und überreichten den wartenden Zulu-Damen unsere leeren Gläser mit einem anerkennenden Lächeln.

Nach der Bierverkostung begann das Showprogramm. Zulu-Krieger führten ihre wildesten Tänze auf. Akrobatisch sprangen sie über den Platz und umrundeten unsere Reisegruppe im Takt wirbelnder Buschtrommeln. Laute Schreie ausstoßend, stampfte man mit den Füßen nach unten, riss dabei theatralisch die langen Wurfspeere nach oben und inszenierte einen geschlossenen Angriff. Vor, zurück, hoch und runter, alles sprang irgendwie planlos durcheinander, voller Leidenschaft und Hingabe.

Eine tolle Show, einfach Klasse und mitreißend. Es dauerte nicht allzu lange und der Rhythmus hatte uns eingefangen. Bis zum Show-Ende klatschten wir mit, im Takt der dröhnenden Trommeln. Die Zulus waren ein stolzes, traditionsbewusstes Volk, zugleich der größte Stamm in Südafrika, was Zulu zur meistgesprochenen Muttersprache des Landes machte.

Erst spät am Abend erreichten wir die Emdoneni-Lodge. Angemeldet waren wir hier für zwei Tage. Nach einem landestypischen Grillabend, mit herzhaften Antilopen- und Impala-Steaks, ließ ich gesättigt und zufrieden den Tag am Biertresen ausklingen.

Am nächsten Morgen erwartete uns eine ganztägige Wanderung. Zur Seite stand der Gruppe ein bewaffneter Ranger. Seine Begleitung garantierte uns Sicherheit, um irgendwelche Zwischenfälle mit Tieren im Gelände auszuschließen. Leider war heute das Wetter nicht so schön, wie in den letzten Tagen. Die Sonne war verschwunden. Tief hängende Wolken und leichter Nieselregen waren uns begleitende Gäste auf den ersten Kilometern.

Oben auf dem Mount Tabor begann unsere Tagestour vor einer Ranger-Hütte. Am Eingang stand eine große, in vier Sprachen ausgewiesene Informationstafel mit Hinweisen, wie man sich Verhalten sollte bei Großwild Begegnungen. Hier im Tabor Nationalpark waren Büffel, Nashörner, Leoparden, Nilpferde und Krokodile beheimatet.

„Bitte wieder eine Reihe bilden und möglichst dicht beisammen bleiben." Trautmann gab das Aufbruch Zeichen. In dünnen Regenumhängen eingewickelt, oder die regenabweisenden Kapuzenjacken tief ins Gesicht gezogen, formierte sich der Zug und alle folgten dem voranschreitenden Ranger, einer nach dem anderen.

Ohne große Pausen einzulegen, wanderten wir durch eine sich ständig verändernde Landschaft. Mal bergauf, dann wieder steil bergab, entdeckten und erkundeten wir den etwa zehn Kilometer langen Lake-Trail, verbunden mit vielen Informationsgesprächen und Wildbeobachtungen während dieser Zeit. Antilopen, Kudus und jede Menge Riedböcke kreuzten unseren Weg, während eine große Gruppe Paviane etwa fünfzig Meter seitwärts durch die Büsche trotteln ohne uns auch nur die geringste Aufmerksamkeit zu schenken.

Wieder mal im flachen Gelände angekommen, stoppte plötzlich unser Zug, denn der Ranger hatte etwas entdeckt. Sein ausgestreckter Arm wies in die entsprechende Richtung. Seitwärts stand dort ein großer, halb abgestorbener, verknöcherter Baum, der einen der vielen, wahllos in der Landschaft verstreuten Hügel zierte und von mannshohem Buschwerk umrankt wurde.

Da sich alle im Vorfeld mit den hier anzutreffenden Tieren beschäftigt hatten, wussten wir sofort, was dort in der Baumkrone zu uns rüber äugte. Wir konnten es kaum glauben, dort saßen tatsächlich drei der äußerst seltenen Hornraben im Geäst. Kontrastreich leuchteten ihre feuerroten Köpfe durchs blattlose Astwerk uns entgegen. Als wäre dieser seltene Anblick noch nicht genug, tauchten plötzlich hoch oben am Himmel zwei Schreiseeadler auf und zogen in unterschiedlicher Höhe verteilt ihre Kreise. Argwöhnisch verfolgten sie alles, was sich unter ihnen bewegte, verschwanden allerdings genauso schnell, wie sie auftauchten, schon nach wenigen Minuten hinter einer Bergwand.

So konnte es weiter gehen. Die Anzahl der Tierbeobachtungen wurde immer länger, und was dem allen noch die Krone aufsetzte, war ein wolkenbrechender Sonnenschein. Es hatte aufgehört mit Regnen. Wir konnten unsere schweißtreibende Regenkleidung ablegen und den darunter entstandenen Saunaeffekt beenden, denn die Tagestemperaturen lagen mit oder ohne Regen bei etwa 30 Grad.

Unser weiterer Wanderweg führte uns hinauf zum Mziki-Trail, einem fantastischen Naturpfad mit wechselnden Landschaften. Dichte Wälder wichen offenen Savannen und steile Berghänge führten abwärts, zur Mfazana Süßwasserpfanne hinunter. Irgendwann landeten wir am Ufer eines ovalen Sees, frei von

Sturm und Regenbegleitung …

… auf dem Mziki Trail

Lagebesprechung – Trautmann und Ranger

So lange wie möglich den Uferstreifen nutzen

Baumwuchs und umgeben von einem flachen, graslosen Randstreifen.

„Seht mal, dort sind Nilpferde!", rief jemand aufgeregt und griff zum Fernglas und begann diese Tiere im Wasser zu beobachten, oder etwas anders ausgedrückt, was man von ihnen zu sehen bekam. Nur Augen und Ohren waren sichtbar, alles andere blieb unter Wasser. Am feuchten Uferrand fanden wir Kot und Fußspuren von Nashörnern und Abdrücke von mehreren Leoparden. Nur die dazugehörenden Tiere bekamen wir nicht zu Gesicht.

Das war weniger schön, doch nicht zu ändern. Dafür eine Garantie zu erhalten, gab es nicht. Wir waren ja schließlich nicht im Zoo, sondern in freier Natur. Wenn sich dann doch durch Zufall die Wege kreuzen sollten, war dies ein Glücksfall, den man nicht beeinflussen konnte.

Allein die herrliche Natur in der wir wandern durften, entschädigte uns reichlich für nicht stattgefundene Tierbeobachtungen. Alles in allem blieb es ein unvergessliches Erlebnis, durch die Savanne zu streichen und auf den allgegenwärtig auf uns eindringenden Geräuschpegel zu achten, ihn zu deuten und mit Hilfe des Rangers zu lokalisieren.

„Auf geht's, ihr müden Geister."

Die kurze Pause am Seeufer beendend, verstaute Trautmann sein Fernglas im Beutel und erhob sich vom Rand eines vor sich hin modernden Baumstammes.

„Unser nächstes Ziel ist der Indische Ozean. Den erreichen wir in einer guten halben Stunde. Dort erwartet uns eine längere Strandwanderung mit vielen Überraschungen."

Wie Recht er behalten sollte. Nur war die Überraschung eine völlig andere, als die, die Trautmann uns ankündigte.

In allbekannter Reihenfolge folgten wir langsam dem Ranger, der den Trupp anführte. Am Ende der Reihe war Trautmann der Letzte, der sich in Bewegung setzte. Nach einer Seeumrundung ging es auf verschlungenen Pfaden steil nach oben. Auf dem Bergkamm angekommen, kreuzten wir einen schmalen Schotterweg. Auf der gegenüberliegenden Straßenseite wucherte dichtes Buschwerk nach oben. Und genau dort mussten wir hindurch. Das war gar nicht so einfach, einen brauchbaren Durchschlupf zu finden.

Doch das Glück war auf unserer Seite. Wir entdeckten und folgten einem Trampelpfad ähnlichen Durchgang, der steil nach unten führte. Dabei rutschten und schlitterten wir mehr als wir liefen. Im Weg hängende Zweige flatterten uns um die Ohren und herausragende Wurzelenden verhinderten einen ungebremsten Abgang. Eine ganz schön vertrackte Sache. Jetzt mussten wir runter, ob wir wollten oder nicht. Nach oben wären wir sowieso nicht mehr gekommen. Fast eine halbe Stunde ging das so weiter. Höllisch aufpassen, und bloß nicht ins Laufen kommen. Wenn das passieren sollte, gab es kein Halten mehr. Doch irgendwann hatte alles ein Ende, auch dieser unberechenbare Abgang.

Das zwei bis drei Meter hohe Durcheinander von Busch- und Gestrüpp Barrieren endete urplötzlich, gab den Blick frei auf den vor uns liegenden Küstenstreifen. Nur noch wenige Meter und die Abstiegsstrapazen lagen hinter uns. Wir landeten auf einem etwa vierzig Meter breiten Sandstrand, Pufferzone zwischen einem steilen Bergrücken einerseits und einem grollenden Ozean auf der anderen Seite.

Stürmischer Ostwind klatschte uns ins Gesicht und aufgewühlte Wellenberge warfen fliegende Schaumkronen ans Ufer. Krachend donnerte eine kochende Brandung über futuristisch ausgehöhlte Felsenriffe hinweg, die an verschiedenen Stellen bis ins Wasser reichten. Gischt und feiner Wasserstaub flog uns um die Ohren, vom Wind mitgerissen und über den gesamten Strandabschnitt verteilt.

Vom strahlenden Sonnenschein irritiert, kramte ich nochmals meinen Regenumhang hervor, verschwand fröstelnd unter der durchsichtigen Plastikplane und schützte mich so vor den Wetterunbilden. Wir alle verharrten einige Minuten ehrfurchtsvoll vor dieser grandiosen Kulisse, ließen den fauchenden Indischen Ozean auf uns einwirken. Solch eine Darbietung bekam man nicht alle Tage zu sehen.

Inzwischen war auch Trautmann am Strand eingetrudelt. Sein Schlapphut tief ins Gesicht ziehend, gab er dem Ranger ein Abmarschzeichen. Langsam setzte sich der Trupp in altbekannter

Reihenfolge in Bewegung. Wie es aussah, waren wir die einzigen Besucher am Strand. Weit und breit war niemand zu sehen, nur der grollende Ozean zog mit uns.

Die tief im Sand eingetretenen Fußspuren hinter uns lassend, veränderte sich die uns umgebende Kulisse nach einstündiger Uferwanderung. Die zerrissenen, ausgefranzten und teilweise hoch aufragenden Felsformationen schoben sich immer weiter dem Wasser entgegen und der einst breite Sandstreifen wurde von Geröll- und Steinbrocken verdrängt.

Notgedrungen zwängten wir uns immer öfter durch schmale, knapp über dem Wasserspiegel liegende und von Wind und Wetter ausgehöhlte Felsdurchgänge. Ab und zu zogen wir den steil ansteigenden Berghang vor, umgingen so der anrollenden Brandung. Immer im Wechsel, rein in die Felswand und dann wieder abwärts, zum noch begehbaren Uferstreifen runter. Immer öfter wichen wir dem Wasser aus und suchten einen Ersatzweg im zerklüfteten Berghang.

Irgendetwas war hier nicht in Ordnung. Das war doch kein normaler Wanderweg am Küstenstreifen entlang. Einige hatten schon nasse Füße, da sie nicht rechtzeitig dem anrollenden Wasser ausweichen konnten. Langsam wurde allen klar, wir saßen hier fest, inmitten der anrollenden Flut. Das Wasser stieg immer schneller. Die letzten Sandabschnitte am Ufer wurden zu einsamen Restflächen, vom Wasser umspült und trockenen Fußes nicht erreichbar. Uns blieb nur eine Richtung offen, rein in die Felswand.

„Leute, keine Panik! Wir sind gleich durch, nur noch hundert Meter."

Trautmann kam nach vorn geeilt, hielt an beim Ranger und deutete mit einer weitausholenden Armbewegung die ungefähre Richtung an, die nun vor uns lag.

„Dort, hinter der vorspringenden Felsformation beginnt ein ansteigender Strandabschnitt. Fester Boden erwartet uns dort."

Trautmann schien es sehr peinlich zu sein, diese Situation zu kommentieren, in der wir uns befanden.

Kleinlaut fügte er hinzu:

Hilfe - die Flut kommt, wir müssen dem Wasser weichen

Jeder hilft dem anderen nach oben zu kommen

Geschafft – wir sind durch

328

„An alles habe ich heute gedacht, nur nicht an Ebbe und Flut. Der Strandspaziergang hätte hier beginnen und nicht enden dürfen. Bei Ebbe spielt das ja keine Rolle, aber nun müssen wir durch. Was soll ich machen? Ich kann mich nur bei ihnen entschuldigen, denn ändern kann ich daran nichts mehr."

Verlegen nestelte er am Schlapphut herum, schob ihn nach hinten und begann aufmerksam den Felsen nach einer günstigen Einstiegsstelle abzusuchen, die es allen ermöglichte dort hindurchzukommen.

„Leute, lasst alles langsam angehen! Helft euch gegenseitig, wenn es nötig wird. Und vor allem, keine falsche Scheu. Meldet euch sofort, wenn ihr nicht weiter kommt. In Ordnung? Ab sofort gehe ich voran. Unser Ranger wartet hier, bis alle durch sind."

Auf einem vorgelagerten Geröllberg stehend, verfolgte ich den gemeinsamen Einstieg in den nach oben schießenden Berghang. So schwer war es nun auch wieder nicht. Sicherlich für einige von uns etwas ungewohnt, eine kraftzehrende Kletterpartie anzugehen. Doch alle betrachteten es als nichtabwendbares Abenteuer und akzeptierten diese ungewohnte Herausforderung, dem ständig steigenden Wasserpegel zu entrinnen. Vom ehemaligen Sandstrand waren nur noch wenige Restflächen sichtbar, alle höher gelegen. Vom Sturm gepeitschte Wellen wurden am vorgelagerten Felsenriff zerrissen und bis zu zehn Meter aufwärts geschleudert.

Sich von dieser faszinierenden Szenerie lösend, folgten wir Trautmanns Einstiegspfad nach oben. Es langsam angehend, gab jeder sein Bestes, dem grollenden Ozean zu entkommen.

War ein Spalt zu breit, ein Stein zu hoch oder verhinderten andere Ursachen das Weiterkommen eines Teilnehmers, waren sofort alle anderen zur Stelle, um zu helfen. Man schob und zog den zaudernden Wanderfreund nach oben. Abgelegtes Gepäck samt Wanderstöcke wurden hinterher gereicht. Wie ein eingespieltes Team überwanden wir alle Hindernisse mit Bravour. Im Zusammenspiel kam man sich näher, dass dem Zusammenhalt der Reisegruppe nur dienlich sein konnte.

Und dann hatten wir es geschafft, allen Unkenrufern zum Trotz. Auf der sicheren Seite des ansteigenden Ufers angekommen, atmeten alle erleichtert durch und schauten etwas ungläubig auf die steile, zerklüftete Felswand zurück.

Donnerwetter! Dort sind wir durch? Eine fantastische Teamleistung und ein tolles Erlebnis. Vom Fels- und Erdreich verunreinigte Kleidung wurde notdürftig gereinigt und der nicht mehr benötigte Regenumhang im Rucksack verstaut. Auch Trautmann konnte durchatmen, blieb doch sein Flutabenteuer ohne große Auswirkung.

Als Letzter kam unser Ranger herabgestiegen. Sein Arbeitsauftrag endete hier am Strand. Jetzt hatte er Feierabend. Nach seiner Verabschiedung trennten sich unsere Wege. Wir zogen weiter Richtung Bushaltestelle, oberhalb der auslaufenden Gesteinsformationen am Küstenstreifen. Von dort aus ging es weiter, dem letzten Tagesziel entgegen, einer zweistündigen Bootstour auf dem St. Lucia See entgegen.

Über diesen See, der inmitten des 2 500 Quadratkilometer großen Greater St. Lucia Wewtland Park lag, dem ältesten Schutzgebiet Afrikas, hatte ich mich schon im Vorfeld ausreichend informiert.

180 Meter hohe, mit Urwald bewachsene Dünen, trennten den St. Lucia See vom Indischen Ozean. Der im Zentrum des Parks liegende See war der größte See Südafrikas. 530 Vogelarten waren hier beheimatet, z.B. Weißstörche, Bienenfresser, Pirole, Fischadler und Brachvögel. Aber auch andere seltene und bedrohte Arten, wie beispielsweise Lederschildkröten, Krokodile oder Flusspferde lebten in dieser einzigartigen Region.

Dort angekommen, wurden wir schon erwartet. Das vom Reiseveranstalter gemietete Boot war ein Ausflugsdampfer mit offenem Oberdeck, bot reichlich Platz für Tierbeobachtungen und einem Goldenen Sonnenuntergang am Ende der Rundfahrt. Krokodile am Ufer und jede Menge auf- und abtauchender Flusspferde auf beiden Schiffsseiten, versetzten alle im Boot in helle Aufregung. Etwa zwei Meter vom Bootsrand entfernt rissen sie angriffslustig ihre Mäuler auf. Wollten sie uns vertreiben?

Überschritt unser Boot einen tolerierten Abstand zueinander, tauchten sie blitzschnell weg, um ein Zusammenstoß zu

Bootstour auf dem St. Lucia-See

Flusspferde

Sonnenuntergang

Bin ich nicht ein Prachtbursche?

Mit dem Bus unterwegs auf der Gartenroute

vermeiden. Diese Kolosse waren ganz schön flink in ihrem Element, kein guter Standort zum Baden.

Plötzlich entdeckte jemand am rechten Uferstreifen einen dort im Buschwerk aufkreuzenden Leoparden. Für uns ein reiner Glücksfall, denn der Anblick eines freilebenden Leoparden war selbst in Afrika ein sehr seltenes Ereignis.

„Diese scheuen Tiere bekommt man nicht oft zu sehen", flüsterte Trautmann fast andächtig. „Ich betreue schon über zwanzig Jahre Reisegruppen, habe aber erst zweimal einen Leoparden hier am Ufer beobachten können."

Nun wurde es lebendig an Deck. Alle, mit und ohne Fernglas wechselten auf die Leopardenbootsseite und lokalisierten das ausgewachsene Tier am Küstenwald. Was für ein Prachtexemplar! Uns längst bemerkt, saß es bewegungslos am Ufer und beobachte aufmerksam unsere auf dem Wasser treibende Anwesenheit. Plötzlich verschwand der Leopard mit einem gewaltigen Satz im Gebüsch. Irgendetwas hatte ihn dort vertrieben. Waren wir ihm nicht ganz geheuer?

Nun konnten wir uns wieder in aller Ruhe den Flusspferden zuwenden. Denen schien unsere Anwesenheit egal zu sein. Kamen wir ihnen mit dem Boot zu nahe, tauchten die Fleischberge einfach ab und kamen an anderer Stelle wieder nach oben. Die Zeit verging viel zu schnell, wie immer, wenn man etwas Besonderes zu sehen bekam.

Den glutroten Sonnenuntergang immer noch vor Augen, verschwand das Tageslicht in gewohnter Eile. Der Wechsel von Tag zur Nacht dauerte hier nur eine halbe Stunde. Es war schon stockdunkel als wir den Bus und später unsere Lodge erreichten, und diesen ereignisreichen Tag mit einem landestypischen Grillabend abschlossen.

Die Drakensberge – Ein strapaziöser Aufstieg

Unser nächstes Ziel waren die Drakensberge. Zwei Tage hatten wir Zeit, das Hochland kennen zu lernen, verbunden mit einer Wanderung zum höchsten Gipfel des Nord-Plateaus, dem 3 282 Meter hohen Mont-Aux-Sources, benannt nach einem französischen Missionar, der die Region 1836 besuchte. Um mich mit den örtlichen Gegebenheiten auseinanderzusetzen, studierte ich während der mehrstündigen Hotel-Anfahrt das von Trautmann ausgeteilte Informationsmaterial.

„Die bis zu 3 482 Meter hohen Drakensberge (Drachenberge), sind das höchste Gebirge des südlichen Afrikas. Die Zulu nennen die Drakensberge wegen der zahlreichen Schluchten, Kämme, Höhlen, Überhänge sowie Zinnen - „Wand der aufgestellten Speere". Wegen der klaren Bergluft fernab der Zivilisation, der zahlreichen Wasserfälle, Wildblumen, Vogelwelt und der vielen hohen, vielgestaltigen Berge sind sie ein beliebtes Touristenziel und wurden auf die Liste des UNESCO- Welterbes gesetzt.

Die hohe Bergkette bildet den östlichen Abschluss des südafrikanischen Binnenhochlands und gleichzeitig die natürliche Grenze von Kwa Zulu-Natal und dem Königreich Lesotho. Vom nordöstlichen Mpumalanga an der Panorama Route bis in die Provinz Ost Kap erstreckt sie sich über 1 000 Kilometer in Nord-Süd-Richtung."

Hier im nördlichen Kwa-Zulu-Natal lagen die schönsten Gebirgsszenen des Landes. Früher jagten und suchten Buschmänner hier ihre Nahrung in den Ausläufern der Berge. An vielen Stellen konnte man noch ihre Fels- und Höhlenzeichnungen bewundern.

Genau in dieser Gegend lag unser „Mont-Aux-Source-Hotel, das für zwei Tage unser Stützpunkt wurde, wunderschön gelegen am Berghang, mit Blick auf den angrenzenden Royal-Natal-National-Park. Den Königstitel erhielt der Park 1947, als die Britischen Royals ihren Urlaub hier verbrachten.

Nach Meinung vieler Landeskenner gehörte es zum Schönsten, was Südafrika zu bieten hatte. Der spektakulärste Teil der

Drakensberge lag hier. Ohne Zweifel war es das Amphitheater, eine 500 Meter hohe, senkrecht, abfallende Felswand, die sich fünf Kilometer zwischen Sentinel und Eastern Buttress langstreckte. Hier stürzte der Tuguela-River zur Regenzeit 947 Meter hinunter. Dies war der zweitlängste Wasserfall der Welt, nach dem Angel-Fall in Venezuela. Er verteilte sich über fünf Stufen abwärts ins gleichnamige Tal, bevor er seine 330 Kilometer lange Reise zum Indischen Ozean antrat.

Wie vorgesehen, beförderte uns der Bus am nächsten Morgen zur Ausgangsstation der heutigen Tageswanderung. Vierhundert Meter unterhalb des Gipfels war Endstation, alle mussten raus. Der Bus blieb hier stehen, erwartete unsere Rückkehr am späten Nachmittag.

„ Alles was nicht benötigt wird, lasst im Auto.“

Trautmann musterte nochmals unsere Wanderausrüstung, ohne etwas zu beanstanden.

„Heute werden eure Beine gefordert“, fügte er schmunzelnd hinzu, und fuhr fort:

„Vier Stunden hinauf und vier Stunden zurück mit den nötigen Pausen dazwischen ist unsere Tageszielvorgabe. Oben auf dem Gipfel-Plateau sind alle Strapazen vergessen, das verspreche ich euch. Und denkt daran, lasst es langsam angehen, keine Hektik. Über 3 000 Meter Höhe wird die Luft langsam dünner. Na dann, auf geht's.“

Sein Rucksack überstreifend, folgte Trautmann ein sich in den Berghang hineinwindenden Schotterweg, eröffnete somit den Gipfel-Tagesmarsch zum Amphitheater. Ohne nennenswerte Schwierigkeiten zu bekommen, hatte ich die ersten zwei Stunden, verbunden mit einer kurzen Verschnaufpause, überstanden. Wenn es so weiter ginge, wäre der Aufstieg ja gar nicht so schlimm, wie angenommen. So war mein Empfinden jedenfalls bis dahin.

Doch dann kam das dicke Ende. Der Rest hatte es in sich. Steile Geröllpisten verwandelten den weiteren Weg in eine strapaziöse Tortur. Der in eine Steilwand hineingehauene Fußweg war nichts für schwache Nerven. Teilweise ragten aus der hundert Meter nach oben schießenden Felswand dachartige Vorsprünge über uns hinweg, während auf der anderen Seite bei Leuten mit

Höhenangst, ein hundert Meter tiefer Abgrund, ein Schweißausbruch nach dem anderen auslöste.

Im Zick-Zack-Kurs ging es dann weiter nach oben. In Fels gehauene Stufen forderten rutschfestes Schuhwerk, einen Belange fähigen Gleichgewichtsinn und die nötige körperliche Fitness. Naja, alles war nicht immer bei allen zusammen, stellte den, „Das muss ich schaffen Willen", auf eine harte Probe. Zu allem Übel wurde nun auch noch die Luft dünner und der Atem ging schneller, denn die 3 000 Meter hatten wir überschritten.

Trautmann versuchte so gut wie möglich, die Gruppe zusammenzuhalten, doch das war gar nicht so einfach. Jeder musste seinen eigenen Lauf-Rhythmus finden, und das dauerte eine Weile. Einer lief schneller und der andere langsamer. Doch irgendwann löste sich auch dieses Problem von selbst, mit dem Resultat, das sich die Wandergruppe immer weiter aufsplitterte. Um nicht noch weiter auseinanderzudriften, wurde eine Rast eingelegt, bis der Letzte eintrudelte und aufschloss.

Einige unserer Gruppe, mich mit eingeschlossen, waren diese hochalpinen Wandertouren nicht gewöhnt. Wir bekamen eine bis an die Schmerzgrenze gehende Erfahrung vermittelt, jetzt bloß keine langen Pausen einlegen. Das wäre der völlig falsche Weg, dem inneren Drang nachzugeben. Nur kurz verschnaufen und weiter, ansonsten bist du verloren. Der Körper will dann nicht mehr.

Irgendwie schafften wir es alle, zurück auf den Wanderweg. Nach Trautmanns Worten lag unser Ziel, der Gipfel von Mont-Aux-Sources, nur noch eine halbe Wegstunde entfernt.

Doch ein Hindernis lag noch vor uns, und das hatte es in sich. Unser bisheriger Wanderweg endete vor einer steilen Felswand. Weiter ging es nur über einige etwa 30 Meter lange Kettenleitern, die senkrecht nach oben führten und fest im Felsen verankert waren.

„Was soll das denn da sein? Da soll ich rauf? Nein! Das schafft niemand, mich da hoch zu bringen."

Während einige schon mal die Haltbarkeit der Kettenleitern testeten, blickten andere entsetzt auf die nach oben führende

Der Aufstieg auf den 3 282 Meter hohen Gipfel des Mt. –Aux-
Sources begann mit dem Einstieg in die Bergwand.

Ein schmaler Trampelpfad führt mitten durch die kerzengerade
nach oben schießende Steilwand

Wo alle Wege enden, hängen Kettenleitern in den Wänden

Sprossenwand. Ein Drittel von uns verzichtete freiwillig auf den weiteren Aufstieg und beendete hier ihre Tour.

Das war kein Problem, da es keine Rundwanderung war, konnte der Rest hier warten, bis alle wieder hier eintrudelten. Eine willkommene Ruhepause, zumal der Aussichtspunkt einen tollen Rundblick auf die fantastische Berglandschaft der Drakensberge gewährte, mit ihren tiefen Schluchten und langgezogenen Tälern.

Meinen inneren Schweinehund ignorierend, nahm ich den Rest der Strecke in Angriff und begab mich zum Fuße, der nach oben führenden Kettenleiter.

Bevor jemand von uns dort einsteigen konnte, zeigten uns zwei einheimische Lastenträger, wie schnell man dort hinauf gelangen konnte. Wir hatten es gar nicht mitbekommen, das diese Beiden, mit 40 Kilo Esswaren auf ihrem Tragegestell, sich zu uns gesellten und zu den Leitern eilten. Den Vortritt gewährten wir ihnen natürlich aus Höflichkeit, gepaart mit etwas Neugierde auf den nichteingeplanten Vorführungsunterricht, wie schnell man dort hinauf gelangen konnte, und das mit 40 Kilo auf dem Rücken.

Keine fünf Minuten später verschwanden die Beiden oben hinter der Abbruchkante. Uns, vom bisherigen Aufstieg ausgelaugt und fast am Ende aller Kraftreserven angelangt, verschlug es fast die Sprache. Ich hatte ja schon viel gesehen, aber diese ungewollte Vorführung toppte alles.

„Das sind Lastenträger. Die bringen zweimal in der Woche, den Wanderweg nutzend, Essen und Getränke zum einfachen Bettenhaus nach oben. Eine kleine Kantine versorgt die Leute, die dort für wenige Rand übernachten können. Ein anderer Weg führt dort nicht hinauf."

Sein Rucksack festzurrend beendete Trautmann seine Info und stieg als erster in die Kettenleiter. Wir alle folgten, einer nach dem anderen, immer drei bis vier Meter Abstand lassend zum Vorgänger. Oh Gott, meine Beine wurden immer schwerer und schwammig wie ein langgezogener Kaugummi. Nur nicht daran denken.

Irgendwann endete die Leiter an der Abbruchkante und die Spitze des flachen Berges lag auf 3 282 Meter Höhe unter meinen

Füßen. Geschafft, und irgendwie glücklich und gepaart mit ein bisschen Stolz auf diese für mich ungewohnte Leistung, wurde ich reichlich entschädigt für die Strapazen des Aufstiegs. Wir alle waren begeistert über die spektakulären Ausblicke, auf die Tuguela-Fälle, die Eastern Buttress und Devil's Tooth.

Lange saßen wir hier oben noch beieinander, suchten nach den besten Fotomotiven, aßen und tranken etwas, genossen einfach den Augenblick, jeder für sich allein. Bevor wir den Rückmarsch antraten, zum Bus und von dort aus zum Hotel, schauten wir nochmals schweigend über eine grandiose Bergwelt hinweg, die bis zum Horizont reichte, wo Himmel und Gebirge zusammen flossen.

Im Königreich Lesotho

Unser wunderschön gelegenes Hotel verlassend, lag unser nächstes Ziel im Königreich Lesotho. Dort erwartete uns ein volles Ausflugsprogramm, verbunden mit zwei Übernachtungen in der „Malealea Lodge". Doch da mussten wir erst mal hinkommen, das war eine komplette Tagesfahrt mit mehreren Besichtigungsstopps. Die lange Busfahrt kam mir gar nicht so ungelegen. Noch saß mir der gestrige Wandertag in den Knochen. Ein unangenehm, nervender Muskelkater zwickte, und zwackte bei jeder Beinbewegung, ein Gefühl vermittelnd, als hingen Bleigewichte an meinen Füßen.

Ich verschwand in meiner Sitzecke und genoss die Ruhephase. Bis zur morgigen Rundwanderung war bestimmt alles wieder im Lot. Zumindest glaubte ich daran. Die Beine weit ausgestreckt, betrachtete ich die draußen vorüberfliegenden Landschaften voller Neugierde. Lange Weile hatte niemand im Bus, denn es gab immer etwas Neues zu entdecken, mal auf der einen Seite, dann wieder auf der anderen.

Noch auf südafrikanischem Gebiet kreuzten wir den „Golden Gate Highlands National-Park, kurz vor der Grenze Lesothos.

Gekennzeichnet war der NP besonders durch seine faszinierenden Felslandschaften aus orange- bis ockerfarbenem Sandstein. In der weiten Graslandschaft erhoben sich interessante Felsformen, Schluchten und sehr alte Höhlen in welchen sogar Felsmalereien der San zu sehen waren.

In dem 41 km² großen Gelände blühten jetzt zum Frühlingsanfang tausendfach Blumen und Gräser, durchzogen von vielen Wanderwegen. Besonders beeindruckend in diesem NP war auch das Schauspiel, das jeden Abend das Zusammenspiel der Abendsonne mit dem Sandsteinfelsen bot. Durch die rötlichen Strahlen wirkten die Felsenformationen noch geheimnisvoller, leuchteten in allen Schattierungen auf, von Gelb- bis zu dunkleren Goldtönen. Zwei mächtige, 76 Meter hohe, rostfarbene Felsklötze formten das eigentliche Golden Gate.

Ohne uns lange aufzuhalten, schossen wir einige Fotos und überwanden anschließend die letzten Kilometer bis zum Grenzübergang. Schon nach zehn Minuten war es passiert, garantierte uns ein Aus- und Einreisestempel den willkommenen Besuch in Lesotho. Ein von Trautmann verteilter Flyer verschaffte uns Gelegenheit, sich über das kleine Königreich zu informieren.

„Mit rund 30 000 Quadratkilometern ist Lesotho so groß wie Belgien. Es ist eine Enklave innerhalb Südafrikas und grenzt im Süden und Osten an Kwa Zulu-Natal, im Norden an die Provinz Free State und im Westen an das Eastern Cape. Lesotho hat rund zwei Millionen Einwohner, einem Bantuvolk mit eigener Identität, Sprache und Kultur. Die Hauptstadt ist Maseru mit 300 000 Einwohnern. In die Unabhängigkeit entlassen wurde es von England 1966. Das Bergkönigreich Lesotho gehört zu den ärmsten Ländern und ist wirtschaftlich weitgehend vom großen Nachbarn Südafrika abhängig.

Lesotho zählt zu den höchstgelegenen Ländern der Erde und wird auch als das „Dach Afrikas" bezeichnet. Die westlichen Hochlandregionen erreichen Höhen zwischen 1 400 und 1 700 Metern. Die Hochplateaus sind durchzogen von Flusstälern und Inselbergen. Die östlichen Landesteile liegen innerhalb der Drakensberge, die in Lesotho Maloti Berge heißen. Hier liegen die

Ebenen vielfach oberhalb von 2 000 Metern, die Berggipfel übersteigen 3 000 Meter."

Irgendwann war mir der Flyer aus der Hand gerutscht. Das eintönige Summen des Motors trug dazu bei, einzuschlummern. Sicherlich war ich nicht der einzige dem der gestrige Tag noch in den Knochen steckte und ein erholsames Schläfchen dazu beitrug, den gestressten Körper zu regenerieren.

Aus dem Land der Träume wurde ich erst am späten Nachmittag vertrieben, als es unserem Busfahrer nicht gelang ein etwas tieferes Schlagloch auszuweichen. Gähnend rappelte ich mich nach oben, trank den Rest meiner Wasserflasche leer, um endgültig munter zu werden. Das Straßenloch hatte seine Weckfunktion voll erfüllt. Alle waren auf einen Schlag munter, sahen draußen die ersten Häuser der Hauptstadt vorüberziehen, die im äußersten Westen des Königreiches lag. Maseru konnte Besuchern nicht allzu viel bieten, außer einigen luxuriösen Hotels. Kein Grund um hier länger zu verweilen.

Über Morija, einer alten Missionsstation kommend, erreichten wir gegen Abend Malealea, unsere rustikale Lodge. Diese lag inmitten einer unverfälschten Berglandschaft, mit zerklüfteten Gipfeln, reißenden Flüssen und gewaltigen Wasserfällen. Die Lodge war unglaublich schön, lag in einer liebevoll gestalteten, natürlichen Umgebung und bot viele Möglichkeiten, Interessantes in näherer und weiter Umgebung zu entdecken.

Untergebracht in einfachen Blockhütten, nur mit dem Notwendigsten ausgestattet, wurden wir für zwei Nächte einquartiert. Schlafen konnte man allemal, auch ohne Luxus. Frische, klare Luft, eine fantastisch, schöne Natur und liebevolle Menschen waren nicht nur Ersatz, sondern unbezahlbarer Luxus in unserer langsam dahinsiechenden Umwelt.

Vorsichtshalber legte ich meine Taschenlampe aufs Bett, da ab 22 Uhr der Generator abgestellt wurde. Eine Kerze konnte ich nicht entdecken. Das war mir eigentlich egal. Heute wollte ich nur Schlafen, mit oder ohne Licht. Immer noch etwas gestresst von der gestrigen Gipfeltour, verschwand ich gleich nach dem Abendessen in meiner Blockhütte, fiel müde ins Bett und schlief störungsfrei durch bis zum Morgen.

Rundwanderung in den Rock Pool Hike

Mit schneller Katzenwäsche startete ich in den neuen Tag, schob mein Rucksack untern Arm und verließ die Blockhütte. Draußen vor dem Eingang blieb ich stehen und blickte ungläubig nach oben. Ein strahlend blauer Himmel flimmerte durchs Blätterdach überhängender Baumkronen, und strahlte in einer Farbintensität, die ich so noch nie betrachten konnte. Die uns umgebende fremdkörperfreie, klare Luft ermöglichte wahrscheinlich diese intensive Blaufärbung. Auch alle anderen Gäste der Lodge blieben beim Verlassen ihrer Unterkünfte verdutzt stehen und starrten nach oben.

„Keine Industrie, kein Smoke, so gut wie kein Verkehr und schon verfärbt sich der Himmel", sprach eine ältere Dame mehr zu sich selbst, und begann ihre Morgengymnastik mit weitausholenden Armverrenkungen, mehreren Luftsprüngen und bauchtanzartiger Dehnungsgymnastik.

„Einfach himmlisch, hier oben!" Mit diesen Worten verschwand die Dame nach ihrer Lockerungsübung, etwas euphorisch die frische, kalte Luft einsaugend, schwungvoll hinter ihrer Hüttentür.

Grinsend setzte ich meinen Weg fort, verewigte den blauen Himmel mit ein paar Erinnerungsfotos und bummelte gemütlich weiter Richtung Küchen-Trakt. Morgengymnastik kam für mich heute nicht auf den Tisch. Dazu waren die anspruchsvollen Tageswanderungen viel zu anstrengend, zumal uns heute eine achtstündige Rundwanderung bevorstand.

Zum Glück war mein Muskelkater von gestern fast vollständig verschwunden. Das war auch gut so, denn ein Canyon-Einstieg war kein leichter Familienausflug. Allerdings konnten wir heute selbst entscheiden, zu Fuß den Rundweg anzutreten, oder mit Pony oder Pferd auf einer anderen Route daran teilzunehmen. Ich zog es vor zu laufen, da ich in aller Ruhe fotografieren wollte. Das war auf dem Pferderücken nicht möglich, bei diesem Gewackel.

Ich amüsierte mich köstlich über einen jungen Mann, der seine Pferdbesteigung besonders schwungvoll absolvierte. Nach kurzem

Anlauf sprang er in Cowboy-Manier mit kräftigem Absprung nach oben. Da er ohne Sattel reiten wollte, segelte er über den glatten Pferderücken hinweg und landete, dank der Erdanziehung, auf der anderen Seite im rotbraunen Sandboden. So war das nun mal, wenn einer angeben wollte mit seiner Show, musste er aber auch den Ablauf beherrschen. Sein zweiter Aufstiegs-Versuch gelang ganz unspektakulär dank einer erhöhten Mauerbegrenzung, ohne Probleme. Warum nicht gleich so?

Wir, die restliche Wandergruppe, folgten dem Rockpool Hike, hinein in eine spektakuläre Canyon-Landschaft, vorbei an mächtigen Felsüberhängen und einem Naturpool mit Bademöglichkeit. Einige von uns nutzten diese sich bietende Gelegenheit zum erfrischenden Wasserplantschen. Die natürliche Poolwanne, eingepackt in ausgewaschener etwa anderthalb Meter tiefer Bodenvertiefung uns umgebender Gesteinsformationen postiert, war durch Jahrtausende während Wasserkrafteinwirkung völlig glattgeschliffen und ohne Verletzungsgefahr zu betreten.

Nach einstündiger Rast am sonnenüberfluteten Pool, tief unten im Canyon, drängte Trautmann zum Aufbruch. Der eigentliche Höhepunkt unserer Tagestour stand an, der Einstieg in eine steil nach oben führende Felswand auf der anderen Canyon-Seite. Zerklüftete Felsspalten und den Weg versperrende, meterhohe Felsbrocken mussten umgangen werden. Der Lohn unserer Mühe waren ausgezeichnet erhaltene Felsmalereien ehemaliger Buschmänner, die unterhalb einer weit überhängenden Felswand zu besichtigten waren. Diese überhängenden Felsen und Aushöhlungen waren ihre Galerien, in denen man nicht nur lebte und Schutz vor dem Wetter suchte.

Vor etwa 10 000 bis 25 000 Jahren lebten die Buschmänner (San) in Höhlen und Unterschlüpfen der Drakensberge. Besitz kannten sie nicht, lebten ausschließlich von Jagen und Sammeln. Zu den ersten Veränderungen im Leben der Buschmänner kam es, als die bäuerlichen Bantu-Völker vom Norden herkommend, in dieses Gebiet vordrangen. Trotz allem lebten beide Volksgruppen friedlich nebeneinander.

Ausritt in den Rockpool Hike

Blockhütte in Malealea

Einstieg in den Canyon

Aufstieg zu den Felsmalereien der Buschmänner

Ernsthafte Schwierigkeiten begannen für die San erst mit den weißen Siedlern, die im Rahmen des großen Trecks, vom Kap aus immer mehr nach Norden drangen. Sie beanspruchten das Land für Viehzucht und Landwirtschaft. Unerbittlich von den Weißen gejagt, wurden die Buschmänner zuerst in der Kap Region und später auch in den Drakensbergen. Heute lebten nur noch einige Nachfahren der Buschmänner in der Kalahari-Wüste. Ihre Kunst überdauerte unter Stein und Geröll.

Experten und Felskünstler waren sich einig – Die Werke der San sind die fortschrittlichsten und zahlreichsten Felsmalereien der Welt. Heutzutage gehört die atemberaubende Galerie der südafrikanischen Felsmalerei zum nationalen Kulturerbe.

Die meisten der Zeichnungen stellten jagdbare Tiere dar, vor allem Eland-Antilopen, die größten unter den etwa 12 Antilopenarten in dieser Region Afrikas. Andere Tierarten wie Elefanten, Giraffen, Warzenschweine und Löwen oder Leoparden waren seltener zu finden. Es gab viele Jagdszenen zu sehen, sammeln von Honig, Fischen oder Darstellungen des täglichen Lebens, aber auch Tanzszenen aus der Mythologie der Schamanen, zu Beschwörungen nicht nur realer Jagdbeute. Die mehrfarbigen Bilder wurden mit Hilfe von Stein- bzw. Mineraloxyden wie Zink und Quarz, Holzkohle, Lehm, Blut und Eiweiß auf festes, glattes Gestein, wie Basalt aufgetragen. Bei einigen Zeichnungen benötigten wir viel Fantasie, um die Bilder zu deuten, was sie darstellen könnten. Unleugbar war allerdings die Tatsache, wir erlebten Geschichte zum Anfassen. Die Wiege der Menschheit stand ja bekanntlich hier, im Herzen Afrikas.

Nach diesem interessanten Einblick in die Kunst- und Maltechnik der südafrikanischen Buschmänner begann der Rückweg. Wir mussten ja wieder nach unten, runter in den Canyon und erst dann konnten wir unseren Rundwanderweg fortsetzen. Diese Kletterpartie dauerte eine Stunde, gespickt mit nicht ungefährlichen Rutschpartien auf schmalen Schotterpisten und waghalsigen Sprüngen von Stein zu Stein, immer entlang am Rande der Schlucht.

Endlich war es geschafft, der Abstieg lag hinter uns. Höchst zufrieden mit dem bisherigen Verlauf, säuberte ich meine vollgeschmuddelten Hosenbeine notdürftig vom Schmutz der Umgebung. Anschließend wusch ich Hände und Gesicht im Bach und folgte den anderen auf einem aus dem Canyon herausführenden, farblich markierten Wanderweg. Zufrieden registrierte ich meinen beschwerdefreien Allgemeinzustand, ohne Muskelkater und schmerzende Füße. Kein Zwicken und Zwacken mehr und keine bleischweren Beine drangsalierten diesmal mein Nervenkostüm und machten das Wandern zur Strapaze. Irgendwie hatte mein innerer Motor sein Rhythmus gefunden, lief wie geschmiert.

Ein ausgetretener Wanderpfad lag nun vor uns, ohne große Schwierigkeiten begehbar. Leicht ansteigend wand er sich durch ein faszinierendes Blumenmeer, verteilt auf angrenzende Weideflächen und in voller Blüte stehende Busch- und Heckengewächse. Von deren Duft geschwängerte Luftströme flossen über alles hinweg und brachten die nach Nektar suchenden Schmetterlinge zum Tanzen. Das war mal wieder so ein Frühlingstag, der besser hätte nicht sein können. Ganz nach meinem Geschmack.

Als geschlossene Wandergruppe gestartet, erreichten wir unser Ziel, die Malealea-Lodge nacheinander, aber diesmal weit auseinander gezogen. Verlaufen konnte sich bei diesen Wegmarkierungen auf den letzten Kilometern niemand. Den Rest des Tages verbrachte nun jeder nach eigenen Vorstellungen.

Ich schnappte einen Liegestuhl, suchte mir ein sonniges Plätzchen neben der Blockhütte und genoss die letzten Sonnenstrahlen des abklingenden Tages. Auch hier streichelte ein warmer Frühlingswind den Rasen, trug den Duft der Blumenbeete zu mir rüber. In Gedanken folgte ich noch einmal tief unten im Canyon dem Wasserlauf, schwebte vorbei an den Wandgemälden der Buschmänner und landete mitten im unendlichen Blumenmeer einer Traum- und Fantasielandschaft.

Von Monsterbüschen und Bergzebras

Nach ausgiebiger Frühstückspause starteten wir am nächsten Morgen Richtung Südwesten. Malealea hinter uns lassend, passierten wir kurz darauf Lesothos Grenze und standen mit den passfüllenden Aus- und Einreisestempeln versehen, wieder auf südafrikanischem Gebiet.

Erst am Nachmittag endete die Tagesfahrt im Mountain Zebra Nationalpark. Eine Übernachtung war hier eingeplant, verbunden mit einer Bergtour im offenen Geländewagen.

„Schafft die Koffer aufs Zimmer und kommt sofort wieder runter zur Rezeption." Jedem ein Informationsflyer vom National-Park und den benötigten Zimmerschlüssel in die Hand drückend, fuhr Trautmann fort:

„Die Pirschfahrt findet vor dem Abendessen statt und endet mit dem Sonnenuntergang auf einem der Berggipfel. Nehmt euch eine Jacke mit, es wird kalt am Abend."

Eine halbe Stunde später rollten wir vom Platz, verteilt auf zwei Geländewagen. Auf unbefestigtem Schotterweg schlängelte sich der Pfad steil bergan führend, in das bis zu 2 000 Meter hohe Blankberg-Massiv hinein. Den mehrseitigen Flyer studierend, fand ich viel Wissenswertes über dieses Naturschutzprojekt.

„Wie der Name schon beinhaltet, wurde der Mountain Zebra 1937, als in der felsigen Landschaft bereits alle Raubtiere ausgerottet waren und nur noch sechs Bergzebras überlebt hatten, gegründet. Als im 19. Jahrhundert die weißen Siedler mit ihren Rinder-, Schaf- und Ziegenherden, wegen des ausreichend vorhandenen Wassers, hier ansiedelten, wurden nahezu alle Wildtiere ausgerottet. Nach den Raubtieren folgten die Springböcke, Antilopen und schließlich die Zebras. Sie galten als Konkurrenz zu den riesigen Herden der Farmer. Außerdem war ihr Fleisch und das Fell sehr begehrt, besonders das konturenreich einzigartige Streifenmuster der Bergzebras.

Doch dann trat 1930 ein Justizbeamter, ein gewisser Henrik de Wet aus Pretoria, als Tierschützer auf die Bildfläche und machte sich für die Bergzebras stark. Er überzeugte den Premierminister zum Kauf eines etwa 1 700 Hektar großen Farmgeländes, zum

Schutz der Tiere. Beinahe war es schon zu spät, da 1937 nur noch eine Stute und fünf Hengste übrig waren und 1938 starb dann auch noch die letzte Stute. Eine schreckliche Situation, für den gerade gegründeten Nationalpark.

Zum Glück fand man in einigen einsamen, voneinander unabhängigen Bergregionen Südafrikas noch ein paar Bergzebras und so wurden diese äußerst behutsam hierher gebracht. Eigentlich kann man sagen, dass der Park 1950 nochmals gegründet wurde, da die kleine Herde nun wieder aus sechs Stuten und fünf Hengsten bestand.

Die Bergzebras vermehrten sich seit dem wieder konstant und es wurden auch weitere Tiere aus anderen Park kontinuierlich in die Herde eingegliedert. Ein beachtlicher Erfolg, der konsequenten Schutzmaßnahmen. Durch Ankauf weiterer Farmen in den letzten Jahren, hat der NP heute eine Fläche von 28 000 Hektar.

Nach und nach wurden auch noch die seltenen Spitzmaulnashörner, Springböcke, Weißschwanzgnus, Kuh- und Elenantilopen, Kudus, Büffel, Geparden und Strauße angesiedelt und so zeigt sich der Park heute in einer bunten Artenvielfalt.

Er hat zwar keine „Big Five" zu bieten, dafür aber ist er besonders schön, mit steilen Bergen, tiefen Schluchten, einer weiten Hochebene mit verschiedenen Aloe-Arten bestückt und blühenden Büschen ausgestattet."

Auf dieser abendlichen Pirschfahrt sichteten wir zwar jede Menge Antilopen und den Weg kreuzende Springböcke, aber nur ein einziges Mal, drei kurz am Hang auftauchende Bergzebras. Ihre Tarnung war fast perfekt. In der einsetzenden Dämmerung verschmolzen die Konturen der Tiere mit ihrer Umgebung und waren in der Licht- und Schattenszenerie nur schwer auszumachen. Wie bei allen Tierbeobachtungen gehörte immer ein wenig Glück dazu, im richtigen Moment am richtigen Ort zu sein.

„Brr, ist das kalt!" Fröstelnd vergrub ich mich in meiner umgehängten Jacke. Ein unangenehmer Fahrt- und Seitenwind flatterte uns um die Ohren, drang durch alle Ritzen. Eigentlich kein Wunder, denn wir befanden uns auf etwa 2 000 Meter Höhe auf der ungeschützten Hochplateauebene des Nationalparks. Im Winter lag hier Schnee. Der war zwar weg, doch im südafrikanischen Frühling, Anfang September, lagen die höhenbedingten Temperaturen nachts immer noch um den Gefrierpunkt herum.

Genervt zog ich meine umgehängte Jacke nun vollends über und verschwand unter der übergestülpten Kapuze. So konnte man es wenigstens aushalten. Geplant hatten wir, den anstehenden Sonnenuntergang auf einem der Berggipfel am Rande des Plateaus zu genießen. Doch das Wetter war heute nicht auf unserer Seite, spielte nicht mit. Eine geschlossene Wolkendecke verschmolz mit dem Horizont und vom beginnenden Sonnenuntergang war nichts zu sehen. Also strichen wir diesen Programmpunkt und fuhren langsam zurück zu den Unterkünften.

Ich saß links im Geländewagen, an der Außenwand. Furchtbar aufpassen musste ich auf die am Wegesrand stehenden Büsche und Sträucher. Deren Ranken und Zweige streckten sich weit auseinander und behinderten teilweise die Durchfahrt unserer Fahrzeuge. Die vom Auto beiseitegeschobenen und in den Weg hineinragenden Äste, schliffen und klatschten an den Außenseiten der Geländewagen entlang, und zwangen uns, den zurückschnellenden Zweigen auszuweichen.

„Passt bloß auf, das kann gefährlich werden", kommentierte Trautmann diese Situation.

„Einige von ihnen haben drei bis fünf Zentimeter lange Dornen. Die wollt ihr doch sicherlich nicht mit nach Hause nehmen."

Ich griff mir ein am Fahrzeug hängenden Rest, eines abgerissenen, mit Dornen besetzten Zweiges und betrachtete die langen, mit Widerhaken versehenen Spitzen mit gemischten Gefühlen. Mein lieber Mann, wer da hinein geriet, der kam sicherlich nur raus mit Totalschaden. Das Minimum wäre eine zerfetzte Jacke. Also, Aufpassen! Das war im Moment die Regel Nummer eins.

Auf enger, kurvenreicher Strecke ging es dem Tal entgegen. Die kurze Dämmerungsphase lag hinter uns, und es wurde stockdunkel. Nur die beiden Scheinwerfer durchdrangen Nacht und Finsternis. Ihre Lichtkegel sprangen im Takt der durchfahrenen Schlaglöcher auf und nieder und zogen für wenige Augenblicke Gebüsch und Sträucher ins grelle Licht der

Scheinwerfer. Sie verwandelten das blattlose Dornengestrüpp rechts und links des Weges, in silbergrauschimmernde, bedrohlich wirkende Monsterbüsche, die uns ihre mit Horrorkrallen ausgestatteten Fangarme entgegenwarfen.

Doch irgendwann löste sich das Szenario auf, der Weg wurde breiter, die Schlaglöcher verschwanden und wir rollten auf den letzten asphaltierten Metern zum Start- und Zielpunkt unserer Pirschfahrt, des Mountain Zebra Nationalparks.

Etwas durchgefroren, aber mit vielen neuen Erlebnissen bestückt, verschwanden wir alle sofort in unseren schmucken Häuschen, die weit auseinandergezogen neben der Straße lagen, aufgereiht, wie auf einer Perlenkette. Nach dem Abendessen und der fast zur Gewohnheit gewordenen Flasche Wein, nahm ich ein heißes Bad, um dann ohne Unterbrechung durchzuschlafen, bis mein bestellter telefonischer Weckdienst zu nerven begann und meine Nachtruhe beendete.

Zum Tsitsikamma NP über Port Elizabeth

Heute verließen wir das Hochland, fuhren Richtung Süden. Ziel war der Tsitsikamma Nationalpark. Die 2 000 Höhenmeter der Berglandschaft hinter uns lassend führte uns der Weg zur Küste runter. Je näher wir dem Ozean kamen, umso wärmer wurden die Temperaturen. Nach etwa fünfstündiger Fahrt erreichten wir Port Elizabeth (PE), Badeort, Hafen und zugleich größte Stadt im östlichen Kapland, mit vielen Parks und sorgfältig restaurierten alten Häusern.

Auf einem kleinen Parkplatz   direkt am langen Sandstrand unterbrachen wir für zwei Stunden die Weiterfahrt. Den Bus verlassend, überquerten wir die Uferpromenade und landeten vor einem großangelegten, parkähnlichen Einkaufszentrum. Wer wollte, konnte hier etwas einkaufen, oder bummelte nur neugierig durch die vielen Läden mit einem breitgefächerten Angebot und einem nahtlosen Übergang von Geschäft zu Geschäft.

„Etwa 770 Kilometer östlich von Kapstadt entfernt lag Port Elizabeth in der Provinz Eastern Cape von Südafrika. Gegründet wurde es 1820 zwischen einigen Hügeln und dem Meer, an der heutigen Nelson Mandela Bay. Die Gründung der Stadt stand im engen Zusammenhang mit dem wachsenden Einfluss der Engländer am Kap.

1799 ließen sie hier das Fort Frederick errichten, mit dem Ziel, die rebellischen Burengemeinden im Hinterland besser kontrollieren zu können. Der englische Einfluss am Kap wuchs von da an immens. Viele Engländer, die wegen der Industrialisierung in ihrer Heimat Not und Elend erleiden mussten, entschlossen sich zur Auswanderung. Wie schon erwähnt, gingen 1820 die ersten 4 000 britischen Siedler in Algoa Bay bei Port Elizabeth an Land.

Besonders beliebt und bekannt waren für Touristen die wunderschönen, weißen, langen Sandstrände. P.E., mit seinen zurzeit mehr als eine Million Einwohner, zog sich mehr als 16 Kilometer an der südafrikanischen Küste entlang, wobei die Sandstrände teilweise fast im Stadtzentrum lagen. P.E. rühmte sich, Südafrikas Stadt mit den meisten Sonnentagen zu sein."

Auch unser zweistündiger Aufenthalt wurde intensiv von der Mittagssonne begleitet. Zum Glück hatte ich meine Jacke im Auto gelassen, denn jetzt kam die Sonne so richtig durch. Die letzten Fasern, sich auflösender Wolkenfetzen verschwanden im Nichts und ein strahlend blauer Himmel wölbte sich über alles. Dementsprechend kletterten die Temperaturen nach oben. Wem es zu warm wurde verschwand in den Wandelgängen der zusammenhängenden Einkaufscenter, oder genoss im Schatten eines Gartenrestaurants ein tiefgekühltes Bier.

Ich erwarb beim Einkaufsbummel ein paar Kleinigkeiten für zu Hause, und umrundete anschließend einen in der Anlage künstlich angelegten See. Alles war eine perfekt gestaltete, wunderschön farblich aufeinander abgestimmte Wohlfühloase. Schmale Brücken verbanden kleine, in den See gestreute Inseln miteinander. Wohin man auch blickte, standen Bäume, Sträucher und lückenfüllende Blumenrabatten in voller Blüte. In einem der vielen, direkt am Ufer liegenden Kaffeegärten, fand ich ein Plätzchen zum Verschnaufen und genoss den warmen Frühlingstag im Schatten riesiger, alles überspannender Sonnenschirme. Keine Frage, hier ließ es sich aushalten.

Wie immer, rannte mal wieder die Zeit viel zu schnell von dannen. Zwangsweise räumte ich mein gemütliches Plätzchen und beugte mich dem Zeitdruck der Weiterfahrt.

Am späten Nachmittag erreichten wir unser heutiges Ziel, verbunden mit einer Übernachtung im Storms River Restcamp. Wieder mal hatte sich das Wetter verändert. Eine raue Küstengegend empfing uns mit Sturm und Regen. Windböen peitschten uns ins Gesicht und so schnell wie möglich verschwanden wir mit unserem Gepäck im Hauptgebäude zum Check in.

Der 1964 entstandene Tsitsikamma National Park zog sich hin über einer Länge von fast 70 Kilometer, zwischen Natur's Valley und Oubosstrand. Das gesamte Schutzgebiet erstreckte sich über 5000 ha und umfasste bizarre Klippen, einsame Strände und tiefe zerrissene Schluchten. Hohe Niederschlagsmengen speisten zahlreiche Flüsse und Bäche, ein Reich voller üppiger Vegetation. Die zerklüftete Berg- und Küstenlandschaft, der Wasserreichtum der Flüsse und der Urwald des Tsitsikamma lockten besonders die Wanderfreunde an. Hier begannen auch die zwei beliebtesten südafrikanischen Wanderwege, der Otter- und der Tsitsikamma Trail.

Der Otter Trail führte etwa 42 Kilometer am Küstenstreifen entlang, vom Storm's River nach Natur's Valley. Hier konnte man Wale, Robben, Delfine und natürlich Fischotter beobachten und alles verpackt in einer einmalig zerklüfteten Küsten- und Berglandschaft. Festes Schuhwerk war hier eine für alle geltende Grundvoraussetzung.

Der Tsitsikamma Trail wand sich etwa 60 Kilometer durch das Hinterland und war relativ leicht zu erwandern. Die Route führte durch Wälder und Hochflächen der Tstsikamma Mountains. Die freien Flächen waren oft von der typischen Fynbos Vegetation, mit unzähligen Erika- und Protea-Sorten bewachsen. Das Kap-

Florenreich war das kleinste, trotzdem aber das artenreichste der Welt mit der größten Konzentration von Pflanzenarten. Es gab hier 600 verschiedene Erika-Arten, im Rest der Welt nur 26. Unterwegs konnte man in der urwaldähnlichen Landschaft die bis zu 800 Jahre alten Yellowwoodbäume bestaunen.

Zum Check in im Camp-Hauptgebäude versammelt, standen wir alle vor dem Rezeptionsschalter und warteten auf die Schlüsselvergabe.

„Wer denn möchte, kann jetzt zur Hängebrücke laufen. Den Weg könnt ihr nicht verfehlen. Der mit Knüppelholz ausgelegte Pfad beginnt gleich hinter dem Gebäude."

Sich wieder der Rezeption zuwendend, fügte er noch hinzu:

„Das Einchecken dauert noch eine Weile. Die Camp-Dame hat nichts vorbereitet. Ich werde euch hier erwarten."

Dieser ein Kilometer lange Wanderweg zum Storms River hinüber, begann hier im Camp. Der Pfad schlängelte sich durch den immergrünen Wald an der Küste entlang und war mit unzähligen Stichwegen bestückt zum Meer runter. Kurz vor dem Storms River ging es links zur Strandloper Cave, in der bereits vor 130 000 Jahren Steinzeitmenschen gelebt haben sollen. Nicht weit davon entfernt führte eine lange Hängebrücke über den Storms River, von der aus man einen wunderbaren Blick in die tiefe Schlucht und aufs nahe Meer hatte.

Diese Überlegungen gingen mir durch den Kopf. Folgte ich Trautmanns Vorschlag die Hängebrücke aufzusuchen, oder ließ ich die Finger davon? Bei schönem Wetter wäre das bestimmt ein lohnender Spaziergang. Doch heute dominierten Sturm und Regen, die mit der einsetzenden Dunkelheit gepaart, keine zwanzig Meter Sichtweite garantierten. Nein! Das musste ich mir nicht antun. Das draußen hinwegziehende Mistwetter erleichterte mir die Entscheidung. Ich zog es vor im Restaurant zu bleiben.

Die Gelegenheit nutzend, schrieb ich einige Ansichtskarten Richtung Heimat. Die Zeit überbrückend blätterte ich im südafrikanischen Reiseführer herum, während einige unserer Reisegruppe sich nicht vom Regen abschrecken ließen, einen Spaziergang zur Mündung des Storms Rivers anzutreten und der dazugehörenden Hängebrücke. Na dann viel Spaß! Die

Vorstellung, jetzt da draußen durch Sturm und Wind zu stapfen, überstieg meine Opferbereitschaft um ein Vielfaches. Alles musste man ja auch nicht mitmachen.

Von allen Zurückgebliebenen etwas mitleidig belächelt, dauerte es nicht mal eine Stunde und unsere Wanderfreunde fanden sich wieder ein zur gemeinsamen Schlüsselübergabe. Vom Wind- und Wetter Trail mächtig durchgeschüttelt, standen sie durchgefroren, durchgenässt und mit völlig eingesauten Klamotten am Eingang der Rezeptionshalle und säuberten sich gegenseitig, so gut es ging. Einige schräge Bemerkungen wurden einfach ignoriert, denn etwas anderes hatte man ja in diesem Falle auch nicht erwartet. Wer den Schaden hatte, brauchte ja bekanntlich für Spott nicht zu sorgen.

Den Haustürschlüssel endlich in der Tasche, wurden wir zu den Unterkünften transportiert, da das schlechte Wetter keinen Fußmarsch zuließ. Hier im „Storms River Restcamp" waren dies schmucke, rustikale Blockhütten, die weit auseinandergezogen, unmittelbar am Küstenstreifen lagen. Nur ein schmaler Schotterweg trennte die Hütten vom zerrissenen Uferbereich. Dort donnerten unablässig hohe Wellen über aufgetürmte Stein-Barrieren hinweg. Aufgepeitschter Gischt und vom Wind mitgerissene Schaumkronen flogen bis zur Straßenmitte.

So schnell wie ich konnte verschwand ich unterm Eingangsvorbau, meine beiden Koffer hinterherziehend. Im Wohn- und Schlafbereich der Blockhütte führte mich mein erster Weg zum Heizkörper unterm Panorama-Fenster, den ich bis zum Anschlag aufdrehte. Schon nach zehn Minuten drosselte ich den Wärmetransport um fünfzig Prozent, da das Zimmer sich schneller erwärmte, als ich annahm.

Irgendwie vom draußen wütenden Unwetter angezogen, ging ich vorm Schlafen gehen nochmals zum Ufer runter. Voller Respekt beobachtete ich den kochenden Ozean und die vom Wind aufgetürmten Wellenberge, die den Küstenstreifen mit brutaler Kraft bombardierten. Wie klein und unbedeutend war doch der Mensch im Angesicht solch exzessiver Naturgewalten.

Einkaufszentrum in Port Elizabeth

Eingang Tsitsikamma Nationalpark

Mein nächtlicher Ausflug endete etwas unsanft mit einer nasskalten Gischt-Dusche, die ich auf meinem bisherigen Beobachtungspunk so nicht erwartet hatte. Das war mir dann doch zu viel Zuwendung. Ich ging schlafen. Allerdings wurde ich nachts mehrmals munter vom Brandungsgetöse und einer aufdringlich knarrender Holzverkleidung am Blockhüttenaufgang. Entschädigt wurde ich am kommenden Morgen mit einem fantastischen Ausblick auf den grollenden Ozean. Mein Bett stand vor dem großen Panoramafenster und ermöglichte mir von hier aus eine ungestörte Sichtung ungezähmter Naturgewalten. Ein exzellentes Schauspiel, wild und unberechenbar. Nicht schlecht! Solch ein Tag musste auch mal sein, hautnah eingebunden hatte er auch seinen Reiz und sorgte für Abwechslung.

Von Bungee Jumper und stinkenden Robben

Wie schon des Öfteren passiert, änderte sich das Wetter urplötzlich, wenn man nicht damit rechnete. So auch heute Morgen. Kaum hatten wir die „Wilde Küste" vom Tsitsikamma National Park verlassen, kam nach einer Stunde die Sonne zum Vorschein, ließ sich nicht mehr vertreiben. Knysna, die Perle an der Garden Route, war unser Endziel am Abend. Doch dazwischen lag ein langer Tag mit den unterschiedlichsten Aktivitäten, vielen Besichtigungs-Stopps und lehrreichen Wanderungen im nahen Küsten-Naturschutz-Gebiet.

Umringt von dichten Wäldern unterbrachen wir unsere Fahrt auf einem kleinen Parkplatz und folgten Trautmanns Einladung, mit ihm einen Ausflug in eine urwaldähnliche Landschaft zu unternehmen. Auf der anderen Bus Seite begann ein informativer Wanderlehrpfad, einer von vielen Verbindungswegen zwischen dem Otter- und Tsitsikamma Trail.

Auf schmalen, mit Knüppelholz und Brettern ausgelegten Wegen, passierten wir problemlos ein ansonsten undurchdringliches Dickicht im unteren Bereich und ein Hochwald mit Jahrhunderte alten Baumriesen, deren Blätterdach in schwindelerregender Höhe alles überdeckte. Sonnenstrahlen hatten hier keine Change bis zum Boden durchzudringen. Vor den gewaltigen Urwaldriesen, den Yellowood- Ironwood- und Stinkwoodbäumen standen Informationstafeln mit Hinweisen auf Alter, Höhe und Umfang. Überall hingen Lianen herunter, Kletterpflanzen wanden sich aufwärts und Moose, Farne und Pilze bildeten den Untergrund der unterschiedlichsten- ineinander verschlungenen Strauchgewächse.

Die Bäume mochten noch so alt werden, doch irgendwann endete auch für sie der Kreislauf des Lebens. Sie starben ab, brachen altersschwach auseinander oder kippten einfach um. Dort wo sie landeten blieben sie liegen, um langsam zu verfaulen. In den hineingerissenen Lichtschneisen wuchsen neue Bäume nach, und der ewige Kreislauf begann von vorn.

Staunend umrundeten wir einen 800 Jahre alten Urwaldriesen, einen Yellowwood-Baum. Mit neun Meter Stammumfang und knapp vierzig Meter Höhe, ein beachtlicher Gigant und Primus, hier im größten zusammenhängenden Hochwald Südafrikas.

Um eine gute Sicht auf typische Dschungellandschaften zu gewährleisten, wurden vereinzelte Stellen etwas ausgelichtet ohne den Wald zu zerstören. Ansonsten griff der Mensch nicht ein, überließ alles der Natur, und das war gut so.

Unser einstündiger Rundgang endete schließlich am Bus, und die Fahrt ging weiter übers Küstenplateau hinweg, durch Nadelholzplantagen und Mischwälder hindurch, bis hin zur Bloukrans Bridge.

Diese Brücke war mit ihren 216 Metern die höchste der Garden Route und ein Eldorado für Bungee Jumper. Dieses gigantische Bauwerk überbrückte eine zauberhaft zerklüftete Schlucht und wurde seit kurzem von Bungee Springern aus der ganzen Welt genutzt, um ihren Adrenalinausstoß nach oben zu treiben.

Lange Zeit war die Victoria Falls Bridge in Simbabwe, mit ihren 111 Metern, die höchste Bungee-Jumps Brücke der Welt. Nun hatte sich alles nach hierher verlagert. Die verrücktesten Typen aus allen Ecken der Erde stürzten sich für 500 Rand, einschließlich T-Shirt, Drink und Video, über 200 Meter in die Tiefe.

Wir nutzten natürlich die Gelegenheit und besuchten eine für diesen Zweck errichtete Aussichtsplattform. Hier konnte man den Sprung als Zuschauer verfolgen. Jedes Mal ging ein Raunen durch die Reihen, wenn ein neuer Kandidat sich mit weit ausgebreiteten Armen und lautem Schrei auf den Lippen, in die Tiefe stürzte, unten ankam und mit gleicher Geschwindigkeit wieder über hundert Meter nach oben schoss.

Um Gottes Willen, da wurde mir ja schon Schlecht beim Zuschauen. Nicht für eine Million Euro würde ich mich an so ein Seil hängen lassen. Na ja, das ginge auch nicht, da vorab die gesamten Sprünge für die nächsten sechs Monate vergeben waren.

„Leute, wir müssen weiter!" Trautmann wies zum Parkplatz rüber, drängelte zum Aufbruch.

„Die Zeit sitzt uns im Nacken. Wir sind zum Mittagessen angemeldet und müssen dort pünktlich sein."

Die Weiterfahrt erfolgte über die Bloukrans Bridge hinweg, Richtung Plettenberg Bay. Noch einmal hatten wir die Gelegenheit den Weg der Springer zu verfolgen. Von der über zweihundert Meter hohen Absprungs Bühne aus betrachtet, bis zur unter uns vorbeiziehenden Talsohle hinunter.

Nach halbstündiger Fahrt erreichten wir unser Ziel, die Plettenberg Bay, ein Zentrum der „Garden Route". Das Restaurant lag am langen Sandstrand einer idyllisch gelegenen, lagunenartigen Bucht. Auf Stelzen stehend, schob es sich in den Indischen Ozean hinein, bot uns und allen anderen Gästen, Dank der Panoramafenster, einen fantastischen Blick auf Strand, Bucht und Ozean. Das Mittagessen wurde hier fast zur Nebensache, in diesem futuristisch aussehenden Restaurant mit seinen gläsernen Außenwänden, inmitten einer Traumlandschaft.

Die Portugiesen entdeckten 1576 diesen Landstrich und gaben der Bucht den Namen Bahia Formosa (Schöne Bucht) und das zu Recht. Erst 1778 gründete die holländische Vereinigte Ostindische Kompanie in der Bucht einen kleinen Ort, mit geschützten Hafen und verschiffte von hier aus hauptsächlich Holz nach Kapstadt.

Damals konnte man noch recht einfach Grundbesitz erwerben. Der neue Ort erhielt später seinen Namen nach dem damaligen Cape-Gouverneur Joachim van Plettenberg. Damals setzte der Gouverneur nur einen Markierungsstein in den Sand, und schon war das ganze Gebiet für die Niederländisch-Ostindische Kompanie in Besitz genommen.

Ende des 19. und zu Beginn des 20. Jahrhundert entstanden dann auch einige Walfangstationen, die aber bald wieder aufgegeben wurden. So auch eine norwegische Walfanggesellschaft, die von 1912 bis 1920 hier zu Hause war. Danach wurde Plettenberg Bay schnell zum Tummelplatz der Wohlhabenden aus Kapstadt und Johannesburg. Auch heute noch lebte der Ort vom exklusiven Tourismus. Normalerweise hatte der Ort etwa 10 000 Einwohner, doch in den Sommerferien wurde Plettenberg zusätzlich von über 50 000 Feriengästen besucht. Zielstrebig entwickelte sich der Ort mit seinen zwanzig Kilometer langen, feinsten Sandstränden, zur südafrikanischen Riviera.

Doch Plettenberg war nicht nur Badeort. Viele Sehenswürdigkeiten außerhalb der Hotel-Pool-Zonen und Liegewiesen, lagen in unmittelbarer Umgebung oder waren schnell auf der weiterführenden Garden Route zu erreichen. Neben Beacon Island, Signal Hill, Keurbooms River Nature Reserve und Monkeyland, war auch Robberg Island Nature Reserve ein absoluter Geheimtipp. Und genau dort wollten wir hin, zum Robbberg Island.

Gestärkt vom Mittagessen begann unsere mehrstündige, mittelschwere Wanderung am südlichen Ende der Plettenberg Bay. Einige Kilometer entfernt, im unberührten Naturreservat einer etwa 175 Hektar großen Sandstein-Halbinsel, befand sich das letztgenannte Robberg Island Naturschutzgebiet.

Unweit des Parkeinganges lag die sogenannte Nelson Gave, eine Höhle, in denen bereits vor 100 000 Jahren Menschen wohnten. Im Jahre 1630 strandete hier in der Bucht ein portugiesisches Schiff. Die an Land gespülten Seefahrer mussten fast ein Jahr ausharren, bis man sie fand. Neben der Höhle bauten sie sich Hütten und berichteten später, das in ihr immer noch Ureinwohner, die Khoi-Khoi lebten.

363

Während im Norden der Halbinsel die Klippen schroff und steil ins Meer abfielen, liefen sie flach aus im Süden. Unser eingeschlagener Wanderweg zog sich an der Steilküste entlang, an einer Robbenkolonie und einem 145 Meter hohen Leuchtturm vorüber und endete nach dem überqueren einer 100 Meter hohen Sanddüne am Eingangsportal.

Richtig interessant wurde es oben auf der Steilküste. Unterhalb lagerten jede Menge Robben auf flachen Felsvorsprüngen, nahe dem Wasser. Ihr rüpelhaftes Benehmen beim Kampf um die besten Liegeplätze, sorgte für lautstarken Protest und nichtabreißende Raufereien untereinander.

„Pfui, das stinkt ja penetrant!" Vom Aufwind getragen, zogen massive Geruchswolken ihrer Ausscheidungen zu uns herauf. Ohne Vorwarnung umgab uns ein beißender Gestank.

„Das ist ja richtig ätzend."

Schützend hielten einige ihre Nase zu und beeilten sich aus dem Geruchsfeld herauszukommen. Und das war gar nicht so einfach. Der schmale Trampelpfad oben am Steilküstenrand, war nur hintereinander gehend passierbar, ohne jede Ausweichmöglichkeit. Doch dann wechselte die Windrichtung, stoppte den übereilten Abmarsch und der weite Ozean lag wieder geruchsfrei im Fokus unserer Betrachtungen.

Plötzlich schallte Trautmanns elektrisierender Ruf:

„Dort sind Wale!", über uns hinweg und alle Ferngläser wurden zum begehrten Objekt. Walbeobachtungen waren in Südafrika überall an den Küsten möglich, zwischen Mai und November. Wir alle hatten jetzt die gesuchten Ziele im Visier und registrierten jede ihrer Bewegungen im unter uns liegenden Ozean.

Ich fand, es war immer ein Erlebnis diese Tiere zu sichten, ihren Weg beim Auftauchen, oder als dahingleitender Schatten unterhalb der Meeresoberfläche zu verfolgen, zumal wir hier oben am Rande der Steilküste einen Logenplatz belegten und weit in den Indischen Ozean hineinblicken konnten.

Als hätten die Tiere begriffen, was man von ihnen erwartete, schossen die tonnenschweren Kolosse nach oben, sprangen wechselseitig halb aus dem Wasser und klatschten mit voller Wucht zurück, das es hoch aufspritzte. Das Glück war heute auf unserer Seite und die Show der Wale, eine eindrucksvolle Vorführung. Wir waren mal wieder zur richtigen Zeit am richtigen Ort.

Wie lange wir dem Robbengetöse lauschten und dem Treiben der Wale und Delfine folgten, konnte ich nicht nachvollziehen. Erst nach einem erneuten Wechsel der Windrichtung und dem nachfolgenden Geruchs- Cocktail einer intakten Robbenkolonie, folgten wir freiwillig im Eiltempo dem weiterführenden Wanderweg, über die nun vor uns liegende Sanddüne hinweg und hinunter zur flachen Südküste.

Immer dem Uferweg folgend, standen wir nach einer knappen Stunde vor dem Ausgangspunkt unserer Rundwanderung, dem Parkplatz mit Bus und einem vom Fahrer vorbereiteten Obst-Menü zum Erfrischen. Nach dieser willkommenen Stärkung fuhren wir weiter nach Knysna, einem populären Seebad. Unser dortiges Übernachtungshotel (Knysna River Club), lag direkt am Strand einer 21 Hektar großen Lagune am Indischen Ozean. Eingeschlossen war der Ort von dichten Nutz- und Regenwäldern, bis rauf nach Plettenberg. Knysna war, genau wie Plettenberg Bay ein beliebtes Reiseziel für südafrikanische Urlauber, auf Grund der wunderbaren Lage am Meer.

In Knysna ging es zu wie im alten Europa. Die charmante Stadt, mit vielen Künstlern, Bars, Ferienhäusern und interessanten Geschäften, lag eingebettet zwischen einem Bergwald und einer großen Salzwasser-Lagune, die 2004 zum Nationalen Naturdenkmal erklärt wurde.

In der Lagune lagen zwei größere Inseln, die mittels Landbrücken mit dem Festland verbunden waren. Eine extrem lange Eisenbahnbrücke, nur für einem Dampfzug vorbehalten, führte mitten durch die Bucht.

Dann gab es noch etwas Besonderes in Knysna, der niedrige Salzgehalt durch Mischwasser in der Lagune. Hier strömte vom Indischen Ozean aus, bedingt durch den Gezeitenwechsel, zwei Mal täglich Wasser in die Bucht. Nun floss aber auch von den Quteniyua-Bergen ständig Frischwasser hinzu, vermischte sich natürlich und drückte den Salzgehalt nach unten.

Wal-Beobachtung auf Robberg-Island

Hohe Sanddünen am Küstenstreifen

Diese Bucht war bei Fischern, Boots- und Wasserskifahrern gleichsam beliebt. Immer empfehlenswert war eine Fahrt mit kleinen Booten, Jachten oder sogar Hausbooten, die man anmietete. Hier konnte man störungsfrei abhängen und relaxen.

Um diese Atmosphäre beim Sonnenuntergang aufzusaugen, besorgte ich mir nach dem Abendessen drei Flaschen Bier aus der Restaurant-Bar, und verzog mich nach unten ans Ufer der Lagune. Um diese Zeit war ich hier völlig allein. Ein schräg übers Wasser hinausragender Baumstamm bot eine ideale Sitzmöglichkeit. Eine Astgabel als Rückenlehne nutzend, saß ich bequem auf meinem Hochsitz und genoss, vom leisen Wasserspiel unterwandert, die absolute Stille vor Ort. Nur ab und zu klapperten meine im kalten Wasser deponierten Bierflaschen im Sog der Wellen, beim Zusammenstoß.

Derweilen war es dunkel geworden. Die Lichtquellen der anliegenden Uferregionen warfen ihre Duplikate ins Wasser und leuchteten auf in allen Farbschattierungen. Die Lichter der Nacht tanzten flimmernd auf den Wellen der Lagune, und ein bis zum Horizont reichender klarer Himmelsbogen, gespickt mit einem tausendfach funkelnden Sternenmeer, wölbte sich über eine traumhaft schöne Küstenlandschaft.

Ein angenehm warmer, vom Wasser herkommender Nachtwind, strich sanft übers Ufer hinweg. Leicht säuselnd zog er durchs Geäst, der hinter mir stehenden Büsche und Sträucher.

An diesem Abend war mein Zeitgefühl abhandengekommen. Wie lange ich hier saß, konnte ich nicht nachvollziehen. War eigentlich auch völlig egal und unwichtig. Was bedeutete schon Zeit, in solch einem Augenblick der inneren Ruhe.

Von Swellendam zum Tafelberg

Nun standen wir zum letzten Mal zwischen unseren Gepäckteilen vor dem abfahrbereiten Bus und verstauten diese so nach und nach im offenstehenden Kofferraum. Unsere Rundreise endete heute in Kapstadt, eine der schönsten Städte der Welt.

Zwischen all den Koffern und Taschen schnurrte uns ein dreibeiniger, zerzauster Perserkater um die Beine, hoffte wahrscheinlich auf ein paar Streicheleinheiten. Da niemand reagierte, humpelte er stolz erhobenen Hauptes ins angrenzende Parkgelände hinein, ohne uns eines weiteren Blickes zu würdigen.

Heute schien alles etwas ruhiger zu laufen, weniger hektisch. Man ließ es langsamer angehen, stand vor dem Bus, ohne einzusteigen und niemand wusste warum es so ablief. Sogar Trautmann, der ansonsten immer zum Aufbruch drängelte, saß gemütlich in der Morgensonne, beobachtete solange unser Treiben, bis alle im Bus verschwunden waren. Schließlich folgte er uns nach drinnen, zählte vorsichtshalber nochmal durch, um sicher zu sein, dass alle drin saßen. Dies schien der Fall zu sein, denn er kam wieder nach vorn und griff zum Mikrofon.

„Heute liegt eine längere Wegstrecke vor uns", begann er seine Durchsage und verschwand hinter seiner Sitzecke.

„Bis Kapstadt sind es fast 450 Kilometer. Das heißt, wir können es uns im Bus bequem machen. Eine zweistündige Pause legen wir in Swellendam ein. Dort könnt ihr etwas Essen, Trinken oder den Ort besichtigen. Das lohnt sich auf jeden Fall, denn euch erwarten zahlreiche, sehr gut erhaltene historische Gebäude im Kap holländischen- und viktorianischen Stil."

Ohne weiter darauf einzugehen, schob Trautmann sein Mikrofon beiseite und begann in einem Sportjournal herumzublättern. Irgendwie hatte jetzt jeder etwas anderes zu tun, denn nach und nach verstummten alle Gespräche.

Während der Bus Knysna verließ und auf die Fernverkehrsstraße 1 Richtung Kapstadt einbog, griff ich zum Reiseführer. Ich versuchte auf der eingebundenen Landkarte, den vor uns liegenden Straßenverlauf zu verfolgen, mit all den zu durchfahrenden Ortschaften. Leider war diese dafür viel zu klein.

Nur die größeren Städte waren eingetragen und abweichende Straßenführungen fehlten gänzlich. Da ich mir die weitere Lektüre sparen konnte, schob ich das Buch beiseite, zog die Schuhe aus und machte es mir so bequem wie möglich. Fast gänzlich in meiner Kuschelecke verschwunden, versuchte ich nach mehrmaligem Gähnen einfach zu Schlafen. Das schien auch zu klappen, denn das einschläfernde Summen des Motors wurde nach und nach immer leiser. Keine fünf Minuten später war ich weggetreten.

Erst beim Stopp in Swellendam wurde ich munter. Mich aufrappelnd, sah ich neugierig nach draußen. Ein strahlend blauer Himmel lag über dem Ort. Flimmernd sickerte die Frühlingssonne durch Baumkronen hindurch und überflutete mit ihren warmen Strahlen, die reichlich mit Blumen ausgestatteten Vorgärten, rechts und links der Straße.

Den Bus verlassend, zogen wir in kleinen Gruppen durch den nicht allzu großen Ort, ohne ein bestimmtes Ziel vor Augen. Zwei Stunden Zeit war mehr wie genug, die drittälteste Stadt im Süden Afrikas zu entdecken.

Etwa 220 Kilometer von Kapstadt entfernt, schmiegte sich Swellendam an die Hänge des Langeberg-Massivs. Umgeben war die Stadt von fruchtbarem, sanft gewelltem Agrarland, durch das sich malerisch der Breede River schlängelte. Swellendam wurde bereits 1746 vom damaligen Gouverneur der Kap-Provinz, Hendrik Swellengrebel und seiner Gemahlin Helene ten Damme, gegründet und war, wie schon erwähnt, die drittälteste Stadt in Südafrika.

Zahlreiche Gebäude im Kap holländischen und im viktorianischen Stil zeugten vom reichen historischen Erbe der Stadt. Besonders sehenswert waren die Drostdy, die alte Landvogtei aus dem Jahre 1749 und eine prachtvolle niederländisch-reformierte Kirche im schneeweißen Gewand. Mehrere Gebäude, die entlang der mit Eichen bestandenen Hauptstraße standen, stammten noch aus den Gründertagen ab 1747 und waren aufwendig restauriert. In vielen waren stilvolle Bed & Breakfast-Herbergen untergebracht.

Swellendam mit seinen alten Kap Holländischen Bauwerken

Das es mindestens eine deutsche Gemeinde in der Region Swellendam gab, war an einem Café ersichtlich. Dort hing am Eingang ein Firmenschild auf dem „Südwester Stübchen" zu lesen war, eingerahmt mit aufgemalten Bierfässern mit der Aufschrift: „Windhoek Draught – dem guten Bier aus Namibia – gebraut nach dem bayerischen Reinheitsgebot." Hier konnten wir nicht vorüber eilen, ohne einzukehren. Im Kaffeegarten fanden wir reichlich Platz zur Bierverkostung. Und das Getränk war wirklich gut – kühl und schmackhaft. Nach und nach trudelten auch die anderen Reisegefährten ein und füllten die restlichen Kaffeegartenplätze. Die Zeit verrann – wir mussten zurück zum Bus, denn der zweistunden Stopp war abgelaufen. Nach kurzer Anwesenheitskontrolle ging es zügig weiter, Richtung Kapstadt.

„Wir ändern unseren heutigen Reiseablauf", meldete sich Trautmann nach einem längeren Telefonat zu Wort.

„Sofort nach Ankunft in Kapstadt fahren wir auf den Tafelberg und erst danach ins Hotel zum Einchecken. Zurzeit ist der Berg wolkenfrei und die Sicht auf Stadt und Küstenbereich sehr gut. Das ist leider nicht immer so. Das Wetter dort oben ist nicht vorhersehbar. Wird es schlecht, ist der Berg von Wolken verhangen, und die Sicht dort oben gleich Null. Die eigentlich für heute geplante Stadtrundfahrt verschieben wir auf einen anderen Termin, auf morgen oder übermorgen. Das ist nicht weiter schlimm. Doch heute müssen wir das schöne Wetter ausnutzen und den Tafelberg erkunden."

Uns sollte es Recht sein. Wir hatten natürlich nichts dagegen einzuwenden und fuhren nach Ankunft in Kapstadt direkt zur Seilbahnstation. Die Fahrt ging quer durchs Stadtzentrum hindurch, zum Fuße des 1 086 m hohen Tafelberges.

Schon seit die ersten Seefahrer das Kap der Guten Hoffnung passierten, galt der Berg als Wahrzeichen, welches bei gutem Wetter noch in 200 Kilometer Entfernung vom Meer her, auszumachen war. Für alle ein Zeichen der Hoffnung auf Wasser, Lebensmittel und Schutz nach langen Wochen auf See. Die ersten Bewohner am Kap nannten den Berg „Hoen", was so viel wie Meeresberg bedeutete.

371

Im Jahre 1503 wurde er von einem portugiesischen Admiral Antonio de Saldanha auf den Namen „Tabao do Cabo – Tafelberg getauft. Er war sicherlich der erste Europäer, der den Berg bestieg. Bis heute heißt das Wahrzeichen Kapstadts daher Table Mountain – Tafelberg. Erst 1652 ging der Gründer von Kapstadt, Jan van Riebeck, in der Tafelbergbucht an Land und errichtete die Versorgungsstation für die East Indian Company aus Holland.

Diese Eroberung war der Startschuss für die Entwicklung von Kapstadt und Südafrika. Seit diesem Zeitpunkt hatten die Einwohner eine besondere Beziehung zum Tafelberg, der ihre Stadt ihr unverkennbares Aussehen gab.

Die Ersteigung des Tafelberges war nie einfach und nur wenige Einwohner Kapstadts konnten sich damals mit dieser Leistung rühmen. Das Wahrzeichen der Stadt auch auf leichte Art und Weise zu bezwingen, war schon lange ihr Wunsch. 1870 wurde eine Seilbahn zum Gipfel des Tafelberges vorgeschlagen, doch der Bau vom Anglo-Boer Krieg verhindert. 1912 wollte die Stadtverwaltung den Bau der Seilbahn weiterführen, doch der 1. Weltkrieg kam dazwischen und die Pläne wurden begraben.

Erst 1926 folgte die Umsetzung der Planung und drei Jahre später eröffnete die Seilbahnstation. Bis zum heutigen Tag blieb die Bergbahn ein Anziehungspunkt für Urlauber und den Bewohnern von Kapstadt.

Der Tafelberg-Nationalpark wurde 2006 von der UNESCO zum Weltkulturerbe erklärt, und gehört seit 2011 zu den sieben Weltwundern unserer Erde. Sein flacher Gipfel ist fast drei Kilometer lang und liefert eine atemberaubende Aussicht auf Kapstadts Umgebung. Dieser majestätische Berg war aus allen Richtungen sichtbar. Hier oben hatte man ein Panorama von 360°. Über kurze und lange Wanderwege von der Bergstation aus, konnten Besucher die ansässige Tier- und Pflanzenwelt erkunden und einen herrlichen Blick auf den azurblauen Atlantik zur Tafelbergbucht und False Bay genießen.

Doch größtenteils war der Gipfel eingehüllt in eine von Südost über den ganzen Berg kommende und darüber hinwegrollende Wolkenformation, die von aufstrebenden Winden dort oben festgehalten und als Tischdecke des Tafelberges bezeichnet wurde.

Selbstverständlich konnte das Phänomen der Tischdecke durch eine meteorologische Erklärung gestützt werden. Die feuchtigkeitsbeladenen Wolken im Südosten prallten gegen den Berg und stiegen auf. Bei einer Höhe von etwa 900 Metern erreichten die Winde die kälteren Schichten der Luft, und Wolken bildeten sich. Diese Wolken rollten über den Berg und fielen zur Stadt hinunter. Durch aufstrebende Winde wurden die Wolken wieder auf den Table Mountain zurückgebracht. So entstand eine Art Tischdecke, die sich über den Berg ausbreitete. Bei der Beobachtung dieses Phänomens war man der Meinung, dass die Wolken den Berg verschlingen werden, was jedoch sehr selten geschah, da in der Regel die Winde dafür sorgten, dass die Tischdecke am Bergland stehen blieb.

Wer nach oben laufen wollte, da gab es für sportliche Besucher ca. 350 unterschiedliche Wanderwege zum Gipfel des Tafelberges hinauf – von einfachen, sogar für Kinder geeigneten, bis hin zu schwierigen Aufstiegen. Schwere Strecken sollte man nicht ohne einen erfahrenen Bergführer erklimmen.

Da war natürlich die Auffahrt mit der Seilbahn wesentlich bequemer. Auch Zeitmäßig gab es für uns keine andere Alternative. Den Tafelberg mit der Seilbahn zu befahren war ein besonderes Erlebnis. Seit 1997 gab es neue Gondeln, direkt aus der Schweiz geliefert, die bald den Spitznamen „Fondue-Topf" von den Einwohnern erhielten. Diese modernen Gondeln drehten sich während der 7-minütigen Auffahrt um ihre eigene Achse und ermöglichten so einen herrlichen Rundblick auf die Umgebung von Kapstadt.

Wie schon angedeutet, wählten wir die Gondelauffahrt. Die Wartezeit am Einstiegsportal dauerte überraschenderweise nicht all zu lange. Schon 15 Minuten später stand ich mitten im runden, mit Panoramafenstern ausgestatteten Kabinenraum, mit weiteren 65 Fahrgästen eng beieinander und die Auffahrt begann. Zwei dieser Gondeln hingen an den beiden 1 200 Meter langen Stahlseilen, von der Bodenstation ausgehend, bis zum Gipfel des Tafelberges. So konnte der Auf- und Abtransport gleichzeitig vonstattengehen. Auf halber Strecke trafen sich dann die beiden rotierenden Aussichtsterrassen vor einer über 500 Meter hohen, zerklüfteten Sandsteinwand. Die entgegenkommende Gondel war ein begehrtes Fotomotiv aller Insassen, vor dem steilen Bergmassiv.

Beim Verlassen der Gondel pfiff uns oben auf dem Plateau ein kalter Wind um die Ohren und starke Böen zottelten an unseren Sachen herum. Fröstelnd zog ich die mitgenommene Jacke über und brachte mein Schlapphut vom Krügerpark in Sicherheit. Dieser wäre mir garantiert davongeflogen. Ihn im Rucksack verstauend, entschied ich mich, einem neu angelegten Wanderweg zu folgen, immer am Plateaurand entlang. Auf der mit Farbmarkierungen gekennzeichneten Strecke, passierte ich nach und nach neun strategisch günstige Aussichtspunkte mit Blick auf Stadt und Umgebung. Von hier aus konnte man sehr gute Luftaufnahmen machen, vorausgesetzt, das Wetter war so schön wie heute.

Beim Blick nach Süden lag die Kap-Halbinsel vor unseren Füßen ausgebreitet und rechter Hand die „12 Apostel", eine lange Bergkette, die sich an Südafrikas Atlantikküste entlang zog. Dann sah man auch noch auf den „Lions Head", einer der Hausberge vom Tafelberg und dem sich anschließenden „Signal Hill" an der Atlantikküste, mit herrlichem Panorama auf „Mandelas Robben Island".

Auf einem über die Abbruchkante hinausragenden Aussichtspunkt stehend, leuchtete die 1 000 Meter unter uns liegende, und vom Sonnenlicht überflutete Stadt in allen Farben auf - verbreitete eine ganz besondere Atmosphäre. Was für eine fantastische Aussicht. Alles war klar erkennbar, bis hin zum Horizont.

Unter uns lag Kapstadt, eine der schönsten Städte der Welt, der dicht umbaute Hafen und die zu den Bergen sich hinziehenden, schachbrettförmig und grau in grau angeordneten Vororte, von Fernstraßen durchschnitten. Es war schon beeindruckend, dieses bildgewaltige Panorama – ein Kilometer unter uns. Das Klicken der Kameras wurde vom Wind entführt und die auf erhöhten Felsvorsprüngen um uns herumsitzenden oder stehenden Besucher, genossen die fantastische Aussicht jeder für sich allein.

Mit der Seilbahn auf den Tafelberg – mit Blick auf Kapstadt

Ein letzter Blick nach unten …

… und schon geht es wieder abwärts mit der Seilbahn

So zog die Zeit ins Land und mein markierter Wanderweg endete vor dem Tafelbergrestaurant, gleich neben der Gondelstation. Um dort einzukehren, fehlte mir die Zeit. Der dreistündige Aufenthalt hier oben neigte sich dem Ende entgegen. Ein letzter Blick auf das hinter mir liegende Plateau mit seinen kilometerlangen Wanderwegen und den an den Abbruchkanten liegenden einzigartigen Aussichtspunkten. Mein Besuch endete am regulierenden Absperrgitter der nach unten führenden Seilbahnstation. Von kalten Windböen geschoben, fand ich nach kurzer Zeit ein Platz im Innern der Gondel, die uns zur Talstation zurück brachte.

Durch den zeitlich verschobenen Ablauf bedingt, erreichten wir erst am späten Nachmittag unser Protea Hotel „Sea Point". Zentral gelegen, unweit der belebten Uferpromenade, war dieser Standort ein idealer Ausgangspunkt für abendliche Spaziergänge, Einkaufstouren oder einem Restaurantbesuch mit Weinverkostung in der Victoria & Alfred Waterfront, einem Vergnügungsviertel mit exklusivem Einkaufszentrum. Nach der üblichen Zimmeraufteilung hielt uns nichts mehr im Hotel. Kapstadt lag uns vor den Füßen, die Mutter aller Städte am Fuße des mächtigen Tafelberg Massivs, inmitten eines Nationalparks von außergewöhnlicher Schönheit und umgeben von zwei Weltmeeren mit herrlich ausgedehnten Sandstränden.

Ich schloss mich zwei Teilnehmern unserer Reisegruppe an, zum Bummeln durchs abendliche Kapstadt. Sich vom Fußgängerstrom treiben lassend, schoben wir uns langsam durch einige Geschäftsstraßen hindurch, verglichen Auslagen und Preise oder beobachteten das bunte Treiben um uns herum voller Interesse.

Irgendwann gelangten wir in die Long Street, eine der ältesten und längsten Straßen im Stadtkern. Sehenswert waren die zahlreichen viktorianischen Gebäude mit ihren kunstgeschmiedeten, und aufwendig restaurierten Balkongittern.

Die Long Street war eine lebendige, bunte Straße zum entlangschlendern, vorbei an Antiquitäten-, Bücher- und Kunsthandwerkläden, Galerien, Clubs und Diskotheken. Zahlreiche Pubs, gemütliche Cafés und Restaurants mit afrikanischer, indischer und internationaler Küche umwarben die Straßenpassanten und luden ein zum Verweilen.

Da wir unseren Ausflug mit einem Abendessen abschließen wollten, landeten wir irgendwann auf dem Straßenbalkon eines indischen Restaurants. Da die Deutung und Analyse der Speisekarte nicht so richtig funktionierte, akzeptierten wir den Vorschlag des uns hinterhereilenden Restaurantleiters, die Spezialität des Hauses zu bestellen. Beim ersten Schweißausbruch wurde mir bewusst, worauf wir uns hier eingelassen hatten.

„Mein Gott ist das scharf!" Mit zusammengeschobenen Papierservietten tupfte ich den hervorbrechenden Schweiß von Stirn und Nacken und verschaffte mir Kühlung mit der 11-seitigen Speisekarte. Auch meine beiden Tischnachbarn kämpften mit dem gleichen Problem. Sie hechelten nach frischer Luft und ihre sonnengebräunten Gesichter glänzten vom herabrinnenden Schweiß in allen Rotschattierungen.

„Dem Koch ist bestimmt das ganze Curry-Pulver ins Essen gerutscht", röchelte mein Nachbar zwischen zwei Schluck Bier, und betrachtete widerstrebend den scharf gewürzten Fleischberg vor seiner Nase.

„Der Boss muss uns missverstanden haben, bei der Frage, ob wir scharf oder weniger scharf gewürzt essen wollen! Wenn das hier weniger scharfes Essen sein soll, dann kann ich mir beim besten Willen nicht vorstellen, wie hier scharfes Essen schmecken soll? Das muss ja fürchterlich sein, zumindest für unsere Geschmacksnerven mit mitteleuropäischer Orientierung."

Zum Glück war nur das erste Fleischgericht so scharf gewürzt. Alle anderen sechs Menügänge entsprachen unseren Vorstellungen, versöhnten und verwöhnten uns mit köstlichen Spezialitäten der indischen Küche. Dazu zählten gebackene Bananen in Bienenhonig, oder mit allerlei Wildfrüchten gespickte, eingerollte Eierkuchen. Verschiedene Obst- und Gemüsesalate garnierten eine Reis-Fischpfanne, verziert mit essbaren Blütenknospen. Damit diese Kalorienbombe auch ja nicht ihr Ziel verfehlte, schloss der Reigen ab mit Sahnetorte, Milchkaffee und einem Schälchen mit frischen Erdbeeren.

„Uff, ich kann nicht mehr." Übersättigt schob ich mein Geschirr Richtung Tischmitte, trank mein Bier aus und bestellte ein Neues beim Personal. Die Schweißausbrüche halbierten sich und verschwanden nach einer Stunde völlig. Wir blieben lange auf dem Balkon sitzen und genossen die warme Frühlingsnacht, mit Blick auf die Dächer angrenzender Straßen. Ein nicht enden wollender Strom von Autos und Menschen zogen unter uns vorüber. Scheinwerfer flackerten auf und ganze, mit flimmernder Leuchtreklame bedeckte Hauswandflächen, verwandelten alles um uns herum in ein buntes Lichtermeer.

Von der Pinguin-Kolonie zum Kap der Guten Hoffnung

„Na, wie viel Filme hast du schon voll?" Sebastian, ein Reiseteilnehmer, der schräg unter mir auf dem Beifahrersitz saß, und den schönsten Platz im Bus mit freier Sicht nach allen Seiten erwischt hatte, verfolgte neugierig das Beschriften meiner Filmdosen. Digitale Kameras gab es damals zwar schon, doch alles steckte noch im Anfangsstadium. So musste man sich also mit genügend Filmrollen eindecken, wollte man den Zukauf in fernen Ländern vermeiden, um eventuellen Qualitätsverlust zu vermeiden.

„Das war die Nummer 25." Die Filmrolle einsteckend fuhr ich fort: „Ab jetzt muss ich kürzer treten, habe nur noch vier Filme. Und die müssen reichen!"

„Ganz so viel sind es bei mir noch nicht." Sebastian beäugt abschätzend seinen prall gefüllten Filmbeutel und fügte hinzu: „Was nicht ist, kann aber noch werden." Lachend hielt er seine Kamera nach oben und sah unternehmungslustig nach draußen.

Sebastian war genauso ein fotoverrückter Kerl wie ich. Sich gegenseitig stimulierend, suchten wir ständig nach guten Motiven. Auch wenn wir dabei auf allen Vieren herumrutschen mussten, um fündig zu werden.

Ausreichend Gelegenheit dazu erhielten wir schon beim ersten Stopp der heutigen Kap-Halbinsel-Tour, im Kirstenbosch Botanical Gardens. Ironischer Weise benannt nach dem ersten holländischen Holzfäller, der hier aktiv wurde, Johann Frederick Kirsten. Er erstreckte sich an den Osthängen des Tafelberges, und bot auf Grund der unterschiedlichen Höhenlagen einer Vielzahl von Pflanzen des südlichen Afrikas, einen idealen Lebensraum.

Der Garten bot, ernsthaften Botanikern, interessierten Hobby-Gärtnern und allen Erholungssuchenden, angenehme Stunden. Neun von zweiundzwanzig Tausend im südlichen Afrika existierenden Pflanzen, waren hier zu besichtigen. Jetzt im Frühling blühte immer irgendetwas im Garten. Das war die beste Jahreszeit in Kirstenbosch. Die Natur explodierte förmlich, und überzog die Landschaft mit einem Blütenteppich in allen Farbnuancen. Dichte Wälder leuchteten im satten Grün an den majestätisch nach oben strebenden Hängen des Tafelberges, standen im Kontrast zur goldbraunen Farbe der baumlosen Bergwände.

Viele Fotomotive schrien förmlich danach, entdeckt zu werden. Überall klickten die Auslöser, denn hinter jeder Wegbiegung lauerten neue Überraschungen. Ein gläsernes Schauhaus war ein Neubau, mitten im 500 Hektar großen Park-Gelände, mit Sukkulenten und Kakteen aus Afrika. Im Mittelpunkt stand ein großer Affenbrotbaum.

Am Ende des Rundganges hatte ich wieder mehr Fotos geschossen als eingeplant. Diese Überproduktion musste ich beim nächsten Stopp unbedingt ausgleichen. Mir blieb nichts anderes übrig, als meine Fotomotive etwas wählerischer auszusuchen, ansonsten müsste ich doch noch neue Filme kaufen, und das wollte ich ja unter allen Umständen vermeiden.

Unser nächstes Ziel war einer der schönsten Strände der Kap-Halbinsel, südlich von Simons Town. Diese kleine Bucht erhielt ihren Namen nach den großen abgerundeten Felsen. Zwischen den riesigen Granitblöcken luden zwei wunderbare Sandstrände zum Verweilen und Baden ein. Diese gewaltigen Granitfelsen reichten weit ins Meer hinein und gaben ihm seinen Namen: „Boulders".

Neben Sand und Meer bot der Traumstrand ein weiteres Highlight. Hier lebten Afrikanische Brillen-Pinguine, seit 1985 geschützt, in einer Kolonie zusammen. 1983 fand man unter einem windgeschützten Busch, oberhalb des Strandes ein einsames Pinguin-Pärchen. Mittlerweile hatten sich diese Beiden vermehrt und andere Pinguin-Familien angezogen, so dass heute bereits etwa 3 000 Tiere an diesem kleinen Strandabschnitt lebten.

Die schnelle Vermehrung löste bei den Anwohnern allerdings nicht nur Freude aus, da sie teilweise enormen Lärm ausgesetzt waren. Sobald es auf Simons Town dunkel und ruhig wurde, begann eine kleine Invasion. Auf den Straßen, Parkplätzen, Hinterhöfen, Gärten und auch in manchen Wohnungen fanden sich die Pinguine ein, und legten sich, wo sie konnten zur Ruhe, oder sogar ein Nest an. Doch mehr als vertreiben durften die Anwohner sie nicht, da die fast vom Aussterben bedrohten Afrikanischen Brille-Pinguine mittlerweile unter Artenschutz standen.

Vom Parkplatz aus schlängelte sich ein geteerter Wanderweg dorthin, vorbei an schmucken Ferienwohnungen. Über ausgeschilderte Holztreppen führend, gelangte man zum Strand hinunter, ohne den Tieren zu nah zu kommen. Rechts und links saßen Pinguine im Gebüsch, putzten sich eifrig oder dösten im Schatten der Sträucher. Unsere Anwesenheit schien nicht zu stören. Einige kamen sogar neugierig bis zum Holzsteg gewatschelt, um uns zu begutachten. Da stellte sich für uns die Frage, wer hier wen beobachtete.

Unten am Strand ragten die glattgewaschenen Felsen aus dem Wasser, ein ständiger Anlaufpunkt vom Meer kommender, oder zum Ozean hinziehender Pinguine. Viele fütterten ihre Jungen und waren ständig mit Nahrungssuche beschäftigt.

Gruppenweise machte man sich auf den Weg, einer hinter dem anderen her watschelnd. Elegant tauchte man vor der Brandung weg, kam dahinter wieder zum Vorschein, um dann ganz zu verschwinden. Andere lagen faul am Strand herum, oder putzten sich ohne Unterbrechung. Vom Fischfang zurückgekommen, sah es recht lustig aus, dieser aufrechte, hin- und herwogende Gang der schwarz-weiß-befrackten Gesellen.

Pinguin am Straßenrand

„Boulders" – Bucht der Pinguine und besuchter Badestrand

Alle Sonnenanbeter konnten sich hier getrost in den Sand legen oder ins Wasser begeben. Den Tieren schien es nicht zu stören. Im Gänsemarsch watschelte sie zwischen den Badegästen herum, ohne Aggressivität zu zeigen. Nur in der Brutzeit durfte man ihren Nestern nicht zu nahe kommen.

Gern wäre ich etwas länger bei den Pinguinen geblieben, doch das Wetter spielte nicht so richtig mit. Zwar schien die Sonne und ein strahlend blauer Himmel überspannte ein Postkartenmotiv, doch der äußere Schein war nur die angenehme Seite.

Unangenehm wurde es durch starke Sturmböen, die feinen Sand aufwirbelten. Vom Wind mitgerissen, klatschten uns die Staubkörner ins Gesicht, füllten Taschen und Beutel und beendeten somit alle Fotoaktivitäten zum Schutze der Kameras. Eine gewisse Zeit versuchte ich dagegen anzukämpfen, doch irgendwann wurde es mir zu viel. Ich bekam ein Schub Sand ins rechte Auge, konnte nur noch blinzeln. Das war eine äußerst unangenehme Situation, der ich mich stellen musste. Schneller als gewollt verschwand ich Richtung Parkplatz, die aufwärts führenden Holzstege hinter mir lassend.

Auf dem Weg dorthin, erwarb ich ohne lange herum zu feilschen, einen Wandteller mit Tafelberg-Motiv. Ich konnte es mal wieder nicht lassen. Zu Hause waren die Wände schon überreichlich bestückt mit solchen Erinnerung-Mitbringsels. Na ja, jeder von uns hatte so seinen Tick.

Wieder alle im Bus versammelt, ging die Fahrt weiter bis hin zum Kap der Guten Hoffnung, dem südlichsten Punkt der Halbinsel. Auf halber Strecke stoppten wir am Eingangsportal des dort beginnenden gleichnamigen Naturreservates. Ein Schlagbaum verhinderte die Durchfahrt. Die Eintrittsgelder waren fällig. Trautmann sprang nach draußen und löhnte das Wegegeld.

Auf schmaler Teerstraße rollten wir langsam durchs Reservat, dem Cape Point entgegen. Rechts und links der Straße stand niederes Gestrüpp, auch „Fynbos" genannt. Es war das Einzige was hier wuchs, begleitete uns bis zum Parkplatz.

Von hier aus sah man den Leuchtturm stehen, schräg über uns. Dort musste man hinauf, das war ein Höhepunkt jeder Kap-Halbinsel-Tour. Unten am Parkplatz standen ein Souvenirshop, ein

Info-Center und ein überteuertes Restaurant mit Außenterrasse. Am Info-Center begann ein befestigter, steiler Weg, mit über 120 Treppenstufen, der hinauf zum Leuchtturm führte. Alternativ konnte man auch mit einer Zahnradbahn gemütlich hinauf gelangen.

Ich wählte die Bahn und war fünf Minuten später oben auf der Station. Kaum hatte ich diese verlassen und trat ins Freie, wurde mir schlagartig bewusst, warum man den „Kap der Guten Hoffnung" vor seiner Umbenennung „Kap der Stürme" nannte. Von orkanartigen Windböen gepackt, wurde ich durchgeschüttelt und unbarmherzig nach vorn getrieben. Ungehindert donnerte der Sturm über alles hinweg, unterband jegliche Unterhaltung.

Die letzten Meter zum Leuchtturm hinauf, wurden zum Kraftakt. Notgedrungen stemmte ich mich im 45-Grad Winkel gegen die Windböen und musste verdammt aufpassen, dass ich nicht nach vorn fiel, falls der Sturm plötzlich aussetzen sollte. Langsam ging es Stufe für Stufe aufwärts. Vor mir flog einem älteren Herrn die Mütze davon und landete irgendwo unten in der steilen Felswand. Meine Kopfbedeckung hatte ich schon vorher im Rucksack verstaut, musste jetzt nur auf meine Kamera achten. Das war schon schwierig genug, unter diesen Bedingungen.

Endlich war es geschafft! Ich war oben angekommen, kämpfte mich einmal um den Leuchtturm herum. Fast andächtig genoss ich den fantastischen Rundblick am Ende der Welt, über den Atlantik, die Felsen Bay und die östliche Seite der Kap-Halbinsel, bis hinauf nach Muizenberg. Fotomotive vom Feinsten.

Hier oben fühlte ich mich wie neu geboren. Wahrscheinlich wurde man das auch, wenn man hier oben stand, klein, zerbrechlich und unbedeutend, inmitten tosender Naturgewalten. Obwohl der Sturm an meinen Sachen herumzottelte, mich am liebsten davongeblasen hätte, genoss ich uneingeschränkt den Augenblick der Freiheit und war dankbar für den Moment, dies erleben zu dürfen.

1488 entdecket als erster Europäer Bartolomeu Dias auf der Suche nach einem Seeweg nach Asien, das Kap. Sie gerieten hier in einen Sturm und nannten die Spitze der Halbinsel danach „Kap der Stürme", später von Heinrich dem Seefahrer, einem Portugiesen umbenannt, in „Kap der Guten Hoffnung".

Fortan wurde es als südlichster Punkt Afrikas gehandelt, wo sich die beiden Ozeane trafen. Doch diese Zuordnung war nicht richtig. Beides traf natürlich auf die 140 Kilometer südöstlich gelegene „Cape Agulhas" zu. Doch wer kannte schon Cape Agulhas, das interessierte hier niemand. Schon die ersten Seefahrer hatten dieses Kap als den Wendepunkt bezeichnet. Sobald das felsige, oft im Nebel verhüllte und sturmanfällige Kap der Guten Hoffnung umrundet war, wurde der Name zur Gewissheit. Man hatte es geschafft.

Eine weltbekannte Legende, „Der Fliegende Holländer", fand ebenfalls hier seine Wurzeln. Denn der Kapitän dieses holländischen Schiffes, Hendrik van der Decken, schwor 1680 bei stürmischer See, dass er das Kap umrunden würde, auch mit Hilfe des Teufels, wenn es denn sein müsse. Doch auch dieser konnte, oder wollte ihm nicht helfen, und der Fliegende Holländer verschwand ohne Spuren zu hinterlassen. Von nun an war er aber dazu bestimmt, immer wieder im Nebel aufzutauchen – fliegend und mit zerstörten Aufbauten und Segeln, um andere Seefahrer zu warnen oder zu erschrecken. Seither behaupteten immer wieder Seefahrer, das sagenumwobene Schiff gesichtet zu haben. Bis zum heutigen Zeitpunkt waren die Geschichten vom Geisterschiff in aller Munde.

So ziemlich vom Sturm zerzaust und unterkühlt, lenkte ich letztmalig den Blick Richtung Leuchtturm und Atlantik. Dieses Panoramabild tief im Gedächtnis eingebrannt, beendete ich den Ausflug und marschierte mit Rückenwind nach unten. Im Parkplatz-Restaurant „Two Oceans", fand ich anschließend ein freies Plätzchen vor einem der großen Panoramafenster, um meine angezapfte Körpertemperatur wieder auf Normalkurs zu bringen. Beim schmackhaften Mittagessen genoss ich den erstklassigen Rundblick auf einen schäumenden Ozean, ohne von einer Windböe weggetragen zu werden.

Nach dem Essen fuhren wir zur anderen Seite von Kap Point, zum meist fotografierten Punkt Südafrikas. Dort unten am Strand

Stürmisches Wetter am Kap der Guten Hoffnung

Einer der meistfotografierten Punkte Südafrikas

befand sich der offiziell südwestlichste Punkt des Landes, das Kap der Guten Hoffnung.

Wie schon erwähnt, hatte man hier natürlich geschummelt. Es blieb ein fiktiver Punkt, denn es gab ja noch „Cape Agulhas", das zurecht das Gleiche behauptete. Aber wem störte schon solch eine Zuordnung? Uns bestimmt nicht. Ein entsprechendes Hinweisschild hatte man direkt am Küstenabschnitt aufgestellt, um allen Besuchern die Gelegenheit zu geben, ein aussagekräftiges Erinnerungsfoto mitzunehmen. Obwohl ich von solch gestellten Fotos nicht allzu viel hielt, unterlag ich dem allgemeinen Sog und ließ mich ablichten. Jeder bemühte sich hierbei so schnell wie möglich die Aufnahmen einzufahren, denn das Wetter war hier genauso ruppig wie oben am Leuchtturm. Fauchend heulte der Sturm uns um die Ohren, zottelte wütend an aufgeblähten Hemden und Jacken herum und beglückte uns mit weit übers Ufer hinausgetragenen Gischt Wolken.

Schneller als vorgesehen verschwanden alle im Bus. Das war nun wirklich kein angenehmer Ort zum Verweilen. Hier kam sein alter Name, „Kap der Stürme" voll zur Geltung – der hier seinem Ruf alle Ehre machte.

Für den nun anstehenden Nachmittag hatte man zwei weitere Ziele eingeplant. Zuerst eine leichte Wanderung zum Wrack eines gestrandeten Schiffes, an den Ufern des Natur-Reservats und danach ein Fischerdorf-Besuch, zum anstehenden Sonnenuntergang.

Vom Schiffswrack war ich etwas endtäuscht. Viel größer und spektakulärer hatte ich mir das Ganze vorgestellt. Außer vom Sturm an Land geworfenen Netzen und verrotteten Holzbalken, ragten nur noch einige verrostete Schiffsrumpfteile aus dem Wasser heraus. Nur eine Frage der Zeit, bis diese letzten Skelette für immer verschwanden.

„Schaut mal her! Ich habe was gefunden."

Vorn am Wasser hielt jemand eine etwa 40 Zentimeter lange Languste nach oben und schmunzelte über den herumstrampelnden Fund.

„Die konnte nicht mehr abhauen. Ich war schneller."

Alles was Recht war, ein stattliches Exemplar. Einige von uns, ich eingeschlossen, äußerten ihre Hintergedanken bei diesem Anblick, und sahen in ihr ein vorzügliches Abendessen. Doch heute hatte die Languste Glück – wanderte nicht in den Kochtopf, sondern ins Meer zurück.

Unser nächster Anlaufpunkt, das angekündigte Fischerdorf, war ein Postkartenmotiv. Im Schutz der Berge lag der Ort halbrund um die Bucht gezogen. Die komplett weißgestrichenen Gebäude leuchteten hell in der Abendsonne, standen im Kontrast zum Goldbraun der steilen Bergwände. Viele schnittige Jachten, Fangschiffe und andere Boote lagen im Hafen vor Anker, leicht schlingernd, im Takt der Wellen.

Die letzten Strahlen der Abendsonne tanzten übers Wasser und verfärbten die Spiegelbilder aller Schiffe in ein flimmerndes Rot, mit ständig wechselnden Farbnuancen. Drei bis vier Farbtöne krochen an den Berghängen aufwärts, langsam verdrängt vom schattenwerfenden Sonnenuntergang am Rande des Ozeans.

Diesen Tagesausflug beendeten wir gemäßigten Schrittes bei einer Hafenumrundung und versuchten dabei die Stille und Schönheit des Ortes in uns aufzunehmen.

Als wir im Hotel ankamen, war es schon stockdunkel. Schnell sprang ich unter die Dusche, zog neue Sachen an und eilte zum Abendessen auf die Restaurant-Terrasse. Gutes Essen und schmackhaftes Bier zum Nachspülen, besser konnte man den Tag nicht abschließen, zumal es der letzte Abend in Südafrika war.

So verrann die Zeit bei Bier, Musik und Unterhaltung. Irgendwann hatte ich genug, hielt Ausschau nach der Bedienung, doch die war nirgendwo zu sichten. Doch dafür kam etwas anderes, womit niemand gerechnet hatte. Ein fliegender Sonnenschirm sorgte für helle Aufregung, der krachend auf unserem Tisch landete.

Mit einem filmreifen Hechtsprung brachte ich mich reflexartig in Sicherheit und vernahm in der ein Meter entfernten Blumenrabatte sitzend, das Splittern und Klirren zerbrochener Biergläser, auf und unter den beiden zusammengeschobenen Tischen. Mich aufrappelnd betrachtete ich den fliegenden Übeltäter zwischen all dem Durcheinander.

„Mein Gott, was war denn das?"

Der Schreck war allen in die Glieder gefahren. Das konnte man den ungläubig blickenden Gesichtern entnehmen. Zum Glück war keinem am Tisch etwas passiert. Nur das weggeschwemmte Bier und die davon eingeweichten Hosenbeine und feuchten Jackenärmel waren zu beanstanden.

Das gewichtige Fluggerät kam von oben. Eine Windböe hatte den geöffneten Sonnenschirm aus seiner Halterung gerissen, und von einer über uns liegenden Terrasse herabstürzen lassen.

Plötzlich waren alle Kellner wieder da, standen um uns herum und begannen aufzuräumen. Auch der Geschäftsführer kam herbeigeeilt und entschuldigte sich mehrmals für diesen unliebsamen Zwischenfall. Wir wurden an einen anderen Tisch umgesetzt und erhielten neue Getränke auf Kosten des Hauses.

Für kurze Zeit waren wir Mittelpunkt des Geschehens, sorgten für den nötigen Gesprächsstoff. Da keine Gegenstände mehr auf uns herabstürzen wollten, wurde es nach und nach wieder ruhig an den Tischen. Abgebrochene Gesprächsthemen wurden weitergeführt und unterbrochene Bedienungsabläufe wieder aufgenommen.

Meine Gedanken kreisten um den morgigen Rückflug nach Deutschland. Das ließ sich nicht mehr verdrängen. Die Zeit rannte unerbittlich davon, am Ende immer schneller als am Anfang einer Rundreise.

Soweit dies vom Terrassenrand aus möglich war, wanderte mein Blick über das hellerleuchtete Kapstadt hinweg. An den Wänden der gegenüberliegenden Häuser tanzten die Lichter im wechselnden Farbenspiel auf und ab, wurden von den Glasfassaden reflektiert und vom nächtlichen Firmament aufgesaugt.

Der letzte Tag im Regenbogenland

Nun war es endgültig so weit, der letzte Urlaubstag war angebrochen. Ich beglich meine aufgelaufenen Telefongebühren an der Rezeption, rollte meine beiden Koffer zum Bus und verstaute diese zum letzten Mal im unteren Gepäcklager. Mit einiger Verspätung rollten wir vom Parkplatz des zentralgelegenen Protea Hotel „Sea Point", und starteten zu der auf heute verlegten großen Stadtrundfahrt.

Kapstadt, auf Englisch Cape Town, wurde von vielen als schönstes Ende der Welt bezeichnet und war weit mehr als die älteste Stadt Südafrikas. Die zwischen dem Atlantik im Westen und dem Indischen Ozean im Osten liegende Metropole wurde von ihren Bewohnern und den Gästen geliebt, wegen ihrer Schönheit und Attraktivität. Geschützt vom gewaltigen Massiv des Tafelbergs und eingerahmt von „Devil's Peak", „Signal Hill" und „Lions Head", war Kapstadt einstmals ein lebenswichtiger Zufluchtsort für Seeleute.

Aus dem einstigen Gemüsegarten, den der Kap Gouverneur Jan van Riebeeck Mitte des 17. Jahrhunderts am Fuße des Tafelberges anlegen ließ, um die an Mangelernährung leidenden Seeleute mit Vitaminen zu versorgen, entwickelte sich eine pulsierende Metropole.

Mitten im Zentrum der Stadt, am „Heritage Square", begann unser Spaziergang. Wir bummelten durch die Long Street, Kapstadts älteste Einkaufsstraße, mit wunderschönen alten Häusern, dessen Balkone ein bisschen an New Orleans erinnerten, bis zum Company Garden hinunter, der grünen Lunge Kapstadts. Genau hier lag früher Riebeecks Gemüsegarten. Ein Teil dieses Geländes wurde in einen botanischen Garten umgewandelt, lud ein zu einem Spaziergang zwischen exotischen Pflanzen und alten Baumbeständen. Hier konnte man es aushalten, im Schatten großer Bäume, und dabei den kleinen grauen Eichhörnchen zuschauen beim herumtoben. Viele historische Gebäude und Museen befanden sich in der Nähe, luden ein zum Besuch.

An bunten Blumenständen vorbeibummelnd, erreichten und besichtigten wir eine der ältesten Kirchen Südafrikas, die Groote Kerk. Diese Kirche gehörte dem Holländisch reformierten Glauben an. Sie wurde 1665 als erstes Mutterhaus der niederländisch-reformierten Kirche in Südafrika gegründet. Sie beherbergte die größte Orgel im Land, die dort 1950 installiert wurde.

Auf der anderen Straßenseite, gleich gegenüber, lag das Kulturmuseum, mit hochinteressanten Exponaten zur Stadtgeschichte. Das 1679 als Unterkunft für 600 Sklaven errichtete Gebäude, diente von 1810 bis 1967 als Sitz des obersten Gerichtshofes. Heute beherbergte das Südafrikanische Kulturmuseum Werkzeuge, Schriftstücke, Zeichnungen, Bilder und Möbel aus den Jahren der Kolonialzeit. Verschiedene Waffen erinnerten an die brutalen Kriege gegen die Besatzer. Besonders interessant war die Besiedlung durch die Holländer und die Entstehung Kapstadts, verbunden mit der Aufarbeitung der Seefahrt-Geschichte am Kap.

Besonders erwähnenswert war neben den vielen, hier dicht aneinandergedrängten Museen, das baulich wunderschön anzuschauende Parlamentsgebäude. Es wurde 1885 eröffnet und später mehrmals erweitert. Hier tagte das Parlament halbjährlich, von Januar bis Juni. Mit breitem Säulenportal ausgestattet, leuchtete es schneeweiß in der Morgensonne, ein anziehender Blickfang für alle Parkbesucher.

Eigentlich war es völlig egal, wo man sich in Kapstadt aufhielt. Im Hintergrund dominierte immer das Wahrzeichen der Stadt, der alles überragende Tafelberg. Heute Vormittag, von Nebel und Dunstglocke verhüllt, riss der Vorhang nur ab und zu für wenige Sekunden auseinander, gab den Blick frei auf Teile des Bergmassivs. Im Nachhinein konnte man Trautmann nur gratulieren, den Tafelbergbesuch auf den Ankunftstag verschoben zu haben, denn heute ständen wir dort oben im Nebel, während wir hier unten bei angenehmen Temperaturen und Sonnenschein, das Tafeltuchphänomen entspannt beobachten konnten.

Ein völlig anderes Kapstadt erwartete uns in der Oberstadt, dem „Bo-Kaap", dem Viertel der Muslime. Es gehörte zu den kulturell und historisch interessantesten Teilen von Kapstadt.

Viele der Bewohner waren Nachfahren der im 17. Und 18. Jahrhundert von der Holländisch-Ostindischen Handelskompanie aus Indonesien, Sri Lanka, Indien und Malaysia verschleppten Sklaven. Viele waren muslimischen Glaubens, andere wurden zum Islam bekehrt. Bis heute konnten die Muslime ihre Identität bewahren. Als geschickte Handwerker wurden sie gebraucht und geschätzt.

Stil und Aussehen der Kap Holländischen Häuser stammten größtenteils von ihnen. Sie verlangten und bekamen sogar Lohn für ihre Arbeit, als Sklaven recht ungewöhnlich. Mit dem verdienten Geld ließen sie sich an den Hängen des Signal Hill nieder und gründeten Bo-Kaap. Das alte Malayen Viertel mit seinen engen, steilen Gassen, schlicht verzierten Handwerkerhäusern, Moscheen und Minaretten erstreckte sich von der Buiten Gracht Straße bis hinauf zum Signal Hill. Es wurde restauriert und farbenfroh gestrichen. Das Viertel strahlte eine eigene Atmosphäre aus, hervorgehoben durch die kopfsteingepflasterten kleinen Gassen, seinen Moscheen und vor allem durch die reichlich verzierten und pastellfarbenbemalten Häuser. Man fühlte sich irgendwie versetzt nach Nordafrika, nach Tunesien oder Marokko.

Und weiter ging es an Banken und monströsen Glaspalästen vorüber, rauf auf die palmengesäumte Heeresgracht, einer breiten Zubringerstraße Richtung Waterfront.

Nach Riebeeck's Landgang 1652, gab es auf dem heutigen Hafengelände nur eine langgezogene Bucht mit flachen Sand- und Kiesstränden, später dann einen nur für die Ruderboote benutzbaren Holzsteg. Erst Anfang des 19. Jahrhunderts wurde der Holzsteg wegen seiner häufigen Beschädigungen oder Zerstörungen, dann gegen einen kleinen Steinpier ersetzt.

Bei einem heftigen Sturm 1865 wurden innerhalb weniger Tage 18 Schiffe in der Table Bay zerstört und weitere stark beschädigt. Nach diesem schmerzlichen Ereignis begann man mit dem Bau eines geschützten Hafenbeckens und innerhalb von drei Jahren wurden große Landflächen, durch Aufschüttungen, dem Meer abgerungen und das neue Bassin errichtet.

Das 1870 fertiggestellte erste geschützte Hafenbecken, wurde zu Ehren des Prinzen, Alfred Bassin genannt. Das 1905 geschaffene zweite Becken erhielt den Namen seiner Mutter, Victoria Bassin. Bis Mitte der 1930 er Jahre wurden hier die meisten Güter Kapstadts umgeschlagen, dann genügten die Becken den Anforderungen nicht mehr. Man baute östlich davon die größeren Duncan- und Schoeman-Docks. Mit deren Fertigstellung verloren die alten Becken rapide an Bedeutung und verkamen regelrecht. Lange Zeit war es ein heruntergekommenes und verdrecktes Hafengebiet. Prostitution und Verbrechen waren zu dieser Zeit an der Tagesordnung.

Wo sich heute die „Alfred & Victoria Waterfront" ausbreitete, begann man 1988 mit den Umbauarbeiten, entschlossen, die alten Becken wieder zum Leben zu erwecken. Heute war es mit seinen zahlreichen Geschäften, Boutiquen Restaurants und Hotels, eines der beliebtesten Ziele in Kapstadt.

Alle historischen Gebäude wurden detailgetreu restauriert, oder im alten Stil neu errichtet. Zum Beispiel wurde ein altes Lagerhaus in eine Shopping Mail umgewandelt, im Pumpenhaus befanden sich heute Restaurants und im ehemaligen Gefängnis war ein Hotel untergebracht. Innerhalb von wenigen Jahren verwandelte sich der Hafen zu einem lebendigen Vergnügungsviertel mit Kinos, Kneipen und dem „Two Oceans Aquarium".

Die Tatsache, dass dieser Bereich schon bald aus allen Nähten platzte, führte ab Mitte der 1990 Jahre dazu, immer weiter in die Peripherie zu bauen. Ständig kamen neue Hotels und Restaurantprojekte dazu. Wer zehn Jahre nicht hier war, fand sich nicht mehr zurecht.

Am Hafen angekommen verließ Trautmann als Letzter den Bus und bat um Aufmerksamkeit.

„Wir haben jetzt zwei Stunden Zeit. Der Bus holt uns hier wieder ab."

Auf das gegenüberliegende Einkaufszentrum weisend, fuhr er fort:

„Viel Spaß beim Einkaufen und Bummeln. Wenn irgendetwas sein sollte, findet ihr mich im Café hinter der Drehtür. Und denkt daran, seid pünktlich. Auf uns wartet noch eine Weinverkostung im ältesten Weingut Kapstadts."

Na dann los. Meine Mütze aus der Tasche angelnd, marschierte ich langsam am Hafenbecken entlang. Das weitläufige Gelände wollte erkundet werden. Alle anderen waren schon irgendwohin verschwunden. Fischerboote liefen laut blubbernd im Hafen ein und aus. Überall an den Anlegestellen lagen pompöse Jachten, Ausflugsdampfer, Tragflächenboote und einfache Hausboote vor Anker. Man konnte alles mieten, vom kleinen Motorboot angefangen bis hin zur 20 Millionen Dollar-Jacht. Na ja, das dafür benötigte Kleingeld sollte man schon besitzen.

Am Maritime Museum vorbeischlendernd, stieß ich auf die Robinson-Graving-Docks. Auf dieser alten Schiffswerft wurden schon vor hundert Jahren Schiffe gebaut oder repariert. Auch heute noch wurde das Dock genutzt, obwohl die Hauptwerft einen Kilometer entfernt lag. Zumeist wurden Boote neu angestrichen und ab und zu beschädigte Hochseejachten repariert, die sich auf dem jährlich Kapstadt anlaufenden Segelrennen um die Welt befanden. Das Dock bestand aus einem Zementbett, das mit Hilfe einer vorgelagerten Schleusenanlage trockengelegt wurde.

Neben dem Nelson Mandela Gateway, wo täglich Fähren zur ehemaligen Gefängnisinsel fuhren, stand der rote Clock Tower. Dieser Uhrenturm zwischen Victoria und Alfred Bassin, galt für die Schiffe als Richtwert für die offiziellen Ein- und Auslaufzeiten. Auch der ehemalige Hafenkapitän im gegenüber liegenden Gebäude hatte ihn ebenfalls im Visier. So wurden Streitereien um Liegezeiten vermieden. Heutzutage war der Platz unterhalb des Turms den Seehunden vorbehalten, die sich dort im Wasser tummelten.

Da ich unbedingt das „Two Oceans Aquarium" an der Waterfront besuchen wollte, lenkte ich meine Schritte dorthin. Viel Zeit blieb mir nicht, nur etwa eine halbe Stunde. Dieser Besuch wurde für mich zu einem Highlight, einem unvergesslichen Erlebnis. Hier konnte man die Bewohner beider Ozeane (Atlantischer und Indischer), als auch die der

Süßwasserseen und Flüsse hautnah beobachten. Hier gab es mehr als 4 000 Fische von 300 Arten, in unterschiedlichen Aquarien zu bewundern, einen offenen Ozean-Pool, ein tropisches Becken sowie eines für Pinguine und Robben.

Besonders interessant fand ich ein über mehrere Stockwerke reichenden Tank, in dem Haie und andere von ihnen geduldete Fische ihre Kreise zogen. Es war schon ein wirklich bewegender Moment, nur durch eine Glaswand getrennt, einem Weißen Hai Auge in Auge blickend, gegenüber zu stehen.

In diesem Aquarium hätte man sich stundenlang aufhalten können, inmitten farblich ausgestrahlter Becken, vorbeiziehenden Fischschwärmen und ihren meterlangen Jägern. Doch meine Zeit war begrenzt. Mir blieb nur ein kurzer Moment des Kennenlernens. Sollte ich noch einmal in Kapstadt verweilen, stände ein Aquarium-Besuch an erster Stelle.

Draußen angekommen, folgte ich den wegweisenden Hinweisschildern einer Hafenumrundung, und bummelte im Schein der goldenen Mittagssonne gemächlich durchs geschichtsträchtige Areal.

Jetzt im September lief hier noch alles gemütlich ab. Es war Frühling und damit noch Vorsaison. Wer wollte fand überall einen Sitzplatz, musste nirgendwo anstehen und keine Touristenströme verhinderten einen ungestörten Erkundungsdrang.

Die Temperaturen lagen jetzt zur Mittagszeit bei etwa 26 Grad. In den spärlich besetzten Gartenlokalen, mit Sicht auf den Hafen, wurde man Dank stressfreier Kellner hervorragend bedient. Ob Gast oder Anwohner, jeder beschäftigte sich mit irgendetwas anderem. Man genoss die warmen Sonnenstrahlen, lies die Seele baumeln oder träumte einfach in den Tag hinein. Hier ein Eis essend, dort ein Cappuccino schlürfend, vollendete ich die Hafenumrundung in aller Ruhe und steuerte dem vereinbarten Treffpunkt entgegen.

Wieder im Bus, lag das allerletzte Ziel unserer Rundreise, der Besuch von „Groot Constantia", eines der ältesten Weingüter Südafrikas vor uns. Constantia war eines der nobelsten Wohnviertel von Kapstadt, lag an den Südhängen des Tafelbergs und war heute gleichzeitig die älteste Weinregion Südafrikas.

Hier bauten im Jahre 1685 „Simon van der Stel", der erste Gouverneur am Kap, versuchsweise verschiedenste Beeren- sowie Obstsorten an. Bald danach begann er mit der Produktion von Wein. Es wurde eine Eichenallee angelegt, deren Holz für die Weinfässer dienen sollte.

Da die europäischen Eichen aber am Kap zu schnell wuchsen, war das Holz dafür ungeeignet. So ist bis heute eine mächtige Eichenallee entstanden. Im selben Jahr legte Stel den Grundstein für ein prächtiges Gutshaus, im Kap-Holländischen-Stil. Später wurde die Farm verkauft und geteilt. Es entstanden die Weingüter, Groß- und Klein Constantia.

Zwischen 1790 und 1880 erlebte die Farm seine Blütezeit. Selbst Napoleon verlangte damals nach dem „Vin de Constance". Aber auch die durch Kriege versiegten Weinquellen in Europa, halfen dem Kapwein zum Erfolg.

Das Herrenhaus und der ebenerdig liegende Weinkeller, wie auch andere Gebäude, wurden im Kap Holländischen Stil errichtet – zählten zu den schönsten Beispielen dieser Architektur im Lande.

Im ehemaligen Herrenhaus war ein Museum aus den Gründerzeiten eingezogen. Aufwändig wurden Weinhaus und Weinmuseum restauriert und strahlten nun in alter Pracht. Neugierig nutzten wir die Gelegenheit, und durchstreiften diese altehrwürdigen Gemäuer.

Der Rundgang führte uns durch kühle Kellergewölbe, bestückt mit riesigen eingelagerten Holzfässern. Der weitere Weg zog sich durch alte und neue Produktionsanlagen hindurch, mit den dazugehörenden Abfüllstrecken.

Und das Schönste kam wie immer am Schluss – die obligatorische Weinverkostung, verbunden mit einem unverbindlichen Angebot, diese Weine in Deutschland zu erwerben. Einige Weinliebhaber nutzten die Gelegenheit und verhandelten mit der Dame des Hauses, über Mengen, Preise und Lieferbedingungen.

Weingut „Groot Constantia" – Herrenhaus

Weinkeller und Museum

Ich zog es vor nach der Weinverkostung die kühlen Gemäuer zu verlassen und genoss die warmen Sonnenstrahlen im herrlichen Parkgelände, bis die letzten Weineinkäufer heraustraten und Trautmann zum Aufbruch mahnte.

Jetzt war es wirklich so weit, die Rundreise endete heute am Flughafen, den wir ohne Fahrtunterbrechung aufsuchen mussten. In vier Stunden startete der Zubringerflug nach Johannesburg mit anschließendem Direktflug nach Deutschland.

Auf der Fahrt dorthin zog das andere Südafrika an uns vorüber. Hier sah man die Schattenseiten der Stadt. Auf zehn Kilometer Länge standen beidseitig der Straße die Elendsquartiere, Wellblechhütten soweit das Auge reichte, die berüchtigten Townships von Kapstadt.

Das älteste dort ansässige Township wurde im April 1927 gegründet und eines der jüngsten 1983. Die Entstehung und Entwicklung war auf das engste mit der Apartheid verbunden, war ein Produkt von ihr. Die Geschichte der Apartheid war alt, aber erst 1923 begann man sie zu untermauern. Dieses Gesetz teilte städtische Gebiete in Wohngebiete für Schwarze und Wohngebiete für andere ein. Den Schwarzen war Wohnsitz und Landerwerb nur noch in den ihnen zugewiesenen Territorien, Townships, möglich.

1952 wurde ein Gesetz erlassen, nachdem jeder Schwarze einen Pass haben und ihn jederzeit auf Verlangen vorzeigen musste. Wurde ein Schwarzer ohne Pass angetroffen, ging er direkt ins Gefängnis. Trotz allem strömten immer mehr nach Kapstadt, dem die Behörden bald nicht mehr gewachsen waren. Arbeit fanden sie damals nur noch, wenn es keinen Weißen, oder Colourid (Inder oder Chinesen) für den Job gab.

Da man für die Schwarzen keine Häuser baute, schossen östlich von Kapstadt illegale Wellblechsiedlungen wie Pilze aus dem Boden. Hier lagen und gediehen die Keimzellen des Schwarzen Widerstandes. Jahrzehnte lang versuchte die Regierung mit aller Macht diese Siedlungen zu verhindern und die Menschen zu vertreiben. Doch alle brutalen Aktionen blieben erfolglos. Hunderte kamen dabei ums Leben. Der Regierung blieb nichts weiter übrig, als das Unvermeidbare zu akzeptieren und die Lebensbedingungen langsam zu verbessern.

Nach Beendigung der Apartheid und dem Wegfall der beschränkenden Gesetze verstärkte sich nochmals die Landflucht. Nun holten sich die Wanderarbeiter auch ihre Familien in die Townships. Diese wuchsen rapide an. Jetzt wohnten über zwei Millionen Menschen in diesen Wellblechsiedlungen rund um Kapstadt.

Die Arbeitslosigkeit betrug 60 Prozent - blieb ein ernstzunehmendes Problem, dass es in den nächsten Jahren anzupacken galt. Trotz aller bestehenden Schwierigkeiten hatte sich in den wenigen Jahren nach der Apartheid schon viel verändert. Die Townships wurden mit Wasser und Strom versorgt und viele der Blechhütten durch feste Behausungen ersetzt.

Das klang zwar recht gut, war aber nur ein bescheidener Anfang. Für Außenstehende, die nie einen Township zu Gesicht bekamen, war das Leben dort ein Ort, weit weg jeder Vorstellungskraft. Für uns Europäer blieben diese Siedlungen menschenunwürdige Orte, unvorstellbarer Armut und nicht nachvollziehbarer Lebensqualität.

Aufmerksam musterte ich die vorbeiziehenden Wellblechsiedlungen und die dazwischenliegenden Neubauten. Langsam schien sich das Leben in den Townships zu normalisieren. Hoffnung auf eine bessere Zukunft wurde zum Motor, und der Wille zum Aufbruch war allerorts zu spüren. Der schwierige Start war gelungen und die Strecke abgesteckt. Innerlich war ich fest davon überzeugt, Südafrika war auf einem guten Weg, würde die Zukunft meistern.

All diese Gedanken kreisten mir im Kopf herum, je näher wir dem Flughafen kamen. Drei Wochen Studien-Wanderreise lagen hinter uns, vollgepackt mit Informationen zu den unterschiedlichsten Themen. Land und Leute waren uns näher gekommen, inmitten einer grandiosen, ständig wechselnden Landschaft.

Ob nun die Gebirgswelt der Drakensberge, die fantastischen Buschlandschaften der Nationalparks mit den „Big Five", der gewaltige Blyde River Canyon, die herausragende Gastfreundschaft in den Königreichen Swaziland und Lesotho, die Walbeobachtungen an den endlosen Küsten des Indischen und

Abschied am Flughafenschalter

Rückflug über Johannisburg nach Deutschland

Atlantischen Ozeans, die „Garden Route" mit den Weingütern und uralten Wäldern, oder ob Kapstadt, die Königin aller Städte am Fuße des Tafelberges das herausragende Erlebnis dieser Rundreise darstellte, musste jeder selbst entscheiden.

Abschied nehmen war immer etwas mit Wehmut verbunden und drückte aufs Gemüt. Auch Trautmann, unser Reiseleiter war davon betroffen. Schon vor dem Flughafengebäude verabschiedete er sich voller Emotionen und bedankte sich bei allen Reiseteilnehmern für das gesammelte Trinkgeld und für die problemlose Zusammenarbeit während der Rundreise.

Lebe wohl – Südafrika! Irgendwann sieht man sich bestimmt mal wieder.

Am Flughafenschalter standen wir alle zum letzten Mal beisammen, würden uns wahrscheinlich nie wieder begegnen. Jetzt trennten sich unsere Wege, doch die gemeinsamen Erinnerungen blieben erhalten, flogen mit uns zurück nach Deutschland.

Die besondere Buchempfehlung

Peter Arndt

Treffpunkt
Lima

Reiseabenteuer

Südamerika. Ein Subkontinent zwischen drei Meeren, ist Ziel
einer fantastischen Rundreise durch vier Länder. Über
Jahrtausende in Bewegung, prallen Gegensätze aufeinander und
die erstaunlichsten Kulturen zwischen La Paz und Rio de Janeiro
erwarten uns inmitten einer grandiosen Naturkulisse.
Ein Abenteuer voller Überraschungen
und bleibender Erinnerungen.

ISBN: 978-8334-8068-3
Autor: Peter Arndt
Herstellung und Verlag: BoD-GmbH Norderstedt
Vertrieb: Buchhandel und Online-Verlage

Die besondere Buchempfehlung

Los Angeles, Las Vegas und San Francisco waren Eckpunkte einer
fantastischen, etwa 3 700 km langen Rundreise durch den Westen
der USA. Vom Grand Canyon bis zum Yosemite Nationalpark
führte uns der Weg durch grandiose Landschaften, mitten durch
Kalifornien, Arizona,
Utah und Nevada hindurch.

ISBN: 978-384-232-580-7
Autor: Peter Arndt
Herstellung und Verlag: BoD-GmbH Norderstedt
Vertrieb: Buchhandel und Online-Verlage